EAST-WEST CULTURAL EXCHANGE
东西文化交流论丛

钱存训 著

商 务 印 书 馆
2009年·北京

图书在版编目(CIP)数据

东西文化交流论丛/钱存训著.—北京:商务印书馆,2009
ISBN 978-7-100-04677-0

I.东… II.钱… III.文化交流－东方国家、西方国家文集 Ⅳ.G115-53

中国版本图书馆 CIP 数据核字(2005)第 104721 号

所有权利保留。
未经许可,不得以任何方式使用。

东西文化交流论丛

钱存训 著

商 务 印 书 馆 出 版
(北京王府井大街36号 邮政编码 100710)
商 务 印 书 馆 发 行
北京瑞古冠中印刷厂印刷
ISBN 978-7-100-04677-0

2009 年 11 月第 1 版 　 开本 880×1230　1/32
2009 年 11 月北京第 1 次印刷　印张 11⅜
定价:24.00元

目　次

许倬云序 ……………………………………………………… 1
前言 …………………………………………………………… 4

一、文化交流

近代译书对中国现代化的影响 ………………………………… 1
美国对亚洲研究的启蒙 ………………………………………… 30
中美书缘——纪念中美文化交换百周年 ……………………… 50
北平图书馆善本古籍运美迁台经过 …………………………… 64
中美图书馆代表团首次互访记略 ……………………………… 79

二、欧美书藏

欧美各国所藏中国古籍简介 …………………………………… 89
美洲东亚图书馆的沿革和发展 ………………………………… 126
美国东亚图书馆员的专业教育 ………………………………… 140
芝加哥大学远东图书馆札记 …………………………………… 158
芝加哥大学中文善本十种题记 ………………………………… 176
芝加哥大学所藏封泥考释 ……………………………………… 190

三、人物怀念

记美国汉学家顾立雅教授…………………………………… 197
悼念中国科技史大师李约瑟博士………………………… 209
董作宾先生访美记略………………………………………… 224
袁同礼馆长与国际文化交流……………………………… 236
吴光清博士生平概述……………………………………… 250
怀念顾起潜先生……………………………………………… 257
裘开明博士与哈佛燕京图书馆…………………………… 265

四、附录札记

美国芝加哥大学概况(谢宗仙)…………………………… 269
坐拥书城:记钱存训先生的生平与事业(郑炯文)……… 281
钱存训教授著述编年(潘铭燊)…………………………… 299
抱简劬书,后学楷模——访钱存训先生(张志强)……… 319
书缘中人论书缘——钱存训教授《中美书缘》启悟(宗鹰)…… 330
中美文化交流研讨会暨钱存训图书馆开馆简报……… 338

作者简历…………………………………………………… 344

图片目次

近代译书

1.利玛窦、徐光启合译《几何原本》 2.利玛窦墓志铭 3.林乐知与《万国公报》 4.同文馆设立的译学馆章程 5.翻译《天演论》的严复 6.最早翻译西洋小说的林纾

亚洲研究

1.卫三畏及所著《中国总论》 2.哈佛大学第一位中文讲师戈鲲化 3.哥伦比亚大学中文讲座所纪念的丁良 4.芝加哥德籍汉学家劳福

中美书缘

1.美国国会图书馆所藏1869年中国政府赠书 2.同治七年十月初四日恭亲王奏稿 3.1868年美国驻华公使馆致国务卿函稿 4.同治八年中国政府赠送美国书籍清单 5.同治八年中国政府赠送美国花子清单

北图善本

1.王重民先生自华盛顿致作者函 2.作者参观北京图书馆寄存台北故宫的善本书 3.作者参加台湾古籍研习会 4.北京图书馆颁赠作者杰出服务奖

中美互访

1.中国图书馆代表团访问芝加哥大学图书馆 2.国务院副总理方毅接见美国图书馆代表团 3.北京图书馆馆长刘季平接受作者赠书

欧美藏书

1. 三国吴建衡二年索耽书《老子道德经》残卷 2. 唐太宗书《温泉铭》 3. 唐咸通九年印《金钢经》 4. 吴越国王显德三年丙辰所印《宝箧印陀罗尼经》 5. 西人最早用中文撰述的书籍之一《无极天主正教真传实录》 6. 现存最早的北宋雕板

美洲图书

1. 美国国会图书馆东方部阅览室 2. 哈佛燕京图书馆阅览室 3. 原在加拿大的葛思德东方文库 4. 芝加哥大学东亚图书馆阅览室 5. 洛杉矶加州大学东亚图书馆阅览室

专业教育

1. 芝加哥大学远东图书馆学讲习班参加人员合影 2. 芝加哥大学远东图书馆学讲习班课堂讨论

芝大札记

1. 芝加哥大学东亚图书馆书库 2. 芝加哥大学所藏唐写本《莲华经》 3. 许文锦在远东图书馆旧址 4. 作者在东亚图书馆新址阅览室 5. 芝加哥大学图书馆学院前研究生与作者叙旧 6. 芝加哥大学图书馆善本部举办远东书展

善本十种

1. 芝加哥大学珍藏善本书影(一) 2. 芝加哥大学珍藏善本书影(二) 3.《沅湘耆旧诗集续编》未刊稿本 4.《知过轩随录》未刊稿本

封泥考释

1. 芝加哥大学所藏封泥印文

顾立雅

1. 顾立雅像　2. 作者与顾立雅合影　3. 芝加哥大学东方语文系教授参加王济远画展　4. 古汉语读本《孝经》"开宗明义章"字汇注释

李约瑟

1. 李约瑟像　2. 李约瑟及鲁桂珍（中）与作者夫妇在寓所前合影　3. 李约瑟接受芝加哥大学名誉博士学位后与作者合影　4. 作者与李约瑟在剑桥书斋　5.《中国科学技术史》前五卷主要执笔人

董作宾

1. 董作宾像　2. 董作宾毛笔所书致作者的英文格言　3. 董作宾与作者在芝加哥合影　4. 芝城小宴　5. 董作宾旅途中致作者函　6. 董作宾为作者所书甲骨文联

袁同礼

1. 袁同礼像　2. 北平图书馆外景　3. 北平图书馆阅览室　4. 袁同礼致作者函　5. 袁同礼《中国留美同学博士论文目录》

吴光清

1. 吴光清像　2. 钱存训、吴光清、恒慕义合影

顾廷龙

1. 顾廷龙与作者在上海黄浦江游艇上倾谈　2. 顾廷龙赠作者篆书　3. 顾廷龙致作者函

裘开明

1. 裘开明与芝加哥大学远东图书馆学暑期班同学合影

芝大概况

　　1. 芝加哥大学校园内古典建筑　2. 芝加哥大学公共活动中心　3. 芝加哥大学图书馆总馆外观　4. 最早人工控制原子能场地的纪念雕刻　5. 芝加哥大学法学院图书馆　6. 芝加哥大学图书馆总馆阅览室

坐拥书城

　　1. 钱存训近影　2. 作者与刘国钧、杜定友同车赴青岛参加会议　3. 作者在芝加哥大学办公室　4. 作者接受芝加哥大学博士学位时与家属合影　5. 作者在芝加哥大学退休餐会上致词　6. 作者接受芝加哥市长颁赠荣誉市民奖状　7. 芝加哥大学图书馆展览作者荣誉奖状

著述编年

　　1. 芝加哥大学图书馆展览作者的著述

抱简勋书

　　1. 张志强访问作者夫妇留影

书缘中人

　　1. 《中美书缘》书影

文化交流

　　1. 参加中美文化交流研讨会全体合影　2. 中美文化交流国际学术研讨会会场　3. 南大高研院钱存训图书馆阅览室　4. 钱存训图书馆开馆典礼

附表目次

近代译书

1. 耶稣会士的译述(1580—1799)
2. 基督教传教士的译述(1810—1867)
3. 19世纪后期的译书(1850—1899)
4. 20世纪初期的译书(1902—1904)
5. 民国时代的译书(1912—1940)
6. 近代译书所涉及的主要知识领域(1580—1940)

欧美藏书

1. 欧洲主要图书馆中文藏书一览(1980年)
2. 北美图书馆现存善本及特藏一览(1985年调查)

许倬云序

钱存训先生的《东西文化交流论丛》,原名《中美书缘》,内容为追述和记录东方与西方尤其是中国与美国之间文化交流一些史实的合集。1868年,美国赠送中国一批植物种子及科技图书;次年,中国回赠了106种植物种子及十套大部头的书籍。这次往来,实是中国与美国之间第一次较大规模的文化交流,也是美国图书馆入藏大批中文书籍的开始。一百多年来,中美之间的文化交流甚为频繁而密切,到了最近,单是国会图书馆所收藏的中文书籍即达100万册,全美各大学图书馆体系中,其中文部门的收藏估计总数应已超过1000万册。从一百年前的1000册,到今天的1000万册,这是一万倍的增长率,堪称国际文化关系史上的盛事了。

书籍是要由读者来利用的,这1000万册中文图书并不是书架上的点缀品,而是中西文化接触的桥梁。今天在美国研究中国问题的专业学者估计已达1万人左右,分布在百所以上的大学、政商及公私研究机构之中。在第二次世界大战以前,中国研究与梵文研究同科,属于冷门;战后,美国学术界致力发展地区研究,其中对中国研究的进展最快,已成为地区研究中的显学,不仅人才最多,研究的成果也很可观。现今世界各地的中国研究园地中,美国方面所作出的成绩已可与中国和日本两处的贡献相抗衡,其图书设备的充实,也可说是鼎足而三了。

中国人,尤其在美国从事中国研究的华裔学者,对这种情况,一则欣喜,也一则惭愧。过去数十年来,许多中国学者栖迟外邦,借他人的设备,作自己的研究。因此对国外的中国文化研究,作出了一定的贡献。若不是有赖许量多质精的中文书藏,他们哪能作出有如今日的成绩?图书是人文和社会科学工作者的生命线,钱先生书中记述的许多事迹,正是这一生命线茁壮成长的过程,处身在国外的中国人,读之备觉亲切;对国内的读者,也可了解西方和美国对中国研究的一般情况。

中国研究在美国学术界虽然相当蓬勃,到底只是"地区研究"中的一部分,西方文化的研究,依然是欧美学术工作的重点,中国文化的研究还未能进入主流。然而,世界文化正在逐渐融合之中,美国学术界挟其西方科技文化的优势,在糅造世界文化的过程中,毋宁有其举足轻重的地位。而未来的世界文化,自应包含世界各主要文化的个别因素。是以在国外的中国研究学者,应当自我期许,担任将中国文化挈入未来世界文化主流中的重大任务。若从这个角度来看,美国和西方收藏的中文资料,更有其不可言喻的重要性。

钱先生在美国学术界数十年来的建树,不仅在发展芝加哥大学东亚图书馆方面有所贡献,同时在教学和研究方面,也培育和启迪了不少后起之秀。这本书正是钱先生在美国从事图书馆事业和教研工作的实录,也是中美文化交流由涓涓细流汇为滔滔江河的见证。

倬云在1957年来芝加哥读书,到埠之日,即承钱先生接待,以后在芝城居留五年,蒙先生及师母多方照拂,爱护如同子侄。在学业及生活上,倬云受钱先生伉俪之赐既深且久,也因此目睹钱先生埋首工作的情景。钱先生集教学、研究与行政于一身,事事躬亲,终日忙碌。他的敬业精神,值得我们学习。

钱先生的敬业，不仅见于治事，更见于治学。多年以来，他从事于中国书籍历史的研究，曾发表专著与论文百余种，考订书写和印刷发展的历程，证明中国文字与书籍在世界文明中的独特地位。早年出版的《书于竹帛》一书，已是中国书史的权威之作。除英文本外，并有多种语言的译本。其后，钱先生更继续搜集资料，撰写三十万言的《造纸与印刷》一书，列入李约瑟《中国之科学与文明》大系中之一种。该书取材宏富，考订详赡，图文并茂，兼顾文献与宝物，允为经典之作。数十年辛勤成此两部巨构，是涓涓滴滴工作的累积，也说明勤功不为唐捐的事实。

钱先生爱人与敬业的态度，是糅合中西文化精神的具体表现，而事业与人格，也在他的身上整合为一。他的事业，使后学长蒙其赐；他的人格，也使认识他的人深受感召。倬云正是后生中受惠最多的一人，谨借此篇幅，祝长者身体常健，继续为东西文化交流的工作和学术研究，启迪后学。

许倬云谨识

1997年5月于匹兹堡；

2005年5月修订

前　言

　　这一册文集为作者过去所发表有关中美及东西文化交流的论文、报告和杂著等汇集而成；其中所述大都是记录中美两国和东西双方的文化关系以及中国和东亚语文图书及资料在欧美各地收藏的情况。范围虽也涉及人物和其他活动，但都环绕"东西文化"这一主题。在过去的半个世纪中，作者不仅和"书"结下了不解之缘，同时也参加了一些学术交流的实际工作。关于前一主题，作者曾将有关"书史"的论文及杂录辑成《中国书籍纸墨及印刷史论文集》一册，于1992年由香港中文大学出版；2002年由北京图书馆出版社发行增订本。本集所收主要为有关东西文化交流及中美学术交往之作，因此就以这一主题命名此集。

　　书中所选论文及杂录虽非系统的撰述，但大致可归纳为三大类：第一类皆为"东西文化交流"之记述，尤其对中美两国间早期及近年的交往，增进彼此了解，都有详细的记录和分析。第二类为"欧美书藏概况"，对美国和欧洲所藏中国及东亚语文资料加以有系统的介绍，可了解海外对中国及东亚地区研究的一般情况。第三类为"中外人物怀念"，为作者对多年来在国内外所交往的几位师友的怀旧与纪念；他们都是国际知名人物，其生平事迹也是中外学术交流中的一页，可供读者参考。书后附录其他有关资料，可对书中所涉及的一些事实和背景增加了解。

总的来说,本集中所述不仅是一些史实的记录和分析,也有部分为个人的经历和观感。如果说近百年来中国所追求的所谓现代化是西方的科技,则近年来西方所面临的问题便是对非西方文化的学习与了解,所谓"地区研究",其中对中国语文的研究乃是最重要的一环,不仅参与学习和研究的人数最多,而政府和学术团体对此重视的程度也居各地区研究之首。中国经历了百多年的坎坷,欲师夷人之技以自强;而美国则是经历了多次的战争和商贸外交的需要,深感对东方文化的无知与人才的贫乏,因此对中国和其他非西方语言和文化的学习与研究遂成为一时风尚。所谓文化交流,只是彼此相知的一种手段,其动机有些是被迫的,有些是自然的,但是其过程却是迂曲的也是缓慢的;可能要再经过一个世纪,才能看到世界文化的融合及糅合的结果。

集中所收论文,有些是研究一得,或是随意起兴,但大部分是为受托而作、怀念故人或参加会议所提的报告。其中部分原用英文写成,多承热心的同学和友人加以移译,在各地中文刊物发表,深感荣幸。译者和原载刊物名称皆在文后注明,以志谢忱。文中有些数据虽已陈旧,但可供参考,有些曾根据较新资料加以修订,或在文后附加说明。文前多有简短介绍,俾知当初写作原委。每篇文内另插入有关文献的影本或图片,以增加对主题的认识和阅读的兴趣。

此集原以"中美书缘"为题,1998年由台北文华公司出版。多承潘铭燊博士代为结集、修订并编制目录,许倬云教授作序,吴相湘教授跋尾,周策纵教授题签,王冀、吴文津、马敬鹏、吴查理、郑炯文、马泰来诸友好提供图片和资料,汪雁秋、卢秀菊、颜琳雅诸位女士相助审订出版。现虽增订改名重版,对过去相助的友人谨在此重申谢意。新版的改订,多承侄儿钱孝文代为收集资料,供应插图,相助编订,内子文锦及亲友多方鼓励督促,谨表衷心的感谢。

钱存训
美国芝加哥海德园
2005 年初夏

近代译书对中国现代化的影响

　　本文系应用计量目录学的方法,对中国翻译史所作综合分析的研究。指出近代各时期译书的来源、类别、性质和数量,反映出当时译书的动机及知识分子的思想和动向。原著是作者的硕士论文节录,发表于英文《远东季刊》(*Far Eastern Quarterly*)1954年第14卷第3期。文中所述史实,可供研究"洋为中用"的参考。

　　翻译不仅是一门科学或一种艺术,也是人类知识交换和国际文化沟通的一项实际工具。由于近代文化背景不同的国家接触频繁,翻译的价值更见重要。西方各国虽然语言各异,但有共同的文化背景作为基础,所以翻译上的问题,多从语文的观点来考虑,而无须从文化的差异来探讨。至于东西文化的沟通问题,不仅有语言上的障碍,且以文化类型迥异,就困难更多了。

　　西书的移译为中文,开始于16世纪的末叶。由于宗教热忱的鼓舞,耶稣会士发轫译事于前,新教传教士继起于后。自19世纪中叶以来,翻译一事成为中国走向现代化的一种特殊措施,因此翻译的题材和原著的来源,常指示现代中国思想界的大势以及政府政策的方向。至于各时期译书的性质和数量,也反映出译书的动机和知识分子兴趣的一般趋势。

　　近代中国的许多政治家和知识界的领袖,每多不谙外国语文,他们的西方知识,大多来自中文译本。从清末以来各种译书目录,可见翻译在中国的特殊重要性。中国学者对于目录学的观念,向来重视其中著录的内容。所谓"辨章学术,考镜源流"实际是一种内容分析(Content Analysis),这与现代所谓"统计目录学"的理论极为相似,即从分析书目的内容,进而追溯文化的长成。本文要旨即在以计量方法,研究和分析译书在中国近代史上所反映出来的西方文化对中国现代化所产生的影响[注1]。

一、耶稣会士的译著

16世纪末叶,西方知识在中国的出现,标志着从佛教传来以后第二次外来文化的大输入。在紧接着的两个世纪中,先后译书400多种,所涉及的范围,对中国人而言,都是新的知识领域。这些译著有半数以上是关于基督教教义,1/3是各种科学,其余是关于西方制度和人文学科(见表1)。因此很明显,耶稣会士译书的主要动机是为了传扬教义,但也带来了西方的科学和制度。在会士们的译著中,最早是罗明坚(Michel Ruggieri)的《圣教实录》,此书在1582年撰成,1584年在广州刊行,是西方人士用中文撰述并在中国出版的第一部书。1596年利玛窦(Matteo Ricci)在他的《天学实义》中,将基督教义与儒家思想相联系,从中国经典中采集了许多支持基督教教义的引证来加以引申。又为了适应中国人对天文和数学的重视,更翻译这方面的西方著作,借以抬高西方文化在中国的地位。当1607年《几何原本》第一次在中国印行,会士们认为此书的出版,"正合时机,借以降低中国人的自傲心理,因为虽名儒俊彦,亦得承认他们阅读一本印著中国文字的书,虽一再钻研,仍不晓其意义"[注2]。

表 1 耶稣会士的译述(1580—1799)

科 目	译书种数 十六世纪	十七世纪	十八世纪	总 数	百分比
基督教(天主教)				(251)	57
圣经	—	3	3	6	
神学	6	119	18	143	
仪式	1	49	9	59	
史传	—	23	6	29	
杂录	—	11	3	14	
人文学科				(55)	13
哲学、心理学	1	7	1	9	
伦理	1	9	—	10	
政府	—	2	—	2	
教育	—	4	—	4	
语言、字典	2	6	1	9	
文学	—	1	—	1	
音乐	—	1	1	2	
地理、舆图	1	9	3	13	
杂录	—	5	—	5	
自然应用科学				(131)	30
数学	—	16	4	20	
天文	—	83	6	89	
物理	—	6	—	6	
地质	—	3	—	3	
生物、医学	—	8	—	8	
军事	—	2	—	2	
杂录	1	2	—	3	
总计	13	369	55	437	100

附注:(1)表中所列数字仅代表个别的译述或原稿,重印的版本不包括在内。
(2)资料来源:Louis Pfister, *Notices biographiques et bibliographiques sur les Jesuites de l'ancienne mission de Chine*, 1552—1773 (Shanghai: Imprimere de la Mission Catholique, 1932—1934), 2 vols.; Henri Bernard, Les adaptations chinoises d'ouvrages europeens, 1514—1688, *Monumenta Serica* 10(1945), pp. 1—57, 309—388;..., 1689—1799, *op. cit* 19(1960), pp. 349—383.

一些具有西方科学知识的中国学者,先后相助耶稣会士进行译述工作。当时通常译书的办法,是由西人口述,华人笔录,前者称为"口译"或"授",后者称为"笔受"或"演"。在这些中国学者中,徐光启于1605年开始和利玛窦诸人合作,翻译科学著作不下10种。李之藻亦致力于科学研究,他所编的《天学初函》(1629年),是最早的一部关于西方学术的中文丛书。王征致力于应用科学的研究,探寻西方机械设计的知识来改进农具,在他的译述中,有些专门名词和术语,至今仍在沿用。

利玛窦用中文撰述和译书不下20多种,他所翻译的克拉维斯(P. Christophus Clavius)注释的欧几里德《几何原本》(前6卷,1607年),四库总目推崇为"弁冕西术"。他的《西国记法》(1595年)是第一部用中文撰述有关心理学的著作,此书指出"脑"才是记忆的所在,并非如中国传统认为"心"是记忆的部位。但他对中国最大的贡献,也许是他的划时代巨构《万国全图》(1584年),此图是据奥提力阿斯(Abraham Ortelius)《舆图汇编》所绘制,由此中国人对世界地理的知识得以扩大。另一位意大利人熊三拔(Sabathin de Ursis)以介绍西方水利技术而被称誉,在他的《泰西水法》(1612年)中,采用机械图式来加以解说。至于他的《药露记》(1617年),也许是中文关于西方药物学的一本滥觞之作。

金尼阁(Nicolas Trigault)对中国语言学的研究颇有贡献,他的《西儒耳目资》(1626年),是一部最早试将中文拉丁化的著作。他所译的《况义》,即《伊索寓言选集》(1625年),是第一部介绍到中国的西方文学作品。和他同时的龙华民(Nilcholas Langobardi)所著《地震解》(1626年),对天启四十九年的地震作了一项科学的解释。高一志(初名王丰肃,Alphonse Vagnoni)所译亚里士多德的《空际格致》(1633年),是关于气象学的第一部中文译述;他的《西学治平》

(1630年），是最早用中文有系统介绍西方政治科学的书。首先介绍西方教育的是艾儒略(Julius Aleni)的《西学凡》(1613年)，其中介绍了欧洲大学的课程和制度；他的《职方外纪》(1623年)，是最早用中文撰述关于世界地理的一部著作。傅泛济(Francois Furtado)介绍了西方的逻辑，所译的《名理探》(1631年)，是亚里士多德哲学的一部分。邓玉函(Jean Terrentius)所译的《人身概说》(1625年)，是首次介绍西洋解剖学并以中国医学理论来作对比。邓氏的《奇器图说》(1627年)，是一部关于机械的重要译述，此书是根据四种有关机械的底本编译而成。到了1642年即伽利略(Galileo)逝世的那一年，伽氏和其他科学家在物理学方面的许多新发明，诸如望远镜、地平仪、温度计和气压计之类，那时都已传到了中国。

明朝灭亡和清人入关，对耶稣会士的地位并没有多大改变。例如汤若望(Jean Adam Schall von Bell)，起初为明廷雇用，后来继续为清朝服务。他不但设计天文仪和制造铳炮，而且也有大量的译述。1626年他译《远镜说》的时候，中国的第一架望远镜即是由他传入。1640年他译《矿物寻源》，这是讨论科学探测矿物资源的第一部中文译本。和他同时的利类思(Louis Buglio)，是首先介绍西方动物学的译述者，当葡萄牙人于1678年向清廷进贡一头非洲狮子的时候，他从阿觉文提(Ulisse Aldrovandi)的博物学书中，抽译有关鹰和狮的两部分，而成《狮子说》与《进呈鹰说》二书。最初介绍球面三角学和对数的是穆尼阁(Jean-Nicholas Smogolenski)，在他所著的《天学会通》(1656年)中，开启了用西方计算日月食的方法。另一位颇具影响的耶稣会士南怀仁(Ferdinand Verbiest)，他所撰著的《坤舆图说》(1672年)，进一步提供了关于世界地理的知识。至于他译的《眼科解剖》(1682年)，可能是第一部关于眼科的中文译本。

1688年南怀仁逝世后,虽然耶稣会士仍继续来到中国,但他们的译著已不甚重要。18世纪的译者,多系关于神学方面的著作;同时他们又致力于将中国经籍移译为西方语文。但有一项成就特别重要,便是在18世纪初期,会士们集体绘制了一部中国全图,即《皇舆全览图》。在1708—1718年间,先后有十多位耶稣会士参与是项工作,这是中国首次作全国性的勘测地形,该图成为后来绘制中国舆图的主要蓝本[注3]。

二、新教传教士与译书

经过一段几十年的中断时期,在18世纪末和19世纪初期,新教传教士继起耶稣会士所遗留的工作。虽然他们大体上遵循耶稣会士译书的方式和技巧,但译述的性质和品质颇不相同。耶稣会士多和文人士大夫相交,而新教传教士主要和商人及平民往来。因此传教士的译著,大多是为传教用的通俗性小册子和学校课本。虽然数量很多,但他们译述的品质不能与耶稣会士的相比。这或许是新教传教士除了医生以外,不像耶稣会士在科学方面都有相当的素养,而他们所合作的中国人士,又大多不是卓越的学者。在1810—1867年间,所有传教士的译著,除了12%涉及西方科学和制度外,其余全系有关基督教义的译述[注4](见表2)。

新教传教士在中国最早的出版物是马礼逊(Robert Morrison)译的《使徒行传》,这是根据耶稣会士的旧译抄本所修订,于1810年第一次印行。传教士在中国早期的传教工作,是与翻译《圣经》分不开的,因为耶稣会士没有将《圣经》全部译成中文,直到19世纪初期才有中文全译本《新旧约全书》问世。一部是马士曼(Joshua Marshman)所译,1822年在印度塞拉姆浦尔(Serampore)用铅活字印行,另一部是马礼逊所译,1823年在马六甲刊行。

表2　基督教传教士的译述(1810—1867)

科　目	文　言	方　言	总　数	百分比
基督教			(687)	86
翻译圣经	28	37	65	
注释圣经	30	3	33	
神学	344	74	418	
使徒传记	11	37	48	
圣教问答	37	16	53	
祈祷	17	14	31	
圣诗	18	21	39	
人文学科			(46)	6
政治	2	—	2	
经济	2	—	2	
语文课本	11	8	19	
历史	6	—	6	
地理	14	3	17	
自然应用科学			(47)	6
数学	8	1	9	
天文学	6	1	7	
历书	12		12	
物理学	4	—	4	
植物学	2	—	2	
医学	13		13	
杂录	13	2	15	2
总计	578	217	795	100

附注:(1)表中数字仅代表书籍和小册子,杂志上的翻译文章未包括在内。
　　(2)资料来源:Alexander Wylie, *Memorials of Protestant Missionaries to the Chinese* (Shanghai: American Presbyterian Mission Press, 1867), pp. 314—331.

除了宗教方面的编译外,也有一些关于外国史地和制度的译述,如麦都思(Walter H. Medhurst)编的《东西史记和合》(巴达维亚,1828年),是最早使用石印术所印的中文书之一。该书将中国历史与《圣经》记载平行排列,以示中国史迹与《圣经》记载有相同的地方,据说"此书之作,目的在纠正中国人的狂妄夸大,以示西方有早于耶稣纪元前四千年的记载"。裨治文(Elijah C. Bridgman)编的《亚美利哥合省国志略》(1838年),是第一部提供中国人对美国了解的作品。其他介绍西方国家的译述,有郭实猎(Karl F. Gutzlaff)的《大英国统治》(1834年)、《古今万国鉴》(1838年)和《万国地理全集》(约1840年),这三部书曾经几次修订和重印。郭氏的《制国之用大略》(约1840年)和《贸易通志》(1840年)加上马礼逊的《英事撮要》(马六甲,1833年)是19世纪前半期介绍西洋制度最重要的译著。

在数学、天文、医学和其他科学方面,新教传教士所译的重要著作,直到1850年后才出现。伟烈亚力(Alexander Wylie)在数学方面有相当贡献,特别是完成欧几里德的《几何原本》第七至十五卷的译本。伟氏又和李善兰合译棣么甘(Augustus de Morgan)的《代数学》(1895年)、罗密土(Elias Loomis)的《代微积拾级》(1859年)和侯失勒(John F. W. Herschel)的《谈天》(1859年)。李氏亦同艾约瑟(Joseph Edkins)合译胡威立(William Whewell)的《重学浅说》(1858年)和《圆锥曲线说》(1866年),并与韦廉臣(Alexander Williamson)合译林德利(Lindley)的《植物学》(1859年)。在这些译品中所创立的若干科学名词,至今仍在沿用。

新教传教士对近代中国医学的发展有足多的贡献,如合信医生(Dr. Benjamin Hobson)的五部主要编著,《全体新论》(1851年)、《博物新编》(1855年)、《外科新说》(1857年)、《妇婴新说》(1858年)和

《西医略论》(1858年),构成一套全编,多年来在中国一直被视为标准的医学著作,并曾经日人翻译。以后,嘉约翰医生(Dr. John Glasgow Kerr)也编译了不少外科、药物学、梅毒、眼科、妇科和炎症等医学书籍[注5]。

传教士的译著,多由教会自办的印刷所出版,最初在中国的辖区之外设立,1842年鸦片战争之后,便迁移到中国的各口岸城市。在1895年至少有14处设有教会的印刷机构。最早从事译印工作的是伦敦传教会印刷所,原由马礼逊和米怜(William Milne)于1818年前后在马六甲成立,与英华书院属同一系统。这印刷所后来迁往香港,再移到上海,以墨海书馆名称从事译印。1847年,该馆在伟烈亚力监督之下成为教会的编译和出版中心,直到后来由美国长老会印刷所接办。这间美国长老会印刷所原于1844年在澳门成立,1860年迁移到上海,在该地以美华书馆名称从事编印,由姜别利(William Gamble)任监督。在1891—1895年间,美华书馆出版品的总数,约有70%是关于医学、科学以及字典和教育方面的译著。另一从事译印而著名的教会组织,是一般所熟知的益智书会(Society for the Diffusion of Christian and General Knowledge),后易名为广学会(Christian Literary Society for China)。该书会为韦廉臣(Alexander Williamson)于1887年创办,后由李提摩太(Timothy Richard)继续主持,目的在编印一套适合教会学校通用的课本和普通读物。广学会因出版若干刊物而著名,如《万国公报》是一种政治和宗教性的月刊,由林乐知(Young J. Allen)主编(见第28页图上);《益智新录》是科学月刊;《中西教会报》是教会的机关刊物;《东西洋考每月统计传》于1833年创刊于广州,是教会在中国境内出版的第一种华文杂志,后由广学会继续刊行。

教会的出版物,起初没有引起中国学者的注意,因为他们认为那只是宗教性的宣传品,但这种态度在 1895 年甲午战争后有所转变。因广学会出版了一部《中东战纪本末》,由林乐知编撰,报道较为翔实可靠。后来李提摩太译了麦肯济(Mac Kenzie)的《泰西新史撰要》,据说曾经销到 100 万册。教会为了传教,需要大量的出版品,特别是《圣经》,于是他们试用西方活字版的技术来印刷中文,刻字模,浇铸中文铅字和使用印刷机。因此,铅印术和石印术对近代中国出版事业产生了重大的影响[注6]。

三、政府和私人的译书

19 世纪中叶,中国政府机构也开始从事译书工作,因而翻译的趋势有了很大的转变。这时期的显著特点,是政府主办译事,人们亦了解到西方科学知识的重要。虽然西方的观念对于中国的既成秩序有其潜在的危机,但西洋的技术对于国防的需要,更是急不容缓。因此,译书的动机,多半由于政治和经济利益所促成。如表 3 所示,当 19 世纪后半期,自然科学和应用科学的译品大为增加,构成此期译品总数 70% 以上。这些译本半数以上是译自英文,其余译自德、法、俄和日本等国文字。政府设立各种机构来训练通事和译书人才,并遣派留学生出国深造。若干具有中文和西文能力的作家成为职业性的翻译人员。同时,因印刷成为有组织的企业,译品易于出版,并通过译事学校和政府机构,更能传达于广大的读者,因而译品较前有更广泛的影响。翻译的方法和技巧,也在广泛的讨论,如题材的选择,名词的标准化,以及各种翻译的分工等。

政府从事翻译西方资料开始于 1839 年,当时林则徐在广州雇用一批翻译人员,从事翻译西书和报章上有关洋人的意见和活动,以作情报;特别搜集有关瓷器、茶叶、军事和鸦片的资料,以进呈御览。另外编有一份《华事夷言录要》,即是从外国出版品上搜集关于中国报道的摘要,由袁德辉等负责选材和译述。这些译文的一部分后来收入《四洲志》(1841年),经魏源重编,并增入一些译自外国杂志的资料,成为通行一时的《海国图志》(1844年)。半世纪以来,此书一直被视为了解西洋最权威的编著,在中国和日本都广为流传。

中国经过几度战败之后,乃于1861年决定设立一所语文学校,定名为同文馆,以造就适任的通事和译书人才[注7]。这所学校后来陆续扩展,增添了多种外国语文,并新开辟关于科学和西洋制度的课程。根据1888年《同文馆题名录》所记载,该年有注册学生125人,教习19人,其中8位属英、法、德、美等国国籍。校中图书馆藏有中文书300册,西文书1700册,并有各种语文的报纸和杂志。1873年设立一所印刷局,出版所译中文的外国著作,并将此等译品分送各省当局,转发当地官员阅读。在这些译品中,丁韪良(William A. P. Martin)首次介绍了《万国公法》和《西洋法典》。1869年后,丁氏任该校总教习(即校长)。其他译品包括有西洋政法制度、历史和科学等著作。这些译品都用上等纸张印刷,有的进呈御览。但就数量来说,同文馆译书的贡献较少,在40年漫长的时期中,大约仅译了26部著作,包括未译完和未出版的多种在内。

1901年同文馆与京师大学堂合并,1903年在该校设立一所译学馆(见第28页图下),有学生120人,授英、法、德、俄、日文五种语文,并增添科学、法律和外交程序的课程。但训练期限较同文馆的八年缩短为五年。该馆特色之一,是成立文典处,主持编纂正规字典,分为英、法、德、俄、日五种语文。每种语文有三类字典,即中文—外文、外文—中文和一种科技名词的词典；每字都注有发音和定义。但因该馆寿命不长，故成就有限。

上海江南制造局于1869年将其成立不久的翻译馆与广方言馆合并[注8]，后者系一外语学校，1863年成立于上海。这两所机构，一从事教学，一从事编译，合作甚为密切，较其他官方翻译机构产生了更多的译品。迄至1871年，这所翻译馆出版了许多关于科学、工程、军事和其他学科的译本。开始担任翻译工作的是华蘅芳和徐寿。其他西籍和中国学者参与是项工作的，还有傅兰雅（John Fryer）、玛高温（Daniel J. McGowen）、林乐知（Young J. Allen）、舒凤（由美国归国的医学生）、赵静涵（医生）、贾步纬（数学家）和徐建寅（徐寿的儿子曾访问欧洲）。就翻译的数量和涉及学科之广，诸人中当以傅兰雅的贡献最多。他和华、徐、赵及他人合译关于科学的著作达130余种。据傅氏于1880年的报告中称，江南制造局译书有156种，其中出版了98种，共发行了3万多部。该局的译印工作继续到20世纪之初，在1871—1905年间，出版译书共达168种[注9]。

19世纪末叶，译书风气的热烈，反映在若干私人所支持的会社，专门从事翻译西书。其中较重要的有傅兰雅于1875年成立的格致书室，译印了若干关于科学和技术的书籍，其中如《须知》和《图说》最为通行。另一私立机构是译书公会，在1897年左右由一批中国学者所创立。该会的目的在专译西方历史和制度的重要著作，因官方已专注于翻译自然和应用科学的书籍。预定从法、英、日文等书籍中，选译30部著作，分期刊载于《译书公会报》，该杂志每期发行3000份[注10]。

经过维新运动的激励，1895年后若干大学和出版社都参与译事，如上海的南洋公学、太原的山西大学以及北京的京师大学堂都设立了翻译科。19世纪末叶与20世纪之初,至少有40所官办和私人经营的出版机构从事译印。如新学会社专译农业书籍、广智书局专译历史和制度的著作、《小说林》期刊则专译文艺作品。出版社纷纷在上海设立,使该地成为中国出版业的中心。

四、20世纪的译书

20世纪在中国历史上是一革命的时代,各种思想、制度与文化生活都有激烈的改变,反映在译事上的是学术兴趣的转型。过去数世纪以来,翻译的重点是自然和应用科学,现在转而热衷于社会科学和人文学科的移译。这新的趋向不仅对现代中国政治和社会发展产生了极大的影响,也显示中国知识分子日益了解到要解决中国的基本问题,不能全靠军事和技术,还须具有现代政治、经济和社会组织的综合知识。

20世纪初期,较多的翻译是在社会科学方面,在1902—1904年间,几乎半数的译品是关于史地、政治、经济,尤其是教育制度方面的著作。当时一般人关心制度的改革,日本维新政策的影响,对中国翻译是有决定性的因素。但是由于第一次世界大战期间日本对华的侵略态度,经过一段时期的激愤之后,翻译英文的著作再居首位。1912至1940年间,1/4以上的译品是译自西方文学著作(见表5),其中90%是小说、戏剧和诗歌,其余是文学理论和批评。另外有1/3以上的译品是关于社会科学和历史,而特别重要的是关于意识形态的著作。马克思主义是在20世纪前后首次介绍到中国,但马克思和恩格斯的全部中文译本,大约在1920年间才开始出现[注11]。在20—30年代,研究新社会科学的兴趣达到高潮,译出了不少关于辩证唯物主义的俄文著作。这些介绍意识形态的译品,为共产主义在中国的发展奠定了基础。

因翻译科学方面的书籍增加,对于西方名词术语选择与中文相当的字义,就产生很大的困惑。有些学者和有关机构开始讨论,如何将专门名词和术语标准化。梁启超曾建议:音译可用于人名和地名,意译可用于政府机关,对于科学和技术名词,则创造新字[注12]。20世纪之初,政府和学术团体曾从事名词标准化的工作。1918年,教育部、中国科学社和若干个别专家共同组成一个科学名词审查委员会,包括医学、化学、物理、数学、植物学和动物学等名词的审订。自1931年以来,有关医学、生物和化学等多种词典先后出版。

国立编译馆自1932年成立以来,先后组成约有37个不同的委员会继续从事名词标准化的工作。直到1947年,标准化的中国科学名词才拟订和采用,共分97类,其中35类由教育部颁布采用[注13]。此外,编译馆主要的任务是翻译和出版外国著作,以及将中文著作译为西文。并特别设立一委员会负责选择用以翻译的书籍和约聘译者。关于西方哲学、历史和文学的著作,已翻译的有亚里士多德、柏拉图、康德、达尔文、莎士比亚、萨可莱(Thackeray)、易卜生和其他名著。迄至1946年,有50部以上通行的古典著作译为中文出版;当时正在翻译和印刷中的尚有100多种[注14]。

20世纪中,大多数的译品是由中国人自己翻译,没有外籍人士参与。多数中国译者都曾受过外国语文的训练,并各自翻译自己专门的学科。若干译者成为职业性的,对于介绍西方思想、文学和技术,都有很大的贡献。其中严复(第29页上图)较其他早期译者有完全不同的学历背景,他曾受过中国古籍的熏陶,也受过新式教育,并去英国深造,且结识一些西方哲学家。1895年甲午战争后,严氏深受刺激,乃于 1896 年开始翻译赫胥黎的《天演论》,由此达尔文的"物竞天择"和"适者生存"的理论首次介绍到中国。该译本于 1899 年出版,一时风行并采作学校课本。严氏又译亚当·斯密的《原富》(1902年)、穆勒的《群己权界论》(1903 年)和《名学》(1905 年)、斯宾塞的《群学肆言》(1903 年)、甄克思的《社会通诠》(1904 年)、孟德斯鸠的《法意》和耶芳斯的《名学浅说》(1908 年)。这八种西方的经典著作,对现代中国思想产生了极大的影响。在翻译技巧方面,严氏创立了信、达、雅的标准,并用古文意译。为了迎合读者的心理,使人不致感到这些新观念完全系舶来品,他引用中国典籍中的成语作为解说。可是这种翻译方法,常会曲解原意。当时京师大学堂的总教习吴汝纶,在给严氏的信中曾批评道:"执事若自为一书,则可纵意驰骋,若以译赫氏之书为名,则篇中所引古书古传,皆宜以原书所称西方者为当,似不必改用中国人语,以中事中人固非赫氏所及知。"[注15]

早期所译小说中,以林纾(第 29 页下图)对中国读者影响最大。在他之前,传统中国文学中,小说没有地位;甚至在 20 世纪初期,除非这小说是既富兴趣,又长于文章,否则少有人阅读。林纾是第一位用古文翻译西方文学作品的。因他不谙外国语文,全靠他的合作者选材和口译,由他笔述。合作者固非全是上驷之材,因而他的译品常被识为选材既非上乘,而译笔又每多不当,只是根据一个外国故事的情节,用中文重述而已,这是意传而非翻译。但这些缺点并不能减低林氏对广大读者的影响力。当 19 世纪末叶和 20 世纪之初,林译西方小说不下 180 余种[注16]。虽然林译小说很多为后来译者重新翻译,但首先介绍西方小说给中国读者的,还是要归功于林氏。

最早翻译西洋小说的现代中国作家和译者,许多原来是学习科学和技术的,后来转治文学,从事翻译和写作。鲁迅是大家所熟知的,曾在国内习海事和矿务,后来在日本学医,1903年他开始翻译两篇昧纶的短篇故事。1909年他和乃弟周作人合译《域外小说集》,其中包括安得烈夫、柴霍甫、显克微支、王尔德、爱伦坡、莫泊桑和其他名家的作品。他们起初用古文直译,不为一般读者所欢迎。据说他们的第一部所译作品,出版十年后仅售出了21本[注17]。鲁迅后来的译作改用白话,译了许多俄国和日本作家的作品,如法兑也夫、果戈里、高尔基和潘特烈叶夫诸人的短篇小说、卢那卡尔斯基的《文艺与批评》、爱罗先珂的《童话集》,以及厨川白村和鹤见佑辅的随笔等。周作人以译东欧作家的作品而闻名。

郭沫若于1928年译歌德的《少年维特之烦恼》,1932年译《浮士德》,另译有辛克莱、高尔斯华和托尔斯泰诸人的作品,以及译自英、德和俄国诗人的诗歌。其他著名的译者如田汉,译有莎士比亚、托尔斯泰、王尔德和梅林克等人的剧作;传东华译了多种文学批评的作品;梁实秋以译莎翁戏剧闻名;关琪桐译了若干西方哲学家如笛卡尔、培根、柏克利和休姆诸人的名著。在科学方面,多数译者翻译他们专业的书籍,但也有少数旁及其他学科。

五、对外关系与译书

两国间的文化交流,常系于两国间政治和经济上的亲疏,外交关系愈密切,文化关系亦多易沟通。从16世纪至18世纪,天主教罗马教廷与中国的关系是相当独立的,但这种情况只维系到欧洲对外扩张的第一阶段。从19世纪末叶直至当代,中国对外关系经历了不同的阶段。在这时期中所产生的译作,正符合中国近代史上外交关系的演变。从1842年鸦片战争至1895年甲午战争,将近半个世纪,英国在中国的势力独占优势,这时期的译品正反映出这个事实。1850—1899 年间,567 种译品中,50% 是译自英国的著作(见表 3),早期的译者如马礼逊、米怜、麦都思、郭宝猎、缪耳赫德(Muirhead)、伟烈亚力和其他诸人的译述,大多与英国在华的政治经济利益有关。

从 1895 年中日战争至 1919 年"五四"运动,因日本维新后的崛起,这对中国是一大刺激,由于中国萎弱,面对西方列强的威胁,改革运动的主要目标在仿效日本。因而在 20 世纪之初,有 1 万名以上的学生成群东渡[注18],更有强调学习东洋和自日文翻译远较从西文直接翻译为便捷者[注19]。结果,这一时期从日文翻译的作品,高达总数 60%(见表 4)。

表 3　19 世纪后期的译书(1850—1899)

科目	英	美	法	德	俄	日	其他或不详	总计	百分比
哲学	5	1	—	—	—	—	4	10	1.8
宗教	3	1	—	—	—	—	1	5	1.0
文学	1	1	—	—	—	—	1	3	0.5
艺术	1	—	—	—	—	—	1	2	0.3
史地	25	10	1	1	2	16	2	57	10.0
社会科学	23	5	2	6	—	6	4	46	8.1
自然科学	96	26	3	2	—	32	10	169	29.8
应用科学	123	33	6	16	—	29	23	230	40.6
杂录	9	5	1	4	—	3	23	45	7.9
总计	286	82	13	29	2	86	69	567	
百分比	50.5	14.5	2.3	5.1	0.3	15.1	12.2		100

附注:(1)表中数字仅代表译书,杂志译文未包括在内。
　　　(2)资料来源:徐以愻,《东西学书录》(上海,1899 年)二册。此书于 1902 年增订,加入 300 种,因未见此本未采用。

表 4 20世纪初期的译书(1902—1904)

科　目	英	美	法	德	俄	日	其他和不详	总　计	百分比
哲学	9	2	—	1	—	21	1	34	6.5
宗教	1	—	—	—	—	2	—	3	0.6
文学	8	3	2	—	2	4	7	26	4.8
史地	8	10	3	—	—	90	17	128	24.0
社会科学	13	3	3	7	—	83	25	136	25.5
自然科学	10	9	5	—	—	73	15	112	21.0
应用科学	3	3	3	14	—	24	9	56	10.5
杂类	5	2	1	2	—	24	4	38	7.1
总计	57	32	17	24	4	321	78	533	
百分比	10.7	6.1	3.2	4.5	0.7	60.2	14.6	—	100

资料来源：顾锡广，《译书经眼录》(杭州，1935年)二册。此书目是继续徐以愻《东西学书录》1902年的增订本。

日本对中国的侵略，特别是当第一次世界大战期间，引起对彼邦的仇视，因而导致中国再转向西方国家。当时美国对中国的友好态度，赢得中国人士的好感，学生们倾向留美代替了留日。密切的文化关系，引致大量翻译美国科学和文学作品。虽然没有数字将美国著者从英国著者分别出来，但自民国成立至1940年以来，英美作品构成译品总数56%以上(见表5)。

在19世纪，中国与俄国在政治和文化方面的关系，不如英、日、美三个国家那么重要。直到1920年间，才有少数俄国文学和社会科学的著作译为中文。在1919—1949年间，译自俄文的作品约有650种，如以67%的英文译本来比较，它仅占此期译品总数约7000种中的9.5%。自1949年中华人民共和国建立以来，与苏联在政治、经济、文化各方面都发生密切的关系，大量的翻译俄文著作，成为新政

近代译书对中国现代化的影响　19

表 5　民国时代的译书(1912—1940)

科　目	英美	法	德	俄	日	其他和不详	总　数	百分比
哲学	164	17	31	11	22	3	248	4.7
宗教	97	10	5	—	11	—	123	2.3
语言	25	2	4	1	1	7	40	0.8
文学	505	210	101	239	174	233	1462	27.6
艺术	24	4	2	6	15	—	51	1.0
史地	491	37	29	21	53	10	641	12.0
社会科学	763	72	118	42	351	5	1351	25.5
自然科学	585	25	46	3	112		771	14.6
应用科学	311	2	41	3	217	—	574	10.8
杂录	23	2	—		13		3.8	0.7
总计	2988	381	377	326	969	258	5299	
百分比	56.4	7.2	7.1	6.2	18.2	4.9		100

附注：(1)表中数字仅代表译书，杂志译文未包括在内。
　　　(2)资料来源：平心编，《全国总书目》(上海：生活书店，1935)。此书目收录1912—1940年所出版新书计20000种中，列入4159种译本；又《图书季刊》英文版，1935—1940年，收录译本1140种。

府政策的一部分。据1950年的报道，该年出版各科的译品约有2147种，其中1662种或77.5%译自俄文，而译自英文的著作有382种，仅占译品总数的18%[注20]。

其他西方国家，与中国的政治和文化关系都较疏远，译自德文和法文的译品数目，也较英、美、日为少。如表3、4、5所示：译自法文的共计411种；译自德文的430种。此外译自其他国家的作品，至少代表22个国籍的著者[注21]，其中以译自意大利的较多[注22]。

在西方文化输入中国的过程中，日本扮演着重要的角色。从日文译为中文的历史可追溯到1880年，但翻译的重要时期开始于1895年中日甲午战争之后。自20世纪初以来，中国学者译了许多日文著作,特别是关于经济、政法、农业和医学方面的著述。日本文学创作,由归国的留学生大量介绍,翻译了许多日本名作家的作品,每人常译有5—10种之多。1927年左右,左翼文学在中国兴起,日本资料提供了大量的翻译素材,大约在1880—1940年间,译自日文的2204种著作中,最高的百分比是社会科学,其次是自然和应用科学、文学和其他学科[注23]。

因中国人对日文较西文易于阅读和翻译,许多西方的著作,重新由日文译为中文,如雷马克的《战后》、考茨基的《马克斯的经济学说》,以及鲁迅所译的俄国小说,大都是由日文转译而来[注24]。一位中国作家曾批评道:在日文译本中的一些更改,删节和错误,再转译为中文时,就有更多的变动、更改和错误。像这样的译品,怎能保持它原有的形式和意义呢?[注25] 假如一部俄文作品译为德文或英文时已有一些错误,再译为日文时,又增加一些错误,于是从日文译本再译为中文时,一定是集错误之大成了[注26]。

六、结语

从16世纪末至20世纪40年代,除了发表在报刊上许多翻译的文章以外,估计译书的总数应超过一万种,其中大多数是20世纪初以来的产品。虽然本文所收集作统计的资料未能完备,但相信表中数字足以代表某些学科和语文在各时期的一般趋势。这些译品的确切影响,尽管不易作出正确的评估,但将所涉及的学科和语文加以分析和综合,对于了解译书的一般情况和趋势,至少能有一些帮助。翻译的题材反映一个时期的需要和兴趣,很明显,人文和社会科学在过去的译品中占主要地位,其总数达70%,而自然和应用学科仅占

27%(见表6)。这或可说明,一方面因人文学科事实上较技术知识更为基本和重要;另一方面,人文和社会科学是一种累积的知识,其所蕴涵的旧知识,不像在科学和技术的领域内,可为新知识所代替。

总计译品所涉及的科目,文学所占的比例最高,这大量移译西方文学作品,大半由于政治和社会改革的动机,而非仅为怡情遣兴。因文学是最通行的大众阅读媒介,许多现代中国知识分子认为它是教育广大群众的最好工具。因此,大量输入西方文学作品作为鼓吹社会改革的媒介,就不足为异了。

翻译的素材代表25个国家以上的著述,以英、日、俄文的作品为最多,其中有些是转译而非译自原文。有些所谓中文原著,事实上是根据外国著作的一种或多种底本编译而成。有些译本并非译自该科的最佳选本;有时同一部作品,有两种或多种的译本,如此,在译本的品质上,虽然可以比较出优劣,但放弃其他重要著作未译,而产生许多重复的译本,毕竟是一种人力浪费。翻译在30和40年代,无论在选材和技巧方面,都有相当的进步,虽然有待改进的地方很多,但译书对中国现代化的影响,是毋庸置疑的。

表6 近代译书所涉及的主要知识领域(1580—1940)

科　　目	译书种数 1580—1790	1810—1867*	1850—1899	1902—1904	1912—1940	总数	百分比
人文学科	(282)	(706)	(20)	(63)	(1924)	(2995)	39.2
哲学	19	—	10	34	248	311	
宗教	251	687	5	3	123	1069	
语言	9	19	—	—	40	68	
文学	1	—	3	26	1462	1492	
艺术	2	—	2	—	51	55	
社会科学	(19)	(27)	(103)	(264)	(1992)	(2405)	31.5
政治	2	2	20	79	448	551	
经济	—	2	14	3	367	386	
教育	4	—	12	54	211	281	
社会	—	—	—	—	325	325	
史地	13	23	57	128	641	862	
自然科学	(127)	(34)	(169)	(112)	(771)	(1213)	16.0
数学	20	9	34	9	154	226	
天文	89	19	12	—	49	169	
地理	6	4	45	10	59	124	
化学	—	—	18	9	77	104	
地质	3	—	17	46	50	116	
生物	6	2	28	31	148	215	
其他及通论	3	—	15	7	234	259	
应用科学	(4)	(13)	(230)	(56)	(574)	(877)	11.5
医学	2	13	45	9	220	289	
农业	—	—	46	5	72	123	
工程	—	—	93	10	124	227	
军事科学	2	—	47	32	118	198	
其他及通论	—	—	—	—	40	40	
杂录	(5)	(15)	(45)	(38)	(38)	(141)	1.8
总计	437	795	567	533	5,299	7,631	100

* 在此期中,译书数字有彼此重复处,其中属社会科学者2种,自然科学6种,及应用科学5种,共计13种。

附 注

1. 本文所指翻译，系由原文译为中文而不更改其内容者为限。除早期耶稣会士的译述难以分别其著译外，其他称为编订之作品或期刊中之译文，均不计在内。
2. Henri Bernard, *Matteo Ricci's Scientific Contribution to China*, trans. by Chalmers Werner(Peiping:Henri Vetch,1935),p. 68.
3. 关于耶稣会士在学术上的贡献，参见方豪：《方豪文录》(北平：上智编译馆，1948年)；罗常培："耶稣会士在音韵学上的贡献"，《中央研究院历史语言研究所集刊》，1929年，第1本第3分册；范适：《明季西洋传入之医学》(上海：中华医史学会，1943)，卷2，页 1a—3a；惠泽霖(Hubert Verhaeten)著、景明译："王征与所译奇器图说"，《上智编译馆馆刊》(1947年)，卷2，第1期，页 26—36；Alexander Wylie, *Notes on Chinese Literature* (Shanghai, 1922); Walter Fuchs, *Der Jesuiten-Atlas der Kanghsi-zeit*(Peking, 1943).
4. 关于新教传教士的译述，见 Alexander Wylie, *Memorials of Protestant Missionaries to the Chinese* (Shanghai: American Presbyterian Mission Press, 1867); William Milne, *A Retrospect of the First Ten Years of the Protestant Mission to China*(Malaaca, 1820).
5. 梁启超：《西学书目表》(上海，1896年)，卷1，页 4b—6a。
6. 关于教会出版事业，参见 Gilbert McIntosh, *The Mission Press in China* (Shanghai: American Presbyterian Mission Press, 1895), pp. 35—58; Albert J. Garnier, *A Maker of Modern China* (London: Garey Press, 1945), p. 77; K. T. Wu(吴光清)"The Development of Typography in China during the Nineteenth Century," *Library Quarterly*, 22(1952), pp. 288—301；杨寿清：《中国出版界简史》(上海：永祥印书馆，1946年)。
7. 关于同文馆的创立及译书经过，参见 Knight Biggerstaff, "The T'ung Wen Kuan," *Chinese Social and Political Science Review*, 18(1934), pp. 307—340；《同文馆题名录》为该馆校历，于1879年开始编印，以后每隔数年编印一次；《译学馆开办章程》(北京，1903年)，页 18。
8. 关于江南制造局译书，参见冯桂芬：《显志堂稿》(1876年)，卷10，页 18—20；John Fryer, "An Account of the Department for the Translation of Foreign

Books at the Kiangnan Arsenal," *North China Herald*, 24 (January 29, 1880);《格致汇编》,第 3 年,第 5—8 卷 (1880 年);周昌寿:"译刊科学书籍考略",《张菊生先生七十生日纪念论文》(上海:商务印书馆,1937 年),页 425—428。

9. 其中有关自然科学者 66 种,军事 38 种,工程和制造 25 种,医学 11 种,农业 7 种,历史和制度 21 种。关于江南制造局译书全目参见魏允恭:《江南制造局记》(上海,1905 年),卷 2,页 15—22。

10.《译书公会报》第 1 号 (1897 年)。

11. 梁启超在 1902 年第 18 号的《新民丛报》中第一次提及麦喀士(即马克思,页 22)。不久即有数部日文著作的中译本,对社会主义有较详的介绍,如赵必振译日人福井早藏著《近世社会主义》(上海:广智书局,1903 年)。1920 年有陈望道的中文全书译本《共产主义宣言》。

12. 梁启超:"论译书"《饮冰室合集》(上海:中华书局,1936 年),第 1 册,页 64—76。

13. 1947 年教育部颁布采用的科学名词,其中包括化学、药剂和药物学、天文、物理、矿物、气象、地质、解剖、细菌和免疫、病理、电机工程、化学工程、普通心理学、社会、经济、教育、统计等,见《中华年鉴》(南京,1948 年),下册。

14.《国立编译馆工作概况》(南京,1946 年)。

15. 王蘧常:《严几道年谱》(上海:商务印书馆,1936 年),页 35。

16. 阿英《晚清小说史》(上海:商务印书馆,1937 年)谓林译小说约 171 种,包括的作家有英国 99 人,美国 20 人,法国 33 人,俄国 7 人,瑞士 2 人,以及比利时、西班牙、挪威、希腊和日本各 1 人,尚有 5 人国籍不明。马泰来"林纾翻译作品全目"(见《林纾的翻译》,商务印书馆,1981 年)收录 184 种。

17. 见前书,页 283—284。

18. 舒新城:《近代中国留学史》(上海:中华书局,1933 年),页 46。

19. 张之洞:《张文襄公全集》(1937 年),卷 203,页 15a。

20.《翻译通报》,卷 3,第 5 期 (1951 年),页 9—10。

21. 杨家骆:1923 年度《图书年鉴》,第 6 编,页 1—444。

22. Pi Shu-t'ang, Catalogo di opere in Chinese tradotte dall' Italiano o riguardanti l'Italia i Saggio di bibliografia (Peking: Centro Culturale Italiano, 1941).

23. 实藤惠秀:"日本文化の支那への影响"(东京,1940 年),页 8—9。

24. Wolfgang Franke and Dschang Schau-dien, *Titelverzeichnis Chinesischer uebersetzungen Deutscher Werke* (Peking: Deutschland-Institut, 1942).

25. 蒋光慈:《异乡与故国》(上海:现代书局,1930年),页131。
26. 见梁启超:"译印政治小说序"(1898年),《饮冰室合集》,第2册,页34—35;又"小说与群治之关系"(1902年),同上书第4册,页6—9;鲁迅:《呐喊》(上海,1926年),序页4。

戴文伯译

原文载《远东季刊》(*Far Eastern Quarterly*)14.3(1954.5)。

译文载《明报月刊》第9期第8期(1974年8月);

《文献》1986年第2期。

幾何原本第一卷

泰西利瑪竇口譯

吳淞徐光啟筆受

第一題

於有界直線上求立平邊三角形。

法曰：甲乙直線上求立平邊三角形。先以甲為心，乙為界作丙乙丁圜。次以乙為心甲為界作丙甲丁圜。兩圜相交於丙于丁，末自甲至丙，至乙各作直線，即甲乙丙為平邊三角形。

論曰：以甲為心，至圜之界，其甲乙、甲丙、甲丁線等……

利瑪竇、徐光啟合譯《幾何原本》（明萬曆間刊本）

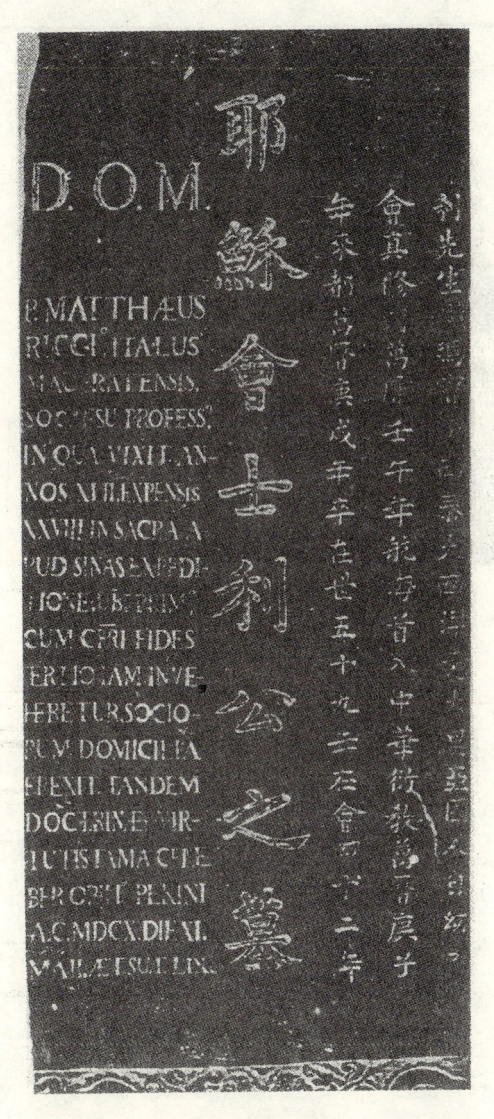

利玛窦墓志铭

林乐知与《万国公报》

同文馆设立的译学馆章程

翻译《天演论》的严复

最早翻译西洋小说的林纾

美国对亚洲研究的启蒙

本文为1959年夏季作者在夏威夷大学的英文讲稿,收入印第安那大学出版的《亚洲研究与州立大学》(Asian Studies and State Universities. Bloomington: Indiana University, 1960)一书。内容主要指出美国一般人对亚洲文明的无知和误解的原因,以及早期对亚洲各国研究的动向及其影响,对象是参加亚洲研究暑期班的大学生和中学教员,强调亚洲研究的重要性,目的在引起美国社会对这一问题的重视。

一位在美国访问的印度学者于1956年向各大学的学生举行了一次调查,以测验一般美国大学生对印度了解的程度。问题中有一条是:"当别人提到印度这个名词时,最先出现于你的印象中两三个联想是什么?"普林斯顿大学一位四年级学生回答说:"奇异的风土人情,大多数人民都很穷困,很多老虎。"许多学生都联想到马可波罗、绳戏、热带莽林和坐在钉板上苦修的瑜珈信徒,却只有少数学生提到印度的文化,她为争取独立而作出的奋斗,以及一些杰出作家所写有关印度的书籍。威斯莱大学的一位学生批评这个调查的结果说:"那些问题让我明白了我对印度的了解是多么贫乏,真叫人发窘。"如果向美国学生们提出关于中国、日本或其他亚洲国家同样性质的调查,其结果的肤浅也将和了解印度的情形大致相仿。

一、美国教科书中的亚洲

这个调查进一步地指出,一半以上被调查的学生都是在小学的地理和社会科学课本上听说到印度。那么我们且问:"这些播下有关亚洲国家知识的最早种子的课本,对于亚洲曾作如何公正的论述呢?"其实,一般学者和教育家们并不是新近才注意到这个问题。早在 1917 年,耶鲁大学一位中国学者刘廷芳首先以批判的眼光注意到美国教科书上对中国的论述。他深深地感到,美国的孩子们从他们的课本上得到关于中国和中国人民的认识是不正确的,那许多资料足以产生一种对中国人的种族歧视和傲慢态度。约在 23 年后,哈佛大学的邱吉(Alfred M. Church)又在美国各大学中作了一次有关对中国和日本认识的相仿研究。他发现,典型的高中学生花在与东亚相关的社会研究上的时间,可能不到百分之一;因此,这些学生对于中国及其他地区的国家,自然所知极少。最近,芝加哥大学的道柏斯坦(Robert K. Dobberstein)对美国 19 世纪的课本中关于东亚的记载也加以详细分析。他指出那种不公正的论述皆由于著者不能理解中国和日本各具有值得尊重的同等文明,而恒以西方的标准来衡量东方文化的价值。

自第二次世界大战以来,美国教科书内关于中国的报道,已有显著的增加,但这些资料仍旧微不足道,质的方面又不平衡,缺乏公正的眼光,而且陈腐过时。这是 1946 年由美国教育评议会和美国太平洋学会,选出一批美国各校应用最广的课本,分析有关中国、日本、印度和东南亚各国的资料研究中所获得的结论。在此之后,另有两个相仿的研究。一个系于 1956 年由华美协进社主持的调查,专门研讨美国课本中有关中国的资料,以求测定其质量的多寡、精确和适合的情况。另一个研究系由联合国教育科学文化组织所发起,其结果见于1956年出版的一个特别委员会的报告(Report of the Committee on the Treatment of Asia in Western Textbooks and Teaching Materials)。后一研究之范围虽不仅限于美国,但其结果是同样发现了许多材料普遍地不正确、陈旧,又缺乏适当的选择。

多年以来从许多调查中所发现的缺点,可能在某些方面至今仍然属实。第一,课本中论述亚洲和亚洲与世界关系的资料一向太少。譬如在1903—1917年间写成的23部世界史教科书中,述及中国的内容达到1%者仅有一部。1946年各级学校地理课本中叙述亚洲国家之篇幅占到4.11%;世界史中占7%;美国史中占3.2%;公民及其他有关现代问题的课本中占到1.3%。虽然从资料的总量上看来已有相当的增进,但许多学者都认为这些材料仍感不足和不当。有些资料未能达到应有的明智选择,而少数记载如马可波罗游记之类,则大部分教科书中都过分渲染。

其次,叙述不正确、语意含糊、省略事实,这些都给予青年读者们错误的印象。例如,在介绍中国方言时,有一本教科书的作者说:"全中国只有很少几个人曾经在北京受教育而且会说国语。"大家都知道,大多数中国人都会说所谓的国语。从20世纪30年代以来,全国各学校都一律教授国语,一个人会说国语,可不一定要在北京受过教育。有些课本里经常选用一些陈腔滥调,诸如"开放"、"落后"、"中国沉睡了"或"黄色的帝国"等等。有一本历史课本上附有一张自公元前4000年到公元后1917年间世界史上"六十个重要日期"表,其中仅举了一件有关亚洲的事件,即1868年日本明治维新。这种介绍和选材,很容易导致学生们的无知、误会甚至曲解事实。

第三，许多课本中对亚洲的评价，既没有眼光而又肤浅。亚洲的故事通常都被描写成落后的大陆，西化才意味着进步。而工业的不发达，好像就等于亚洲在各方面都落后。有一本书这么说："美索不达米亚、埃及甚至中国曾有他们自己的文明。"这意味着中国文明不能和西方文明相提并论。许多插图，完全从旅游观光的立场着眼，特别注重奇异的风土人情，或不寻常和不合常态的景象，许多是完全过了时的。一本教科书的著者说："我们觉得中国人比埃及人、巴比伦人或印度人都难于了解。"另一个又说："中国人的语言这么怪，他们的社会风俗与我们的如此不同，他们的土地又离得这么远，因此，中国人实在太难以了解。"再有一位又说："日本与此情况略同，代表着与我们截然不同的东方型式。"如此特别强调别国的土地、人民和风俗的怪异，每使青年们抱着畏缩不前的态度去认识这些他们原打算探索的国家。而且这些叙述的精确性，也实在大有问题。

教科书内对亚洲论述的不当，不仅要归罪于著者和出版者的无知，而那些常被用来作为著书根据的失实而陈旧的资料尤该谴责。这些资料有些已是19世纪或20世纪初写成的，常常难免于歧视、错误和偏见。这与17、18世纪间耶稣会传教士所写的报告又很不同，那些作品曾使欧洲人对亚洲，特别是中国，留下了很深刻的印象。然而19世纪和20世纪初期的传教士和旅游者的作品，却大部分都充满肤浅、曲解和对亚洲人民傲慢的态度。运用此等资料时，若不能加以批判性的检讨和健全的判断，则极易产生这种过分简单的结论和错误的论断。而这些论述反映在一般教科书的内容中，因此却被一般美国人所接受了。

二、美国对亚洲研究的发轫

虽然传教士有时以傲慢的姿态对待亚洲,然而他们却是最先学会了亚洲的语言和文化,也就成了最早专办亚洲外交和商务的语言专家。而且,他们对亚洲国家的评论和研究,也就或是或非地影响着美国的舆论。当亚洲的语言和其他学科被介绍入美国大学课程的时候,这些人中有些便成了美国亚洲研究的专家和启蒙导师。

19世纪美国的亚洲研究有两大推进力。其一,如上所述,系适应美国教会向亚洲发展及其他实际的需要。其次则因美国高等教育深受欧洲学术研究风气的影响,许多大学课程都仿照欧洲的体系,同时许多美国学生都到欧洲求学,因此欧洲汉学和梵文研究的学术传统便为美国各学校所仿袭。在19世纪末叶和20世纪初期,大学里的中文和印度研究讲座,除少数系由过去的传教士担任外,大多数皆由欧洲学者或曾经在欧洲大学接受训练的美国学者主持。大家都公认,直到1930年代,研究亚洲的美国学者才开始有其独立的研究路线。

最初美国对亚洲的学术研究集中于两个主要的国家:印度和中国。早在1841年,梵文首先被列入耶鲁大学的课程内;中文研究的开始却迟了将近30年。1836年,一位年轻的耶鲁毕业生索斯伯利(Edward Elbridge Salisbury)到欧洲研究东方语文。五年后,耶鲁聘他为阿拉伯文和梵文教授,虽然他很想接受这份荣誉,但他却以为自己没有资格承担这份工作,因而留在欧洲继续深造了两年,直到1843年他才回美国接受耶鲁的职务。虽然他根本的兴趣在近东,但索氏对梵文和中文的研究,乃是在美国从事的此项学术研究工作中最早的一位。

　　索斯伯利在耶鲁的极少几位梵文学生中，有一位就是惠特尼(William Dwight Whitney)。他于1849年进入耶鲁，其后到柏林随名师研习。当他在1854年回到美国时，便被耶鲁聘为梵文和印度文学的教授。以后40年间，他继续教授梵文及其他东方语文。他是美国梵文研究的真正始祖，为当代大多数梵文学者的老师，这些人大都是他的学生或学生的弟子。惠特尼的著作极多而且包罗万象，有350种都系讨论梵文和语言学的，他被尊为美国科学的语言学之父。

　　另一位美籍梵文学者是贺尔(Fitz Edward Hall)，他于1846年毕业于哈佛，其后到印度研究。1850年被聘为印度一所公立学院的梵文教授，他孜孜不倦地编著了一套梵文文法，这是由美国人所写这一类著作中的第一部。然而，当时美国竟无销售此书之市场，亦无处能施展他的长才。1859年他到了英国，在牛津大学获得了一项荣誉学位及教席。虽然他大部分的著作都在英伦所写，而他的影响却深广地遍及于美国。

　　除了这些梵文研究的学者外，许多传教士也致力于印度文化的探讨。贺辛顿(Henry Richard Hoisington)是在锡兰和印度的传教士，19世纪中叶回到美国，便在威廉斯学院(Williams College)讲授印度文化。他出版了两本讨论东方天文学和印度哲学的译著。其他有贡献的学者尚有阿伦(David O. Allen)，他论述印度的巨著汇集了他毕生在印度工作时所收集的资料；以及阿杰(William R. Alger)，他的诗集中包括若干译自梵文的诗篇。

　　整个19世纪和20世纪初期，美国各大学都有一种根深蒂固的梵文研究传统，而且维持着一些国际知名的梵文学者以迄于今。除了索斯伯利和惠特尼外，还有耶鲁的霍普金斯(Edward W. Hopkins)、约翰·霍普金斯大学的布卢姆菲德（Maurice Bloomfield）、哥伦比亚大学的杰克逊（Abraham V. W. Jackson）、哈佛大学的蓝曼（Charles R. Lanman）、加利福尼亚大学的赖德尔（Arthur W. Ryder）。这些学者吸引了许多学生来从事印度的研究；但社会上对于此种专家的需要并未因此而有相当的增加。结果，许多人发现他们所受的训练无法学以致用，因为找不到适当的工作，而不得不另谋生计。这种趋势直到第二次世界大战后才被扭转，此时对现代印度的兴趣及对于印度文化之社会科学的研究方见开始。

三、对中国、日本及朝鲜的早期研究

美国学术界对于中国的兴趣，以语言研究为先，继则社会风俗、历史、宗教和其他科目。早在1818年，杰斐逊（Thomas Jefferson）给朋友的一封信中，曾表示他极欲知道中国表意文字是否合宜于用作传达科学理念的工具。对中国语文同样的好奇，因而促使当时的美国哲学学会会长杜彭书（Peter S. Du Ponceau）在1838年发表了一篇"中国文字之性质及特征"（A Dissertation on the Nature and Character of the Chinese System of Writing）的论文。著者本人显然未读过中文，仅从欧洲人的作品和一些报告中知道了一些原则——那就是中国、日本、高丽、琉球和安南的语言虽然彼此不同，但都能借共同的书写文字而互相了解。第一个真正会讲和写中文的美国人是亨特（William C. Hunter），他在1825年13岁那年抵达中国。曾在马六甲的华英书院研究中文，继受雇于一商业公司，最后且成了该公司的股东之一。他写过《广州的番鬼》（*The Fan Kwae at Canton*, 1882）和《中国拾萃》（*Bits of Old China*, 1885），这两本书成为日后许多论述早期中美关系的重要参考资料。

19世纪少数美国传教士学者中,有三个杰出的人物值得一提。第一位是裨治文(Elijah Coleman Bridgman),他是早期到中国的美国传教士。在1829年前往中国的途中遇到了亨特,亨特自愿从部首教他中文。1832年裨氏在中国创办了第一份英文期刊《中国杂志》(Chinese Repository),这是专为向西方读者报道远东情况的一份刊物。他为这杂志写了很多文章,也翻译了许多中国书塾中所用的课本。1841年他出版了《中国广东方言文选》(Chinese Chrestomathy in the Canton Dialect),是早期利用罗马字拼音作为学习中国语言的一种专书。

另一位研究中国文化的美国先进是卫三畏(Samuel Wells Williams)(第47页左图),他于1833年到达中国,在一个教会出版社当印刷工人,就在那儿学会了中文和日文。其后历任伯理(Perry)日本远征队的翻译官、美国驻华公使馆秘书和代办,最后成为一位作家和耶鲁大学的中国文学教授。1848—1851年间继裨治文之后任《中国杂志》的编辑,也发表了许多论文。他的最风行的著作是《中国总论》(Middle Kingdom)(第47页右图)一书,于1847年出版。此书虽然缺点很多,但当时仍被推为早期美国人所写关于中国的一部标准著作。他的《中文缀音字典》(Syllabic Dictionary of the Chinese Language)于1874年出版,是早期研究中文的学者普遍采用的一部中英字典。

丁韪良(Williams Alexander Parsons Martin)是另一位杰出的传教士,为本世纪初名闻中美学术界的学者政客。19世纪60年代他做过几年传教工作,又当过美国驻华使馆的翻译官,后来任同文馆的国际公法教授;当北京京师大学堂成立时,他被任为第一任校长。

他写了很多中文和英文的著作,包括他自己的回忆录等等。他在中国的活动,特别是他与中国官场的交往,对中国19世纪末叶的革新运动有相当的影响。

其他致力于中文研究的传教士有:马蒂尔(Calvin W. Mateer),他的《国语教本》(*Mandarin Lessons*,1892)一度曾被用作标准课本;古律治(Chauncey Goodrich),他的《袖珍中英文字典》(*Pocket Dictionary*,1891)到1933年已销售了15000册,至今仍是西方学生学习中文的一部轻便的参考书;方法敛(Frank H. Chalfant),他是西方学者中研究中国古文字和甲骨文的少数先驱者之一。

美国传教士抵达日本稍晚于中国。最先从事学术研究的是赫本(James Curtis Hepburn),他于1859年到日本行医播道。因为当年他在普林斯顿所受的拉丁文训练和他对日文的兴趣,使他完成了一部著名的《日英·英日字典》,于1867年首次出版,1873年出版节本。这不但是第一部日英字典,而且其中的罗马字拼音法经过后来的一些修正,至今仍为西方学者所通用的标准方法。

美国人所著的最早和销行最广的日本史,当推格利菲斯(William Elliot Griffis)的《皇国》(*The Mikado's Empire*)。格氏是东京帝国大学的英语讲师,曾写过许多有关日本、朝鲜和中国的书。虽然他不是一位传教士,但留日期间曾与许多传教士学者交结,如赫本便是他最好的朋友。《皇国》中一半述日本史实,一半则为其个人的观感,这本书系1876年出版,在19世纪后期风行一时,出版后仅仅四个月便印行第二版了。

19世纪美国人所写有关朝鲜的书很少。最早的一本是《高丽:隐士国》(*Corea: The Hermit Nation*,1882),也是格利菲斯利用日文资料及日人所知的朝鲜文资料所写成的。美国早期对朝鲜研究最有贡献的是赫伯特(Homer B. Hulbert)，他是住在汉城多年的传教士，与当时的宫廷交往颇密。他的著作有《朝鲜史》(History of Korea, 1905)和许多经常刊登在《高丽杂志》(Korean Repository, 1892—1898)和《高丽评论》(Korean Review, 1901—1906)上的专论。这两种杂志都是由他主编，曾发表许多有关朝鲜社会和历史的学术论文，包含一些当代的政治上绝好的记述。然而，此等对朝鲜的早期兴趣，却被1910年日本的吞并所中断。此后，朝鲜的研究仅被视为日本研究的一种附属品，直到第二次世界大战和其后的朝鲜战争，才重新触发对于朝鲜的学术研究，因此长期的忽视才被纠正。

四、对中国和日本教学的提倡

自1876年后，中文教学开始列入美国的大学课程中。耶鲁首先创设了中国语言的讲座，聘请卫三畏为首任教授。三年后，哈佛罗致中国学者戈鲲化(第48页图)为中国文学讲师，其薪金大都是由按年收入的捐款所维持。这位中国学者及其家属前来剑桥是当时的一件大事，正如《哈佛纪事》(Harvard Register)所记载：这是"他所隶籍的古老国家以及我们所属的新兴国家间的一种精神上的连结"。不幸，三年后戈氏逝世；自此，哈佛多年未开设中文课程，直到20世纪30年代，赵元任和梅光迪才先后担任此职。

1890年，加利福尼亚大学鉴于"加州与亚洲间贸易的繁荣"与"适应此种需要乃大学之任务"，因而设立阿加西斯氏(Agassiz)东方语文讲座。然而，这职位一直未有人充任，直到1896年才由一位英国人傅兰雅(John Fryer)受命此职，他是一位著名的翻译家，曾在江南制造局将100余部西书译成中文。他在此讲学，直到1915年才退休，其后由江亢虎和小卫廉士（Edward Thomas Williams）先后继任讲座。

1901年，哥伦比亚大学创设丁良（Dean Lung）中文讲座，以纪念一位以忍耐和忠心赢得其雇主高度赞誉的中国仆人。他的主人是哥伦比亚的毕业生，在采金热潮中发了大财。为酬答丁氏的服务，他就认捐了一笔可观的款项，复由丁良（第49页上图）自己的赠款补充，以促进中文的研究。1902年，德国汉学家夏德（Frederick Hirth）受任此讲座，许多客座教授如英国的翟理斯（Herbert Allen Giles）和法国的伯希和（Paul Pelliot）都被从国外请来讲学。在富得禄教授（L. Carrington Goodrich）担任此讲座之前，包特（Lucius Chapin Porter）亦曾短期担任此职。

芝加哥大学的中国语文教学正式开设较他校为迟，虽早在1928年陈受颐曾开设一门中文课，另有几门关于亚洲历史、宗教和国际关系的课程，也早由麦克奈尔（H. F. MacNair）等人开讲，但直到1936年顾立雅（Herrlee G. Creel）加入该校教授的行列，才正式开设中国语言和文化的课程。芝大的早期毕业生中，有不少是研究中国的著名学者，如德效骞（Homer H. Dubs）翻译《汉书》，梅贻宝曾译《墨子》并治中国哲学史，顾立雅专攻中国古代史，陈受颐治中国文学史，陆同卢（Donald F. Lach）治中西交通史，他们对中国文化的各方面，都有启蒙的贡献。

在芝加哥另有一位早期的汉学领袖劳福（Berthold Laufer）博士（第49页下图），他是出生在德国的汉学家，精通十多种亚洲语文，著述等身，对中西交通史的贡献尤为杰出，如《中国与伊朗》（1919年）一书，详述中国与古代波斯的文化交流，影响深远，非精通中亚多种语文者，不能执笔。他虽未从事实际教学，但对美国汉学研究的贡献却很大,他于1898年开始在菲尔德自然科学博物馆(Field Museum of Natural History)建立著名的收藏。他的博学精深,当时无人可以匹敌,至今也还很少有人能步其后尘。

直到20世纪初期,美国才开始教授有关日本的课程,耶鲁又是第一个学校。大概在1906年,一位日本学者浅川贯一在此开讲日本历史。约在同一时期,斯坦福大学也开办了一个远东史讲座,由崔特(Payson J. Treat)主持,他曾写过许多有关日本外交史的书。1914年,两位东京帝国大学的日本教授姊崎正始和服部宇之吉应聘到哈佛讲授佛教和日本文化。然而,日本语言则又过了很久才开始授课。

夏威夷大学正位于东方和西方会合的有利地位,可能是最先开设日本语文课程的美国大学。早在1920年,对中国和日本的语言、文学、历史的研究,已开始由日本的原田助博士和中国的王天木进士创设。王氏于1922年离校,即由李绍章氏继任,他创办了东方研究学系,1935年扩展为东方研究所,为教学与研究之综合训练机构。在1930年前后,该校开设的亚洲与太平洋课程为美国各大学中开设这类课程最多的前三位。当时其他各大学均未教授日语,直到20世纪40年代,岸本英夫在哈佛、久野芳三郎在加州大学以及异三郎在华盛顿大学开始授课。自此以后,日语才被列入许多大学的课程之内。

美国对亚洲研究的兴趣,自20世纪30年代以后,特别受到各基金会的资助和学术团体的提倡,才得到很大的鼓励和推进。此等早已设立的机构至今犹存的有美国东方学会(American Oriental Society),系创建于1843年。在其前半世纪的历史中,索斯伯利和惠特尼是两个最重要的人物,尤以惠特尼为最,他主持该学会学报的出版,对近东与印度的研究远超过其对中国和日本的贡献。

在 20 世纪 30 年代间,此学会于每年的年会中曾召开多次讨论中国的特别会议,都是在美国学术团体联合会(American Council of Learned Societeies)领导之下联合举办的。1928 年,此会议成立了一个远东研究促进委员会(Committee on the Promotion of Far Eastern Studies),举办了几次会议、研究班、暑期学校和语言讲习所,并于 1937—1943 年间出版《远东研究简报》(*Notes of Far Eastern Studies*)。此委员会就是远东学会(Far Eastern Association)即今亚洲研究学会(Association for Asian Studies)的前身,出版有季刊、书目年报、通讯和专书。

另一个从事亚洲研究的著名机构是美国太平洋学会(The American Institute of Pacific Relations),于 1925 年创立,系太平洋学会的美国分会,出版《太平洋事务》(*Pacific Affairs*)季刊及讨论亚洲和太平洋国家的各种专书。战前从事此种活动的尚有日本学社(Japan Society),创建于 1907 年;华美协进社(China Institute in America),创办于 1926 年;和哈佛燕京学社(Harvard-Yenching Institute),创办于 1928 年,它们都是从事亚洲地区研究的机构。

除了这些私立研究机构外,政府各部门也在推进亚洲方面的探讨和研究有关亚洲政治、经济和军事的发展。这些机构主要包括农业部、国务院、国防部、户政局、国立医学图书馆以及为美国政府出版品储藏中心的国会图书馆。

五、美国收藏的亚洲图书及艺术品

自 19 世纪以来,随着亚洲研究兴趣的增加,亚洲各国的文学与艺术作品逐渐进入了美国各图书馆和博物馆中。征集的开始可追溯到一个世纪之前。1868年,美国政府经由其驻华使节,要求以书籍和植物种子交换大清帝国的人口调查资料。一年以后,中国政府虽未给予户籍报告,但回赠了约1000册中国经典和科学书籍,以答谢美国的馈赠。这些中文书运抵美国后,就庋藏于国会图书馆,构成了美国图书馆的亚洲书藏中最早的资料之一部分(详见下文"中美书缘")。

随后数年,经由中国和美国学者的赠送和捐助,中文书籍被引进了许多大学和公共图书馆中,如耶鲁、哈佛、加利福尼亚、哥伦比亚等大学和纽约公共图书馆等都开始收藏中文书籍。日文书籍直到1906年前后才开始由耶鲁大学和国会图书馆建立其日文专藏。同时,劳福博士在1907—1910年旅行远东时,首先为芝加哥三所研究机构征集中、日、满、蒙和藏文的书籍。

在第一次和第二次世界大战之间的一段时间,许多大学里创立了著名的中日文藏书,这使远东研究的兴趣再次受到鼓励。这些藏书包括康奈尔大学的华生文库(Wason Collection)、普林斯顿大学的葛思德东方书库(Gest Oriental Collection)和芝加哥大学的远东图书馆(Far Eastern Library)。至于那些较早的书藏,则在更有系统和大规模的征集之下而更进一步地扩充。

自二战以来,有关远东的教研计划广泛地列入许多大学课程,东亚藏书也突飞猛进,早期的藏书量都增加了二至三倍。由于研究兴趣逐渐趋向于远东的社会科学和现代与当代事务,新的出版物开始涌入美国图书馆中。截至1960年代,除了许多规模较小和私家的收藏外,约有250万册东亚语文资料分藏于美国近20个重要图书馆中。其中约有三分之二是中文,三分之一是日、韩、满、蒙及藏文。20世纪40年代之前尚未在美国图书馆出现的南亚和东南亚语文的资料,也由国会图书馆、宾夕法尼亚大学、康奈尔大学、芝加哥大学和加利福尼亚大学等处开始收藏。此外,尚有论述亚洲的西文书分隶于许多大小研究机构的总图书馆内。

美国博物馆很早即显示其对亚洲的兴趣。早在1831年,耶鲁艺术陈列馆(Yale Art Gallery)已开始收集亚洲艺术的代表作品,而特别注意中国和印度。哈佛皮包蒂博物馆(The Peabody Museum of Harvard)、普林斯顿艺术博物馆(The Art Museum of Princeton)以及宾夕法尼亚大学博物馆都在19世纪末叶开创了他们的亚洲艺术收藏。今日,很多重要的博物馆都藏有杰出的亚洲艺术品。如波士顿艺术博物馆(Boston Museum of Fine Arts)、纽约都会博物馆(The Metropoliton Museum of Art)、华盛顿佛里耳陈列馆(Freer Gallery Washington, D. C.)、底特律美术馆(Detroit Institute of Arts)、芝加哥美术馆(The Art Institute of Chicago)、堪萨斯城的纳尔逊美术馆(The Nelson Museum of Art, Kansas City)和旧金山市的亚洲美术馆(The Asian Art Museum),它们的亚洲艺术品都是美国最著名的收藏。

六、亚洲对美国的影响

也许读者要问,美国已有约一个世纪多的时间去研究和了解亚洲,可是亚洲对美国有些什么影响呢?众所周知,许多亚洲的传统和发明已经从中国、印度和日本传到欧洲,而美国人又间接从欧洲接受了这些贡献。然而,亚洲人的思想和制度、艺术和文学,也有很多直接传到了美国,而且直接地影响了美国人的生活和制度。不只亚洲的农业经验已充分地被美国政府和私人企业所利用,而且亚洲其他方面的经验和知识也丰富了美国人民的生活。

我们这一代所亲身经历,完全经由学术途径传播的最有利而重要的实例,就是美国采用了中国古代的所谓"平粜"制度,那就是在丰收的年头由政府向农民收购米谷储藏,到歉收时期便以平价抛售给平民。这项中国古代的经济理论,最早是由哥伦比亚大学的陈焕章在其1911年的博士论文中加以讨论。1918年,华勒斯(Henry Wallace)先生主编一份周报,这篇研究论文正巧落在他手里,自此他对这一项中国古代制度极为赞赏。当华勒斯于1933年出任农业部部长时,这个中国的理想终于为美国所采纳。他运用此经济理论以控制不断增加的小麦及其他剩余农产品,当20世纪30年代中,美国剩余农产品的堆积,形成了1929年不景气的重要原因。1933年第一次颁布的农业调节法案(The Agricultural Adjustment Act),乃是罗斯福实施新政的主要措施,也就是"平粜法"这个中国制度在美国具体化的一个案例。

其他如亚洲艺术,也已使美国人的生活方式在某些方面获得了充实。不只东方的图案在今日的装潢艺术和服装设计中非常流行,而且中日绘画的基本概念和技巧,对美国现代化艺术的形式和造意也都有一些影响。现在一般人对于所谓"书法画派"的强烈兴趣便是一例。实际上,美国人对亚洲艺术的兴趣,可追溯到19世纪,虽然影响并不明显,但也引起了一些注意。例如,美国风景画家印兹(George Innes)曾赞誉中国画为"极富自然的韵味"。惠索勒(James McNeil Whistler)从许多亚洲艺术品的表现手法中学会了对它的欣赏,更主张注重"形式"而少顾"内容"。亚洲的影响又可见于美国的建筑。一些东方式的别墅和园林出现在中西部和南部,许多农场主人的邸宅都用中国式的裱墙纸和窗格作装饰。至今新英格兰许多家庭和公寓中仍留有中美早期贸易时代的遗物。

文学方面,美国超绝派运动(Transcendentalist Movement)颇受东方哲学的影响。像爱默生(Emerson)、梭罗(Thoreau)和阿耳柯特(Alcott)都对印度和中国的哲学特别感到兴趣。20世纪前30年的印象派诗人(Imagist Circle)便受到中国诗格律和意境的影响。著名的诗人像庞德(Ezra Pound)和罗威尔(Amy Lowell)便因读了中国经典和诗词的西文译本而影响他们的作风。近年来,中西文学与哲学的比较研究已引起许多学生和教师的兴趣。亚洲的经典、哲学、历史和文学的译本和著作,已进入了大量发行的普及本和出版事业。

经由学术性和通俗性的作品为媒介,亚洲人的理想和东方的生活方式已经逐渐传播到美国的社会。由于西方社会问题所引起的不安日渐增加,美国人开始注意到亚洲人的生活方式,特别是个人与家庭的关系、情绪的安定和道德标准以及拳术、医药和健生的方法,希望借以调协日常生活。随着文化交流的增进,更多美国人将可以有机会作更深入的研究和直接的观察,也许他们对自己向来的观点会变得更善批评。在不久的将来,毫无疑问,亚洲的影响将因对亚洲的广泛接触和研究而逐渐地更普遍地渗入美国人的生活之中。

冼丽环译
原载《大陆杂志》第22卷第2期,1961年3月15日

卫三畏及所著《中国总论》

哈佛大学第一位中文讲师戈鲲化(1835—1882)

哥伦比亚大学中文讲座所纪念的丁良(约 1900 年)

芝加哥德籍汉学家劳福(1858—1931)

中 美 书 缘
——纪念中美文化交换百周年

  本文为1969年纪念中美文化交换百周年而作，原文发表在《哈佛亚洲学报》(Harvard Journal of Asiatic Studies)第25卷(1964—1965年)。美国国会图书馆曾为此举行特别展览，以兹庆祝，并将此文置于其特藏书库，以供读者参考；台北中央图书馆也将此译文印成专册在展览会场分发，可见各方对此一里程碑之重视。

  美国国会图书馆东方部藏有最早入库的中文书籍10种，约1000册，装成130函，每函套面贴有白纸书签（第59页图），上面印有英文说明：Presented to the Government of the United States of America by His Majesty the Emperor of China, June 1869（1869年6月中国皇帝陛下赠送美国政府）。这批赠书越过太平洋到达美国，迄今已经过一个世纪，不仅是美国国会图书馆东方文库之祖，也是美国各图书馆中收藏最早和最多的一批东方语文书籍。可是这批书籍入藏的经过，不仅国人未悉其详，即国会图书馆本身亦无当时有关是项赠书的记录[注1]。年前作者偶见有关此案之恭亲王奏折二件（第60页图），根据其中所述年月，承美国档案局、农业部和主持国际交换的司密逊学院等机关之协助，陆续搜得当时美国国务院与其驻华使馆间有关此案之往来公文 15 件[注2]。因其中交涉经过颇为曲折，且此事也是中美文化关系史上最早的一件大事，曾撰文记述其详[注3]。因此文的提示，1969 年，适值这最初中美文化交换 100 周年，美国国会图书馆及台北中央图书馆同时举行特别展览，以纪念中美文化交换之里程碑，爰再择要记述经过，以供读者的参考。

一、美国政府三次请求

这批图书的交换，是先后由三个美国政府机构主动要求，前后经过两年和多次的交涉，虽然最后中国政府"颁赏"书籍 10 种给美国政府，但大部分内容实非美国政府原来所希望获得的资料。第一次要求是在 1867 年，当时美国国会于该年 3 月 2 日通过一项法案，将美国政府出版品每种留出 50 份，责成司密逊学院（Smithonian Institution）向其他国家办理交换事宜。该院随即经由国务院通过驻北京使馆行文总理各国事务衙门请求办理，但是清廷置之未复。大约经过了一年，美国驻华代办卫三畏（Samuel Wells Williams）[注4]找了一个机会再度向总理衙门提出，并面托一位与外国使节往来较密的董恂[注5]从中说项。董氏虽私自赞成，但谓此举须经其他衙门批准，恐一时不易实现云云。

经此初步接洽，卫氏乃复函司密逊学院院长亨利教授（Professor Joseph Henry）（第 61 页图），谓中国政府虽对书籍至为重视，但与美国政府机构之出版品及报告书性质并不相同。且目前中国国内能通读西文书籍者全国恐不及 20 人，而美国国内能通晓中文书籍者，更属寥寥无几。即使交换成功，对两国将来均有裨益，但是目前恐亦无人可以阅读，因此建议将此事从缓办理。

大概又经过了半年，美国新任驻华公使劳文罗（John Ross Browne）到达北京上任，此事乃又旧事重提。此次主动者为美国农业部，因中国农产丰盛，几千年来给养如此庞大的人口，很想获得这方面的资料以供借镜，因此特派薄士敦上校（Col. Charles Poston）为驻华特派员，主持有关农业事项。当时美国驻华代办与总理衙门已有默契，对于图书交换一事暂予搁置，而薄士敦之遣华，似与此项了解相抵触。因此劳氏特致函恭亲王解释薄上校之任命系在驻华使馆报告到达之前，目下薄氏已到达北京，急望开始办理有关事务。

薄士敦抵达北京时，除带有五谷、蔬菜及豆类种子外，并携来书籍若干种，皆为有关美国农业、机械、采矿地图及测量太平洋铁道之报告书。希望与中国交换同等性质的书籍。美国公使劳氏于1868年9月29日抵达北京，当其递送国书时，总理衙门大臣恭亲王及其僚属董恂、宝鋆、谭廷襄、徐继畬等数人均予接谈，当邀宴时，劳氏将交换农业种子及图书之事再行提出，并介绍薄上校说明其驻华任务，希望两国间建立交换关系，不仅美国可给予中国政府以各种协助，同时此举亦将使美国对中国在教育文化以及财务上种种设施，尤其在农业方面的成就，能有直接的了解。

薄上校偕同卫三畏于同治七年（1868年）9月4日晋谒恭亲王，亲自递送携华之种子及图书，并表示希望获得同等物件，送还美国以作交换。后劳氏在其致国务院之报告书中云：虽清国政府中无人可以阅读该项英文书籍，但其中地图、机械、图画及表解，对于恭亲王及其同僚极有兴趣。希望在不久的将来，外国书籍能为中国人所重视；至于农业种子，当可在短期内发现其价值。总理衙门于收到后，即复函劳氏申谢，并谓此举不仅裨益农事，即对两国邦交之增进，亦多助益。

当时总理衙门虽原则上同意两国间建立交换关系,但对于此举是否确当以及致送外国何种书籍,均未敢擅作主张,乃思援引前例,以作根据。恭亲王因于同治七年十月初四日奏称,道光二十五年(1845年)间中国曾赏给俄国住京人士书籍,后该国备送俄罗斯书籍呈进[注6]。又谓:

  此次美国系先以书籍、谷种备进,与俄国案虽相同,惟先后各异。臣等检阅美国使臣来函,意重农人莳种,深望中国换给书籍,词颇恪恭向化,未便拒绝不受。当将书籍谷种,暂在臣衙门收存,一俟内务府覆到,臣等查酌情形,应如何颁赏美国书籍谷种之处,当再请旨遵行[注7]。

当总理衙门静待谕旨的时候,美国国务院又因联邦土地局之请,再度于1869年3月25日训令其驻华公使向中国政府请求道光年间中国户籍调查资料,该局谓曾向华京中国驻美使馆申请,但钦差三人均以要务羁身、无暇处理此事为理由,加以推却。因此劳氏再度重申前意,请将中国户籍及财务资料覆送,以便转递华盛顿应用。

二、总理衙门援例赠书

  总理衙门接到此次公函后,未便再为推却,乃决定以相当书籍及谷种赠还,但为援据赠书俄国前例,曾向理藩院查明原委,并于同治七年八月二十五日奏称:

  据理藩院咨覆,道光二十四年据住京俄罗斯达喇吗佟正笏呈恳请领唐古忒干珠尔经丹珠尔经各一部,曾经奏明颁给祗领等因[注8]。兹于本年二月间,复据美国使臣递臣衙门照会,称本国书籍,业已披览,尚未得观中华之书,并议检查中国民数册籍,臣等当即备文照覆,告以中国民数,每年各省咨报户部,并无成书。惟查道光二十四年颁给俄罗斯经卷,该国即备书籍呈送,此次既已收受美国书籍谷种,未便不答。臣等公同商酌,由臣衙门购买书籍共十种,装成一百三十套,并中国五谷菜子共十六种,装成五十六匣,花子五十种,装成五十匣,一并发交该使臣祗领,以示酬答。

总理衙门于钦准以后乃于同治八年四月二十七日(即1869年6月7日)将购得之书籍种子一并具函致送美国使馆,表示还答美国政府赠书及谷种之盛意。但谓户籍民数系由各省每年造册报送户部存查,并未印行成书,未能致送云云。

书籍十种,具有清单[注9],兹据英文书单(第62页图)译记如后:

(一)皇清经解 道光九年(1829年)广东粤雅堂刊本,366册(按国会图书馆点查实为360册),50函

(二)五礼通考 乾隆十九年(1754年)江苏阳湖刊本,120册12函

(三)钦定三礼 乾隆十四年(1749年)殿本,144册(实136册),18函

(四)医宗金鉴 乾隆五年(1740年)北京刊本,91册(实90册),12函

(五)本草纲目 顺治十二年(1655年)北京刊本,48册,8函

(六)农政全书 道光十七年(1837年)贵州刊本,24册,4函

(七)骈字类编　雍正五年(1727年)北京刊本,120册,20函
(八)针　大成　道光十九年(1839年)江西刊本,10册,2函
(九)梅氏丛书　康熙四十六年(1707年)北京刊本,10册,2函
(十)性理大全　明永乐十四年(1416年)内府刊本,16册,2函

以上各书,半数为医、农、算学之类,想系针对美国所赠技术之书答还;其他所选经解、礼经、小学、性理一类书籍,则未知何据。且各书仅及经、子两部,而无史、集之书,则选择标准何在,亦颇费解。

除了书籍之外,为了还答美国政府所赠谷种,又还有花卉、五谷、豆类及蔬菜种籽106种,附有详细名单(第63页图)均译有英文[注10],名目如后:

(一)花子50种,内有五谷花、翠雀花、金盏花、秋葵花、江西腊(红、紫、蓝、白、粉)、虞美人(红、白)、茉莉花(五色)、夜落金钱、淑气花(红、白、紫)、鸡冠花(红、黄)、高丽菊、陕西菊、双凤花(红、白、粉)、单凤花(红顶、粉顶)、千日红、白翠雀、江南槐、向日莲、靠山竹、秋海棠、蝴蝶梅、石竹梅、金银茄、老来少、西红柿、美人蕉、狮子头、九莲灯、石柱子、马兰花、玉兰花、藿香、芙蓉、喇叭花、罂粟花、狗尾、红千年。

(二)谷子17种,内有秋麦(红、白花)、莜麦、大麦、小麦、高粱(红、白)、玉米(黄、白)、黄梅、白黍、黄谷、白谷、棉花、芝麻、稗子。

(三)豆子15种,内有黑豆、黄豆、青豆、绿豆、蚕豆、巴豆、红谷、黑小豆、红小豆、黑豌豆、红云豆、白云豆、青豇豆、白豇豆、猫眼豆。

(四)菜子24种,内有春水萝卜、红胡萝卜、秋萝卜、大萝卜、春不老、根头菜、莴苣菜、茼蒿菜、白菜、韭菜、芹菜、芥菜、菠菜、香菜、倭瓜、东瓜、王瓜、烧瓜、甜瓜、丕辣、秦椒、瓠子、茄子、葱。

据美国农业部称,美国与外国交换农业种子,虽自1819年即已

开始,但有记录可查者,始自1898年,但非按国别分列,亦无赠送外国种子之名称,故美国农业部赠送中国政府系何种种子,则无从查究。据该部1869年报告中,谓有美国高原棉种50磅赠送中国政府。

三、文化交换增进了解

以上书籍及种子送到后,美国公使劳氏于6月10日复函恭亲王致谢,略谓各件均已照单点收,即将转递美国政府,其中各种种子,定为美国未有之奇种,将转送农业部检点后加以适当应用。至于书籍,一俟送到,当仔细整理插架,俾通晓中国语文者易于查考。对于赠书之盛意,谨致深厚之谢忱。

在上述图书及种子送到美国公使馆后,以后即未有下文述及这批赠品如何运到美国,以及何时送达国会图书馆;不仅美国档案局未有以后之报告,即国会图书馆以及司密逊学院亦无当时之文件,足以说明其接收经过。惟美国公使劳氏于1869年6月29日最后致国务院之报告中谓书籍之整理及标签需时两月,方可就绪。至于种子当于下班航驶加利福尼亚之轮船寄送华京。而一部分书籍直至1876年5月美公使仍在请示中[注11],可知这批赠书当系1876年或以后才全部到达美国,然后送交国会图书馆收藏迄今。

劳氏使华不及一载,即于1869年7月卸任返美,当时书籍尚未寄发去美。他于7月1日赴总理衙门向恭亲王辞行时,特别致谢中国政府最近赠送之图书及种子,并对两国间举行交换所表示友好及善意,深表欣慰。劳氏在其临别致辞中谓美国目下尚少能读中国书籍之人,但对五谷及花卉等种子之欣赏,当可毋庸置疑。希望在不久之将来,两国中均有甚多人士可以阅读彼此之书籍。但在目前,虽中国人通读英文者甚多,而美国人可以阅读中文者,恐尚不及美国联邦各州之数目(按当时计有 38 州),两国间对于彼此文物知识之与日俱增,当极有助于增进互相了解云云。

按百年前所交换之书籍及谷种等,数量虽极有限,但已播下中美两国间文化交流之种子,意义实深。不仅美国农事借重中国农产园艺之经验者甚多,而今日美国人士能通读中国书籍者,至少亦当千百倍于百年之前,而美国国会图书馆所藏之中文书籍现已增至 50 万册,其中有关中国物产记载之地方志,即达 3500 余种,搜罗之富举世闻名。今后两国间如何吸收彼此之文化精髓,丰富彼此之精神与物质生活,实值得吾人深长思之。

附 注

1. 作者曾详细查阅美国国会图书馆 1862—1878 年之间图书交换登录簿及该馆馆长于 1869—1871 年间与外界往来公文收发登记簿,均无中国政府赠书之线索;主持国际交换的司密逊学院亦无是项记录。
2. 这批公文包括美国驻华公使致国务卿之报告书及总理衙门致美使馆之公文译本及附件等。详见〔注 3〕英文原作之附注,本文从略。
3. Tsuen-hsuin Tsien,"First Chinese-American Exchange of Publications,"*Harvard Journal of Asiatic Studies*, Vol. 25(1964—1965), pp. 19—30.
4. 卫三畏为当时美国使馆秘书兼通译,于美公使布林根(Anson Burlingane)卸任后第六次代理馆务,但始终未得升格公使。离华后于 1876 年任耶鲁大学中文教授,著有《中国总论》(*The Middle Kingdom*)等书。详见上文《美国对亚洲研究的启蒙》。
5. 董恂,字忱甫,号酝卿,江苏甘泉人。曾译朗费罗(Longfellow)诗篇(Psalm of Life)为五律九首,题曰:"长友诗",可能为中文所译美国诗人最早之作。译诗见方浚师《蕉轩随录》第 12 册。
6. 俄国赠书 357 种,译名见何秋涛《朔方备乘》卷 39。
7. 原文见《筹办夷务始末》同治朝卷 62。

8. 据《朔方备乘》记载所颁给俄国在京学生之书，系雍和宫所存《丹珠尔经》8000册。
9. 书籍10种，据清单应合949册，惟实存934册，想系当时误记。现存实数承美国国会图书馆毕尔(Edwin G. Beal, Jr.)博士及吴光清博士代为详核，并此志谢。
10. 花卉及农业种子英译名单，见英文原作注25。
11. 1876年5月2日美公使再向国务院请示中国政府所赠之书籍，并建议寄存司密逊学院、加州大学，或设在耶鲁大学之"美国东方学会"，而未及国会图书馆。6月19日国务院复函指示可运送司密逊学院，由该院加以处置云云。由此可推测这批赠书是先运到司密逊学院，再转送国会图书馆保存迄今。

原载《传记文学》第14卷第6期，1969年6月。

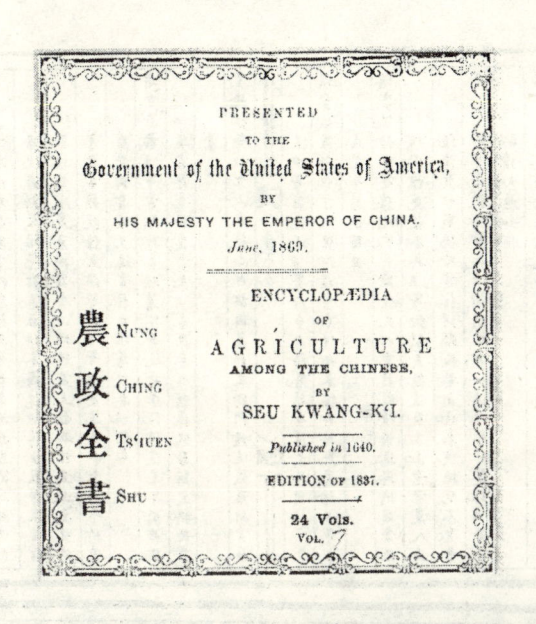

美国国会图书馆所藏1869年中国政府赠书
(上)封面签条(下)在库书架

門謹鈔錄美國使臣原函呈

御覽

御批知道了設有中書籍交該衙門收存

美國使臣容文厚斯來呈

今年三月間衛大臣玉延有總署書籍數種贈與代辦華利夏玉本到本國將國家派薄士教爺來美國之書且相換玉本暨金山地理玉本兩有總署衙門內言農事機器玉本暨金山地圖玉本貴國王教右等萊書內言農事機器玉本暨金山地圖玉本貴國王教大臣

茲蒙王上給貴國農人特捧史蒙貴衙門并中國王教民主經玉上給貴國農人捧萊書大臣等國光以今日托街大臣本視王敦育來美會暗所有書籍教種一並而文倍薄士教育來美會暗所有書籍教種一並而文銀一千兩英國扣昌經議以作為辦理之費法銀月十六日山按照英國月計算美人所六年九月十六日山按照英國月計算美人所十月十九日按美大臣阿禮國於十月十九日派送美國公使銀一千四百二十八國人小洋銀六國合銀一千兩經主等派辦齊計車庫平銀一千零三十五兩壹美館房租則依章平

實給伊等住京人言稱令由該國薩郡公街門轉送俄羅斯書籍頒賞俄羅斯住京人傳何項言籍現尚未據內務府覆到臣等查道光年間俄國因頒賞給抬送書籍此次美國係先以書籍致贈與俄國意相同惟先後各異臣等檢閱美國使臣本次重賣人詩稿深望中國换給書籍頗與恭向化末使能兄不受當將書籍接到臣衙門收存一俟內務府覆到臣等酌情妙處如何

頒賞美國書籍之處再言書譜

青進行掎將書籍四本教種五十二包封送軍機處餘仍存臣街

同治七年十月初四日（1868年11月17日）恭亲王奏稿

No. 10 Two Inclosures   Mr. Haswell

Legation of the United States
Peking. April 18. 1868

Referring to your Circular of June 13. 1867. relating to exchanges of U. S. official documents, I have the honor to inclose for your information and the use of Professor Henry, copy of a correspondence which has passed on this subject with the Chinese officials, and my remarks on what I have done and ascertained in connection with carrying out this liberal proposal of the United States Government

I have the honor to be,
Sir
Your Obedient Servant
S. Wells Williams

Hon. William H. Seward
   Washington

1868年美国驻华公使馆致国务卿函稿

Enclosure D
Resp 50

List of the Ten Publications

1. 皇清經解 Hwang Tsing King Kiai. Imperial edition of the Thirteen Classics in 366 volumes, arranged in fifty cases. Published at Canton in 1829, under the supervision of Yuen Yuen, the Governor-general. The Thirteen Classics consist of the Book of Changes, Book of Records, Book of Odes, three works on the Rites of the Ancients, three comments and the Spring and Autumn Record, Filial Duty, Analects of Confucius, the writings of Mencius, and the Wordbook of the Han Dynasty B.C. 150. This edition comprises the commentary on each work deemed to be most instructive, with notes from other commentaries.

2. 五禮通考 Wu Li Tung Kao. Researches into the Five Rituals. 120 volumes arranged in 12 cases. Published in 1750 at Yanghu in Kiangsu Province. These five ancient works treat upon the ceremonies to be observed in marriages, funerals, military matters, visits, and joyful occasions.

3. 欽定三禮 Kin Ting San Li. Imperial edition of the Three Rituals, viz. Ritual of Chau, Rules of Behavior and Book of Rites; some parts of this work are contained in the preceding. Printed at Peking in 1749, in 144 volumes put up in 18 cases.

4. 醫宗金鑑 I Tsung Kin Kien. The Perfect Mirror of Medical Science or Authors. Printed at Peking in 1740 in 91 volumes or 12 cases. Part of this work contains the medical writings of a physician who flourished A.D. 50; the remainder is a collection of rules in 58 volumes, for all classes of complaints.

同治八年(1869)中国政府赠送美国书籍清单

Enclosure E
Loop 51

List of Fifty sorts of Flower Seeds.

1. 五穀花子　Wu kuh hwa-tsï
2. 翠雁花子　Suï Tsioh hwa-tsï　Larkspur
3. 金盞花子　Kin Tsan hwa-tsï　Marygold - Tagetes
4. 秋葵花子　Tsiu Kwei hwa-tsï　Sunflower
5. 紅江西臘花子　Hung Kiangsi Lah hwa-tsï　Red Daisy
6. 紫江西臘花子　Tsï Kiangsi Lah hwa-tsï　Purple Daisy
7. 藍江西臘花子　Lan Kiangsi Lah hwa-tsï　Blue Daisy
8. 白江西臘花子　Peh Kiangsi Lah hwa-tsï　White Daisy
9. 粉江西臘花子　Fun Kiangsi Lah hwa-tsï　Straw-color Daisy
10. 紅虞美人花子　Hung Yu Mi Jin hwa-tsï　Red Lychnis, coronata
11. 白虞美人花子　Peh Yu Mi Jin hwa-tsï　White Lychnis
12. 五色茉莉花子　Wu-seh Moh-li hwa-tsï　Variegated (Mirabilis Jalapa) Fetid
13. 夜落金錢花子　Ye Loh Kin Tsien hwa-tsï
14. 紅淑氣花子　Hung Shuh-ki hwa-tsï　Red hollyhock (Althea)
15. 白淑氣花子　Peh Shuh-ki hwa-tsï　White hollyhock
16. 紫淑氣花子　Tsï Shuh-ki hwa-tsï　Purple hollyhock
17. 紅雞冠花子　Hung Ki-kwan hwa-tsï　Red cockscomb (Celosia)
18. 黃雞冠花子　Hwang Ki-kwan hwa-tsï　Yellow cockscomb
19. 高麗菊花子　Kao-li Kuh hwa-tsï　Corean Chrysanthemum
20. 陝西菊花子　Shensi Kuh hwa-tsï　Shensi Aster
21. 紅雙鳳花子　Hung Shwang Fung hwa-tsï　Red double Balsam
22. 白雙鳳花子　Peh Shwang Fung hwa-tsï　White double Balsam
23. 粉雙鳳花子　Fun Shwang Fung hwa-tsï　Whitish double Balsam
24. 紅頂鳳花子　Hung Ting Fung hwa-tsï　Red Touch-me-not
25. 粉頂鳳花子　Fun Ting Fung hwa-tsï　Whitish Touch-me-not
26. 千日紅花子　Tsien Jih Hung hwa-tsï　Globe Amaranth (Gomphrena)
27. 白翠雀花子　Peh Sui Tsioh hwa-tsï　White Larkspur
28. 江南槐花子　Kiangnan Hwai hwa-tsï
29. 向日蓮花子　Hiang Jih Lien hwa-tsï
30. 靠山竹花子　Kao Shan Chuh hwa-tsï

同治八年(1869)中國政府贈送美國花子清單

北平图书馆善本古籍运美迁台经过

　　1966年为纪念袁同礼先生逝世,曾为《思忆录》纪念册写作"国立北平图书馆善本古籍运美经过"一文,以表怀念。1991年适值珍珠港事变50周年,我应邀以英文记述作者当年秘密运书经过,发表在美国《东亚图书馆协会会刊》(CEAL Bulletin)第101期。1999年,北图为当年运书旧事特派代表团到芝加哥颁赠奖状,引起国内外媒体的注意。2001年为纪念太平洋大战开始60周年,也是这批古籍流浪的开始,我再将运美迁台经过写成"北京图书馆善本古籍流浪六十年",发表在《传记文学》第79卷第6期。今年适逢抗战胜利60周年,爰将这三篇旧作重加修订,合并成为此文,以祝愿国宝早日完璧归赵。

　　1941年12月,太平洋战争开始前不久,前北平图书馆(现北京图书馆)所藏善本古籍3万余册由上海秘密运送美国国会图书馆寄存,以策安全,并摄制缩微胶卷,以供参考研究及永久留传。这批珍贵的典籍都是历经宋、金、元、明、清许多朝代流传至今的国宝,当世界风云紧急的时刻远渡重洋,在中国历史上是史无前例的,在国际文化交流史上也是一项创举。现在这批古籍的书影已遍布世界各处,意义重大;对中国传统文化的研究和发扬,影响更是深远。

　　今日回思,这事发生在六十多年前。当初因严守秘密,只有少数人知道此事，如今可能我是唯一还存在的见证人。可是当时上海在日军严密控制的情形之下，这批国宝如何能横渡太平洋而到达彼岸，其中经过曲折而紧张。三十五年后，我曾撰文记述当年受袁同礼（守和）馆长之嘱，在上海冒生命危险，安排这批善本运美的经过，文中述及这一迁移工作，中美官方束手无策，但是由于偶然的机遇，由我独自策划，得以完成这一重大使命。[注1]

1947年抗日战争胜利后，当时的国民政府教育部派我到美接运这批古籍回国，一切手续都已办妥，可是由于国内战事爆发，交通断绝而未果。我也因此未能前往华盛顿而改到芝加哥，匆匆不觉已经超过半个世纪。今年是抗战胜利的六十周年，也是这批古籍流浪的开始，爰再追述运美及迁台的经过，为中国典籍聚散史留存记录，并借此祝愿这一批国宝早日完璧归赵。

一、善本南迁

这事的经过，得从北平古物南迁说起。自从东北事变以后，政府已知华北大局不保，于是在1934年决定将故都国宝南迁。除故宫古物外，北平图书馆的藏书也是其中一部分。当时送往上海的部分，除善本书籍甲乙库约5000余种6万余册外，尚有敦煌写经9000余卷、金石碑帖数百件（如汉熹平石经残石、周鼎、楚器、铜镜、古钱及梁任公家属寄存碑帖等），均存放公共租界仓库。另有全份西文科学及东方学期刊三四百种，约1万余册，则寄存法租界亚尔培路中国科学社，称为"国立北平图书馆上海办事处"。另有一部分送存南京地质调查所新建所址，其中除西文参考书、外国官书、全份西文及日文工程期刊四五千册外，尚有旧藏内阁大库舆图及各省舆图七八千幅，对外称为"工程参考图书馆"。

我于1937年7月受守和先生之召,由上海交大转职主持南京分馆。到馆没有几天,便发生"七七"卢沟桥事变,不久战事延及京沪。8月中奉令疏散,同时北平总馆亦南迁长沙,继至昆明赓续平馆馆务。我当时计划先送眷属到江北避难,然后再去后方参加平馆队伍。但是中途接到守和先生由长沙转来的电报,说上海办事处亟需人主持,嘱即设法转道上海,维护存沪的藏书。当时日军虽已占领上海,但是租界内的活动尚未受到直接干涉。于是便在1938年春间辗转到达上海。那时上海租界是一座孤岛,难民麇集,房屋奇缺,生活高昂,日本宪兵和特务在租界内到处横行,但幸上海和后方的联系却不绝如缕;而上海分馆的各种工作,也便成为一种地下的活动。

二、地下工作

当时上海办事处的工作,大概可以分为几方面:一、《图书季刊》的出版和发行。《季刊》中文版在平出至三卷,西文版出至四卷停刊。新一卷于1939年在昆明复刊,实际上除一部分稿件在内地编辑外,所有书评、印刷和发行的业务,却全在上海进行。二、对国外文化机构的联络以及资料的采访,一部分也在上海办理。三、善本书的抢购。故家私藏流出在市上的精椠旧钞,北平和中央两馆都在沪搜购。后来平馆影印的《孤本元明杂剧》和中央图书馆影印的《玄览堂丛书》,便是那时在上海收获的一部分。四、敌伪资料的搜集。平馆和西南联大在昆明合组"抗战史料征集委员会",上海方面奉命搜集日本和伪组织方面的刊物和文件。小至居住证、通行证、配给证、传单、公告,以至中日文合璧的各级伪政府公报及地方报纸,都是在京沪两地搜集后寄到香港再转送昆明。五、上海方面最主要的工作,当然是保管存书。为了安全起见,存在公共租界仓库内的中文善本,不久便迁移到法租界内的震旦大学。因为当时日本与维希政府保持邦交,所以法国人在上海的产业,未受日军没收。后来又化整为零,从震旦迁入租用的民房,分散掩藏,避免注意。

三、精本运美

在珍珠港事变前不久,上海租界内的情形日紧,深恐这批存书迟早又将不保,于是守和先生与当时驻美大使胡适之先生通过美国国会图书馆的联系,拟将存沪的善本再度迁移,运美保管,俟和平恢复,再物归原主。[注2]并在美将这批藏书摄制缩微书影,以便留得副本,不仅可以永久流传,更可便利世界各国学者的研究。但是当时上海存库善本甚多,无法全运。于是在1941年初守和先生特亲自冒险到沪布置一切,并由国会图书馆派请王重民(有三)先生回沪协同徐森玉先生挑选出一部分较重要的资料,计2720种,约计3万余册,装成102箱,箱内用铁皮密封,以防潮湿。其中包括宋、元本约200种,明版近2000种和钞稿本500余种。这些书可说是当时平馆善本的精华了。

当时计划将这批善本运美保管,虽经中美两国政府同意,但如何由沪运送去美,却成为一个不能解决的问题。其时计议运出的方法有二:一是通过海关,交商船运送。最初曾由上海美国领事馆试寄2箱,但该馆不愿继续;因此袁馆长嘱我访问海关监督丁桂堂君,请他帮忙,但丁君觉得责任太重,不敢担当这种风险加以推辞。

二是由美国派遣军舰到沪接运,但当时日军已包围租界,不仅无法遮掩日军耳目,也无法通过外滩到达军舰。我的行箧中尚存有当时王重民先生从美国寄沪的一封信(第76页图),其中有一段说:"丁君所谓下策行不通,现正拟行上策,詹君与 LC 两方已共同努力,释之六月太忙,须七月十五日以后,方能回此,他回来后更能策进。大概到9、10月间,如无办法,则不能办矣。"詹君是当时美国驻华大使 Nelson T. Johnson,LC 是国会图书馆,释之即胡适之。果然等至九、十月间,仍是束手无策,一筹莫展。

四、秘密过关

偶然间我妻文锦的同学张芝静女士到寓所来访,闲谈中得知她的大哥(即检查员)在海关任外勤。我得张女士的介绍拜访她的老兄,问他有无办法相助,结果他一口答应帮忙。他说当他值班时,可把书箱送到海关,由他担任检查,如保守秘密,可能不会引起日方注意。于是我将余存的 100 箱书化整为零,分成 10 批交商船运送。每批约 10 箱,用"中国书报社"的名义开具发票报关,作为代美国图书馆购买的新书。发单上开明的都是《四部丛刊》、《四部备要》、《图书集成》等大部头新书,但箱内所藏,却全是善本。送到海关后,箱子并不开启,即由张君签字放行。这样从 10 月开始,每隔几天,当张君值班时,我便亲自用手推的大卡车押送一批去海关报关。这样前后经过两个月的时间,最后一批便于 12 月 5 日原定由上海驶美的"哈里逊总统"号(S. S. President Harrison)装运出口。如此紧张的工作,才算松了一口气。突然 12 月 7 日珍珠港事变发生,日美正式宣战,同时日军进驻租界,接着攻占香港、安南、新加坡和菲律宾。不久见报载"哈里逊总统"号已在上海吴淞口外被俘,当时以为这最后一批善本,如非失落,必被日军俘获。哪知到了次年6月,上海各报刊登了一则由葡萄牙里斯本转发的德国海通社电报,请国会图书馆在美京宣布北平图书馆的善本书籍102箱已全部到达华盛顿,即将开始摄制缩微书影云云。(这批书后来摄成胶片1070卷,赠送中国图书馆三套,底片现存国会图书馆。)这则消息虽使经手人颇为兴奋,但也却因此引起了日本华北兴亚院方面的注意。至于最后一批书如何到达美国,至今仍是一个谜。

五、收拾残局

当时华北教育总署督办周作人兼任改称的北京图书馆馆长,而实际的负责人却是秘书王钟麟(古鲁)。八月间王君即奉命偕同兴亚院调查官水川清一及专员臼井亨一到沪查访存书,证实善本精华已经离沪。但在一处民房及科学社查到一部分中西文书籍,接着便分批运返北京[注3]。可是因为各书化整为零,王君仅查到一部分,还有存在他处的敦煌写经以及其他多种资料未被发现。这样上海的残局,一直维持到1945年日本投降,才将残留的善本以及新购的图书等,集中移存到一所由政府接收分配的上海宝庆路17号陈群的住宅,作为分馆的办事处。不久守和先生也复员到沪,他说年前教育部曾得当时驻沪地下工作人员密报,谓我在沪保管存书,并秘密运送善本出国,历尽艰险,曾经明令嘉奖,并颁给奖金1万元,因为当时情况特殊,不便转达。可是等到复员后领到奖金时,1万元只够支付一趟到银行领取的车资了。

六、不解之谜

前文所述装载最后一批书的"哈里逊总统"号曾被日军俘获，可是这批书如何到达美国，迄今仍是一个谜。这一问题，我来美后曾在1983年底函请美国国会图书馆中韩部主任毕尔（Edwin G. Beal, Jr.）博士代向美国总统轮船公司查询有关战时"哈里逊总统"号的下落，借此可以了解这最后一批书如何到达美国。据称该公司档案处凯利（Colette C. Carey）先生曾查阅当年旧档，得知"哈里逊总统"号于1941年12月4日由马尼拉驶赴秦皇岛撤侨，但该船经过上海距吴淞口40英里处为日本驱逐舰及商船"长崎丸"所包围。该船船长皮尔逊（Orel Pierson）乃加足马力驶至吴淞口外的一处小岛 Sheweishan 搁浅，以免为日本海军所利用。后由日本打捞公司将此船起浮，修理后改名"郭公丸"，后又改称"胜哄丸"，供军事运输，一直使用至1944年9月11日，终为美国潜艇"班巴米脱"号（USS Pampamito）所击沉。当时该船由新加坡载运英、美战俘900多人去日本，其中500人获救，送到北海道一处煤矿做苦工，余皆溺亡。

据此可知运载最后一批善本到美的船只，虽原定为"哈里逊总统"号，但因军情紧急，该船被征用，因此改变航程而未到上海载货，所以这最后一批善本10箱可能由其他船只载运离沪，而未受日军干扰。但终究如何到达美国，轮船公司及国会图书馆均无记录，至今仍是一个未解之谜。（以上据毕尔博士1984年2月21日致作者原信及所附档案副本节录。）[注4]

七、迁台经过

这批书运到美国国会图书馆后,即由当时在该馆工作的王重民先生负责编目、撰写提要,并送交缩微部摄制胶卷,历时五年,方始竣事。王先生于1947年回国,袁先生于1949年来美在国会馆工作兼为这批存书的监护人。1965年袁先生故世后,因乏人照管,由在台的中央图书馆蒋复聪(慰堂)馆长呈请台北"教育部"通过驻美大使馆向美国国务院转商国会图书馆准予运回台湾,由中央图书馆负责保藏。[注5]

当初这批善本运美,中国方面的动机是为了安全,而美国方面的兴趣主要是摄制书影,充实馆藏以供流传和研究。摄影完毕后即拟运还,1947年我奉命赴美接运这批书回国,但以国内局势变化而未果。这批书堆存该馆已经20余年,而该馆计划中之新楼尚未兴建,急需腾出地位以供他用。当时正值"文革"期间,中美关系处于低潮,据该馆友人私告,谓深恐国内责骂美帝掠夺中国国宝,急想推卸责任。因此央馆的要求,立允所请。由该馆国际交换部将这批善本102箱逐一点交,由台北中央图书馆及驻美大使馆等单位代表点收,先陆运美西岸奥克兰,再连同台湾方面参加纽约博览会的文物,由美海军部用军舰"盖非将军"号(General Gaffy)一并运台,于1965年11月17日抵达基隆,再转运台北中央图书馆。同时运回的尚有寄存美国的西北科学考察团所发现的居延汉简1万多件,由台北中央研究院史语所接管。这批书和汉简离美后,国会图书馆立即发布公报,概述经过,由此结束了美国方面代管20多年的一项重大任务。

这批善本运台后,曾经有关部门开箱点查,据称与当初装箱目录稍有不符,但大致不差。其中有目无书者11种,有书无目者57种,大概为当年选装原定一百箱,临时增入2箱,或有抽换,因时间紧迫,目录未及改正,忙中有错,亦属可能。不久,中央图书馆编印善本书目,即将这批图书作为馆藏,列入1967年编印的《国立中央图书馆善本书目》。当时我曾以美国东亚图书馆协会主席名义代表美方同人,致函包遵彭馆长表示抗议,因这批善本原为北平图书馆旧藏,迁台原为寄存保管,不应作为央馆所有。幸获馆方同意,即由特藏部昌彼得(瑞卿)主任于1969年另编《国立中央图书馆"典藏"国立北平图书馆善本书目》一册,附入胶卷编号及书名和著者索引,极便检查。包馆长在序言中并说明是应美国东亚图书馆同仁的建议[注6],实即此事的一段插曲。

八、移存台北故宫

当时中央图书馆新馆尚未建成,这批善本即存放雾峰地下书库。1965年,蒋慰堂先生改掌台北故宫博物院,因新建大楼有善本书库,设备完善,不久即将这批书原箱移存故宫,保藏迄今。1984年11月作者应中图王振鹄馆长及故宫昌副院长之邀,参加在台北故宫举办的"古籍鉴定与维护研讨会",得有机缘见到这批战前由我亲手运美而又由美迁台的善本古籍,都仍旧装在当年由上海运出时的木箱内(第77页上图),箱外所贴原国立北平图书馆的封条还隐约可见,不觉由衷的惊喜。此外,尚有北图原存南京工程参考图书馆的内阁大库舆图18箱,当年在我离京后曾移放金陵大学图书馆寄存,后又随故宫古物由南京直接运台,现在也由故宫保管。故宫书库有空调、防尘及防火等现代设备,安全妥善,全部图书保存良好,使我感到十分欣慰。1987年秋间,我应北图之邀回国参加庆祝建馆七十五周年纪念及新馆开馆典礼,曾将馆中旧藏在台保管情况向馆中负责人简略报告。馆中新人对过去往事已无印象,但从旧档案中曾发现若干当年我在上海向后方袁馆长所作的报告,因情况特殊,未便具名,因此在馆方的报告中对"上海办事处的一位馆员"的艰苦工作加以表扬[注7],而未知此馆员就是本人,引为笑谈。

九、完璧归赵

总之,这批善本运美寄存,得免战火之灾,安全无恙,并摄制书影,得以流通广远,利用方便,对当年这一决定和安排的正确,应加肯定。其后由美迁台,妥善保藏,对蒋慰堂先生及央馆与故宫同人(第77页下图)的苦心维护,其功绩应加表扬。希望不久的将来,这批历经艰辛曲折而迄今完整无缺的我国文化瑰宝,得以早日完璧归赵,就不负当年各方面费尽心力,冒险抢救的一番苦心了。

可是这批古籍的命运,却随着中美关系的起伏而评价不同。早年国内的看法持反面态度,尤其认为迁台不妥。因为当年这批古籍运美寄存,是由北图和国会图书馆商定,在战事结束后归还原主。现在虽由台方接管,但仅是寄存性质,主权仍属北图。这批书虽现存台北故宫,也和当年由大陆直接运台的故宫古物性质不同,美国国会图书馆没有遵守协议,处理不当,也应该负有相当的责任。

近年来,国内的观点改变,认为这批书当年如未运美,必遭敌方没收,观于存港善本的命运,可以肯定。对作者当年冒生命危险,完成使命,更予以同情和奖勉。1999年北图在建馆90周年馆庆时,特派代表团来芝加哥授予作者奖状(第78页图),其中说:"典籍南迁,

守藏沪滩。为防不虞,装箱载船。远渡重洋,烽火连天。押运尽职,躲兵避燹。劳苦功高,后人至感。"[注8]

虽然作者现在对这批书已无责任,可是感情上自有一份牵连,因此多年来曾和各有关方面联系,希望这批书能早日物归原主。

数年前,我和台北故宫前副院长昌彼得先生通信时也曾提及此事,他是当年台方经手接收的负责人。他说:这批书是当年由中央图书馆典藏,后经台"教育部"委托故宫保存,并经故宫管理委员会议通过。如果归还,必需经由高层批准。不久前,我曾提出几点建议,供两岸有关方面加以考虑。[注9]如果这件物归原主的事办理成功,不仅对流浪的古籍能有一定的归属,也对中国文物的保护起了重要的作用;同时对于促进海峡两岸关系的发展,也有重大的启示。希望不久可以看到这批国宝的完璧归赵。

2005 年抗战胜利 60 周年纪念

附　注

1. 钱存训:"国立北平图书馆善本古籍运美经过",《传记文学》第 10 卷第 2 期(1967 年 2 月),收入《北京图书馆史料汇编(1909—1949)》下册(北京,1992),第 1329—1336 页。
2. 参见 Chang Ting-chung(张鼎钟), "Safekeeping of the National Peiping Library's Rare Books at the Library of Congress, 1941—1965," *Journal of Library History*, Vol. 19, Summer, 1984。
3. 王钟麟:"国立北京图书馆南运书籍回馆志略",《华北编译馆馆刊》第 2 卷第 1 期(1943 年)。
4. Tsuen-hsuin Tsien, "How Chinese Rare Books Crossed the Pacific at the Outbreak of World War II: A Reminiscence," *Bulletin of East Asian Libraries*, No. 101(February, 1993), 109—112。
5. 见北平图书馆存美善本运台档案,《国立中央图书馆馆刊》第 16 卷第 1 期

(1965年)。
6. 见《国立中央图书馆典藏国立北平图书善本书目》(台北,中央图书馆,1969),包遵彭序。
7. 见袁咏秋:"抗日史料征辑工作拾零",《图书馆学通讯》1982年第3期;《北京图书馆同人文选》(北京,书目文献出版社,1987),第257—258页。
8. 孙利平:"记国家图书馆为钱存训先生颁发荣誉状",北京《国家图书馆学刊》2000年第2期;又见美联社、芝加哥、纽约、香港等地中英文报刊的报道。
9. 我提出的具体建议,见"北京图书馆善本古籍流浪六十年——祝愿国宝早日完璧归赵",《传记文学》第79卷第6期(2001年12月),第15—18页。

2005年于芝加哥海德园

AMERICAN PRESIDENT LINES
New York · California · Orient · Round the World

July 12, 1941.

存训学兄：

敬奉六月十二日来信，领悉种切，至以为感。

丁君约明下筆作书通讯，但已犯行三策，尝晨去C.两分，己共四星期。继之七月头忙，胞妹由中吉以近，尝晚画达。已C.暂居一次，说要去纽约来变饭等。此C.暂后是他，己知到此月间，均无可说，已不敢雁合一个人独抚，做专很加油。此七橙四。自玉妨爱去。

敬新草！

健泰庄，千份

弟重民写
于半夜

王重民先生自华盛顿致作者函（1941年）

作者参观北京图书馆寄存台北故宫的善本书(1984年)

作者参加台湾古籍研习会
(左)蒋复聪 (右)王振鹄

北京图书馆颁赠作者杰出服务奖(1999年)
左起:中国驻芝加哥总领事、北图副馆长孙蓓新、
作者夫妇、芝大图书馆馆长

中美图书馆代表团首次互访记略

自从1972年美国总统尼克松访华,恢复两国间中断了20多年的交往。接着双方公私团体互相访问,开启新一波文化交流的大门。中美两国图书馆界组团互访,乃是少数学术团体最早接触的开端。1973年秋间中国图书馆代表团首次访美,受到美国方面热烈的欢迎和隆重的接待。稍后,美方组团回访,于1979年秋间成行。我是当年接待中国访美代表团的工作人员之一,也是参加第一次美国图书馆界访华代表团的成员。爰就个人记忆所及,并根据当时所存资料,对中美图书馆代表团首次互访的经过,略加记述,作为中美文化交流史上的一项记录。也为我来美30年后第一次回国访问留作纪念。

一、1973年中国图书馆代表团访美

中国图书馆界代表团一行十人于1973年9月28日至11月5日访问美国各地的图书馆和资料中心,为期五周,由美国科学院、美国社会科学研究院和美国学术团体联合会合组的"中华人民共和国学术交流委员会"主持接待,仪式隆重,安排周到,并指派多人随团照料,一路作出安全保护。中国代表团由北京图书馆馆长刘季平为团长率领,副馆长鲍正鹄为副团长,成员有国家文物事业管理局杜克、北京大学图书馆学系教授陈鸿舜、武汉大学图书馆学系教授黄宗忠、

上海图书馆副馆长潘皓平、中国科学院图书馆佟曾功、北图照相复制组周锋,北图周纪荣及外语学院傅丰生作为翻译。代表团的访问目的为考察美国图书馆行政工作和服务设施、现代新科技对图书馆的应用,以及图书馆学教育的最近情况。行程包括华盛顿、纽约、波士顿、密歇根、俄亥俄、芝加哥、俄克拉何马以及旧金山八个城市。由于这是第一次中国图书馆界组团来访,主办单位对于安排接待十分慎重,事前特别邀请各地负责代表到华盛顿举行会议,商讨各地的参观日程和接待工作。芝加哥的接待工作由我负责安排,因此两次赶到华盛顿,一次是参加筹备会议,另一次作为首次欢迎晚会的东道主之一。

中国图书馆代表团于9月26日由香港直接飞抵第一站华盛顿,当日下午即由美国科学院接待,听取各有关团体的综合报告和安排的访问日程,其中有美国图书馆协会、美国研究图书馆协会、美国教育部图书馆司、美国科学基金会、美国图书馆资源协会等单位的代表致辞欢迎和简报。稍后即赶到白宫由美国国务卿基辛格接见。晚间由美国东亚图书馆协会设宴欢迎,情况热烈。次日参观美国商务部国家资源服务处的网上信息,其后有一天半的时间在国会图书馆,聆听记录片说明、参观该馆的法律图书馆、东方部、编目部、版权部等部门,商谈出版物交换,并由馆长蒙福(Quincy Munford)在该馆设置午宴接待。此后又参观了美国国家医学图书馆、国家农业图书馆、司密逊学院图书馆、马丁·路德纪念图书馆等单位。10月4日晚去纽约,前后在华盛顿共停留十日,时间最长,借此商定中美两所国家图书馆合作的基础。

10月5日至10日在纽约参观联合国韩马德纪念图书馆、哥伦比亚大学图书馆、纽约公共图书馆以及工程索引及纽约时报索引等单位。10月11日至13日在波士顿参观哈佛大学图书馆和波士顿公共图书馆。10月15日至17日参观密歇根大学图书馆、俄亥俄州立图书馆、俄亥俄州立大学图书馆以及《化学摘要》编辑部。10月18日至23日在芝加哥停留五日,主要是拜访设在芝加哥的美国图书馆协会总部和参观芝加哥大学图书馆及图书馆学研究院,10月18日由芝大校长利未(Edward H. Levi)及夫人在其公馆设宴欢迎。其后参观新建成的里根司坦图书馆各部门(第87页上图),特别是计算机在采访、编目、流通、参考等方面的应用,以及设在新馆内的东亚图书馆和图书馆学研究院,听取院长对在图书馆教育上新设施的报告。因为北图正计划建筑新馆,芝大图书馆特邀请里根司坦图书馆的建筑师参加欢迎会,用幻灯片说明此馆设计的特点,另赠送刘季平馆长一份建筑蓝图,以供参考。最后是芝加哥各界联合在第一银行大楼举行盛大的欢迎晚宴,该行的一位副总经理用中文歌唱了一首中国国歌,字正腔圆,声音洪亮,受到宾主的热烈欢迎。

访问团在10月23日至30日最后的一周内,参观访问俄克拉何马州的图尔沙市立图书馆系统,旧金山市的公共图书馆、柏克莱加州大学图书馆、斯坦福大学图书馆。代表团一行最后由旧金山市经香港回国。访问团的此行结果圆满,不仅达成预订访问的目的,受到访问各地的热烈欢迎,同时也打开了两国合作交流的大门,成为以后中美图书馆界双方互访的先驱。

二、1979年美国代表团回访

大约过了一年多,美国方面于1975年初由国会图书馆发起组团回访中国,建议由国会图书馆、美国图书馆协会、美国研究图书馆协会和亚洲研究学会四个有关学术团体组成代表团，各提名三人，共计12人，以国会图书馆副馆长韦尔什（William J. Welsh）为团长，华伦·常石（Warren Tsuneishi）为秘书，其中有华裔团员四人：国会图书馆夏道泰、哈佛燕京图书馆吴文津、美国研究图书馆中国资料中心余秉权和芝加哥大学钱存训。人选决定后，即由国会图书馆将全体名单向华盛顿中国代表团联络处和中国旅行社申请自费到中国访问。隔了一年多，还没有收到回信，经过多次催促，也没有确实的答复，因此国会图书馆于1976年3月间通知团员延期。又隔了四年，国会图书馆于1978年3月再次为代表团申请于1979年春季或秋季到中国访问，7月间又去信催促，仍然没有消息。因此国会图书馆要求由我以私人名义致函国内有关方面，代为疏通并取得联系。因为我原是北图旧人，和北大教授陈鸿舜是同乡，在国内就已相识，他又是年前访美代表团的成员，于是我同意去信一试。

1979年1月27日我给陈教授的信中说：

自从1973年中国图书馆代表团到美访问，迄今已经五年有余，这里的同人，对你们年前在美的一切活动所给予的亲切印象，记忆犹新；你们的访问，也开拓了两国间文化交流的新道路……美国图书馆界早想组团访华，作为对中国代表团五年前访美的答拜。国会图书馆在年前发起组织一个全美图书馆界访问中华人民共和国代表团，由四个单位组成，共12人，我也被邀参加，希望藉此机会回国参观，并和同业专家见面请教。但申请已经一年，至今还没有批准的消息。国会方面要我和国内有关方面联系，希望通过你和前中国访美代表团诸位同业先进的推动，能促成这一愿望的早日实现……

这封信果然产生了一定的作用。大约半年后,国会图书馆就收到由北京图书馆刘季平馆长具名的邀请信,他说:

> 我十分高兴欢迎美国图书馆代表团及其成员访问中国,和我馆商讨彼此关心的问题。我感到特别高兴和荣幸能和老朋友重逢欢叙。……对于你们建议的行程,我们正作出适当的安排。……我们热诚等候美国图书馆代表团的到来,并祝诸位团员康健。……

信中并表示愿意担负代表团在国内食宿和旅游的费用。国会图书馆接到此信后,立刻通知各团员作出准备,并决定于1979年9月10日在东京集合,一同访问北京、西安、上海、南京、广州五大城市,为期三周,经由香港回美。

我因写作《中国科技史:纸和印刷》一书获得美国科学基金会的奖助,需要到中国和日本收集资料,同时我也收到中国科学院科学史研究所的邀请书,邀请我回国访问。因此我将这两项任务合并进行,先期到日本勾留一周,再随代表团一同回国。我于9月3日从芝加哥前往东京,参观日本国会图书馆、纸品博物馆和东洋文库等单位,由日本国会图书馆接待。又会见翻译我所著英文本《书于竹帛》的译者泽谷昭次和宇都木章教授等几位日本学者。6日乘子弹车去京都,为此书日文本写作序言的京都大学平冈武夫教授亲自到车站迎接,并陪同参观京都大学东洋文化研究所和东大寺等名胜,并设宴欢迎。次日又访问奈良,参观正仓院、若宫神社、兴福寺等收藏中国古代文物的场所,目睹许多隋唐时代的珍品,并收集到一些珍贵的照片,作为书中的插图。最后再回东京和代表团其他团员集合,一同搭乘日航班机于10日下午到达北京。那时我离开祖国已经32年,近乡情怯,心中不由得思潮起伏,百感交集。

9月10日至17日在北京一周,下榻北京饭店,先后参观了北京图书馆、中国科学院图书馆、中国社会科学院、中国科学技术情报研究所,以及北大、清华、中国人民大学附属中学图书馆等单位。中国图书馆学会和北京图书馆联合举办了两次学术报告会,一次在首都大会堂举行,听众达1200人。我曾报告"美国东亚图书馆的沿革和现状",特别引起国内出版界的兴趣,导致后来由我在美国创设中国出版服务公司,代表国内出版社参加美国亚洲研究学会每年在各地举办的书展,介绍国内出版的新书,受到美国图书馆界和中国研究学者的欢迎。此外,代表团还参加了第四届全国运动大会的开幕式,游览了故宫、颐和园、香山、碧云寺、长城、定陵等名胜。17日上午由国务院副总理方毅在人民大会堂接见(第87页下图),晚间代表团在友谊宾馆举行了答谢会,宴请有关各界人士60人,结束了北京之行。

在参观北图时,我曾将来美前由邢端(字冕之,号蛰人)姻丈所赠蓝格精写本《江村书画目》一册(见《文献》2002年7月第3期"题记")赠送北图,以作纪念(第88页图)。为了研究和收集写作资料,我特别访问了中国科学院科学史研究所,拜访所长席泽宗和纸史专家潘吉星;参观荣宝斋并向木刻老师傅请教,收集木刻水印的材料和刻印工具。另外拜访了旧友中国社会科学院文学研究所钱钟书和杨绛夫妇,承在寓所以茶点接待并赠送纪念品。最后在北京饭店宴请和会见亲友数十人,补偿了离别祖国30多年的怀念和夙愿。

第二站于9月18日至20日在西安勾留三天,访问了陕西师范大学图书馆、西安交通大学图书馆、陕西省博物馆,参观了秦始皇兵马俑、碑林、钟楼、大雁塔、小雁塔和华清池等名胜。第三站由西安乘飞机到达上海，于9月21日至25日勾留五天，住在锦江饭店，参观了上海图书馆、上海博物馆、复旦大学图书馆、交通大学图书馆、上海师范大学图书馆学系、街道图书馆等单位。在参观上海图书馆时，我代表芝加哥大学赠送有关新科技和计算机的西文图书553种，600余册。另将我个人所收集1966年在韩国发现世界最早的印刷品《陀罗尼经》复印本全份和有关报道及研究资料赠送给上海图书馆保存，以供国内专家的研究，都由顾廷龙馆长亲自接受，并亲书周总理诗句相赠。顾先生是当年我在上海时的旧友，得以见面倾谈，感到十分欣幸。另外，游览了豫园，乘坐了黄浦江游艇，参加了音乐、舞蹈和杂技的晚会。我也特别安排时间会见在上海的亲友，回到30年前所住的陕西北路141弄6号旧居。接待前金陵大学老同学20多人、前校长陈裕光博士也来参加茶会。同时访问了上海朵云轩和上海书画社，摄制木刻过程的照片，由上海图书馆同人绘制了一套雕版过程的绘图，作为我所著《纸和印刷》一书的插图。

在上海时，我曾抽空前往苏州，探望我的侄女，寻找我妻文锦原住的仓米巷旧居，这里本是《浮生六记》作者沈三白所住过的楼房，而现在却面貌全非。代表团访问上海后的第四站是南京，乘京沪路火车前往，访问了南京大学，这是我的母校前金陵大学所在地，引起50年前在此读书时（1927—1932年）的回忆。另外游览了玄武湖、中山陵等名胜，但仅停留一夜（9月26日至27日），就匆匆返回上海。当日即赶搭飞机前往最后一站的广州，访问了中山大学图书馆，游览当地名胜，也仅停留一夜（9月29日至30日）即乘火车经香港回美。总计在国内访问五大城市，全程都由北图外事处李勋达和乔凌护送到广州。代表团所到各地，也都受到各地领导的妥善安排和热诚接待，感到十分荣幸。

总的说来,这是中美两国图书馆代表团的第一次互访,结果圆满,收获丰富。不仅增进彼此了解,开启了两国间断绝往来20多年后文化交流的第一步,同时也在业务上彼此观摩,建立了合作关系。在中国代表团方面,对国外图书馆的新设施、图书馆建筑的新设计以及图书馆教育的新课题,都曾引起特别的注意。至于美国代表团对新中国各方面的建设、所参观的单位以及各地古迹和名胜,更是印象深刻。就我个人而言,回到离别30多年的祖国、会见久别的亲友、得偿多年来的夙愿,同时为写作和研究,得以拜访专家、征集资料,收获更是丰富。

2003年6月15日追记

中国图书馆代表团访问芝加哥大学图书馆

国务院副总理方毅接见美国图书馆代表团

北京图书馆馆长刘季平接受作者赠书

欧美各国所藏中国古籍简介

此文原为1984年11月间作者在台北故宫博物院举行的"古籍鉴定与维护研习会"中的讲稿,对欧美地区所藏中国古籍的沿革及发展加以介绍,并指出其特点及重要性。其中所列收藏数字,大部为1980年代所调查。文后所附"古籍的定义、问题和建议"是当年的感想,现在都已陆续实现,希望读者注意。

一、欧美收藏与汉学研究

西方国家对于中国语文发生兴趣,主要的原因有四,即基督教义的传播、商业发展的需要、外交人才的培养和学术研究的鼓励。传教、通商和外交往来,虽然对语言沟通有实际上的需要,但不一定依靠大量的藏书。如果只是学习语言,有几种课本就可应付。真正对中国书籍作有系统的搜求,主要是对中国文化作深入的了解,即所谓"汉学"研究为其导因。只有研究中国文化各方面的专题时,才需要浩如烟海的中文典籍,作为研究的基础。

最初西方对于中国文化的追求,可能出于好奇或仰慕,希望以中国思想中的人文主义补充西方文化中的缺陷。16—17世纪欧洲作家有关中国的著述,大都把中国描写成为文艺复兴时期知识分子所理想的国家。虽然他们所叙述中国的风俗、习惯以至政教制度都和西方不同,但对于这样一个地大物博、繁华富庶的东方古国,自然要有进一步认识的必要。其后,在欧洲的高等学院中,一般都设有非西方语文的学术讲座,因此中文也加入了这种讲座,奠定了研究近东、印度和远东三足鼎立的"东方研究"(Oriental Studies)的基础。

一般说来,西方的所谓"汉学"(Sinology)乃是他们的"东方研究"之一支。在第二次世界大战以前,"汉学"研究的对象是传统中国文化中的语言、历史、哲学、宗教和制度,主要是基于研读中国经典原著,以西方治学的方法作出分析、阐述和结论。但自从1950年代以来,因为现代中国的研究进入了社会科学的各个领域,"汉学"这一名词便逐渐消失,而代之以"中国研究"(China Studies),虽然研究的范围仍有"传统"与"现代"之分。换言之,"汉学"可说是一种书本上的纯学术研究,其他非书本的研究和非传统文化的研究,就不在"汉学"的范围之内。

至于西方"汉学"起源于何时何地,一般有两种说法。一说是起源于法国,一说是开始于其他国家。实际上,欧洲最早接触中国文化的地区是南欧的葡萄牙、西班牙和意大利。尤其是在16—17世纪来到中国的许多传教士,他们对中国经典的研究开启了对"汉学"研究之门。其中最重要的人物如意大利籍的利玛窦(Matteo Ricci)以及其后陆续到达中国的耶稣会教士,他们不仅将西洋科学带到中国,也把中国文化介绍到欧洲。如《四书》最早于1593年译成拉丁文,不久就译成法文(1616年)、德文(1617年)、西班牙文(1621年)、意大利文(1622年)和英文(1625年)。《五经》也很早就译成拉丁文。有了他们的研究成果作为基础,最后才由法国人继承,成为正统的"汉学"研究。法兰西皇家学院在1814年正式开设中文和满文的特别讲座,东方语文学院也在1843年设置中文会话讲座,这是西方大学把中国研究列入正式课程的开始。其后，帝俄在1851年、荷兰在1856年、英国在1876年，也将"汉学"列入大学课程。其他没有设立"汉学"课程的国家（如德国），也把学生送到法国接受训练，从此法国乃成为欧洲"汉学"研究中心。

美国对中国的研究一直到19世纪后期才开始。因为教会向亚洲的发展，加上商业往来的增进，促进了中美两国间的文化交流。同时美国的高等教育一直是受到欧洲学术研究风气的影响，许多大学课程都仿照欧洲的体系，因此"汉学"也成为美国的东方研究之一支。

在19世纪末和20世纪初，美国大学里的汉学讲座一部分由过去留华的宣教士担任，另一部分则由欧洲的汉学家或由曾在欧洲接受训练的美国学者主持。一直到20世纪30年代，美国研究中国的学者才有比较独立的研究路线。语文的教学从文言兼顾到白话，研究的范围从人文扩充到社会科学，研究的对象从古代延长到当代，这些观念和方法的改变都是从美国开始。而对非西方语文的教学和对所谓"地区研究"（Area Studies）的提倡，乃是第二次大战以来美国在西方高等教育方面所作出的一项重大贡献。如果说近百年来中国所追求的所谓现代化是西方的科技，则近年来西方所面临的现代化问题，便是对于非西方文化的了解与研究，而中国文化乃是其中重要的一环。

随着汉学教学和研究的发展，美国图书馆在百年前也开始收藏中文书籍。最初读者寥寥，据称那时能阅读中文者尚不及美国联邦各州之数目，而今日能看、能说或利用中文资料作研究的人数，至少千百倍于百年之前。目前美洲的中文图书，除中、南美的墨西哥、巴西、秘鲁等国几所重要大学略有收藏外，其余皆集中在北美。美、加两国现有收藏中文资料的图书馆大小将近100所，藏书总数达1000

万册,其中估计有三分之一为线装古籍,大部为第二次世界大战前所积存。

二战结束以来,西方研究中国的中心已从欧洲转移到美洲。不仅教学的普遍和研究的风气如此,而图书设备的扩充,尤为明显。因为经费比较充裕和管理的专业化,尤其许多中国学者参与策划、采编、参考等等工作,使许多大学及研究图书馆的资源、设备与服务达到很高的水平,较之国内相等的单位有过之无不及。凡有研究价值的书刊都兼收并蓄,罕见的资料大多复制或影印,以求完备。因为没有政治上的禁忌,有许多文献只有在国外反而可见其全。今天美国东亚图书馆能在世界上有其特殊的地位,这是和中国学者与专业人员的贡献分不开的。

二、欧美收藏的特色与重要性

自从16世纪许多欧洲国家开始向东方拓殖以来,通过探险家、商人、宣教士先后来到中国,开启了中西交通之门。这些人为了增进对中国各方面的了解,开始搜集图书带回本国,作为教学或研究之用;或加以翻译,作为有关中国著述的参考资料。譬如16世纪两次来到中国的西班牙传教士马丁·拉达(Martin de Rada)在他的报告中就说搜集了不少各门各类的中文书籍,如历史、地理、方志、历书、航海、礼仪、律例、医药、地质、天文、传记、游艺、音乐、数学、建筑、占星术、手相、相面、书法、卜筮以及兵书。其中有方志八种,述及有关金银的记载。这些书最初带到菲律宾,由华人协助翻译,作为写作的参考。16世纪出版的一部最详细而有权威性的《伟大的中华帝国历史与现状》,为西班牙籍孟多萨(J. G. de Mendoza)所著,其中有两章专述中国的书籍和印刷术。这些书籍可能带回欧洲,至今还有一些在西班牙和葡萄牙的修道院或图书馆中可以找到。

欧洲许多图书馆内的中文书籍都是在17、18或19世纪初年便开始收藏。不仅历史悠久,保存了许多资料,现在他处已经罕见。同时由于许多资料来源是私人所藏,原主为汉学家、传教士或外交官,因此这些收藏都有其专业性和特色。至于19世纪末至20世纪初,一些重要文献或是巧取或是强夺,至今仍在西方。现将比较罕见或国内已经失传而收藏在国外的一些资料分别举例如下,以见其重要性之一斑:

(一)**中国最早的写本、印本和拓本**。这些在中国书籍发展史上最重要的原始资料,现在都收藏在欧洲各大图书馆之中。如存世最早的写本敦煌卷子,其中约2000件在伦敦,4000件在巴黎,10000件在前苏联。伦敦藏本中有380卷记有确切的年代,从公元406年至996年,其中5世纪者有6卷、6世纪者有44卷,这些都是中国最早的写本书籍。一件3世纪的写本现存美国(第122页上图)。至于印本,唐代的刊本国内已经少见,但至少有20件现存伦敦与巴黎,其中有九世纪的日历,单张的佛像和佛经,而举世闻名的唐咸通9年(868年)王玠为其二亲施舍刻印的《金刚般若波罗蜜经》则保存在英国图书馆中(第123页上图)。巴黎所藏唐印本有《一切如来尊胜佛顶陀罗尼》及其他早期印本。至于最早拓本存世的有欧阳询书《化度寺塔铭》(632年)现存英伦,唐太宗书《温泉铭》(654年,第322页下图)及柳公权书《金刚经》(824年)现存巴黎。

五代吴越钱氏刊本《宝箧印陀罗尼》现存有丙辰(956年)、乙丑(965年)及乙亥(975年)三种。乙亥本流传最广,在国外各大图书馆均有收藏,丙辰本则极稀见,一卷于1957年为瑞典国王购得,现藏其皇家图书馆中(第 123 页上图)。中国最大的写本类书《永乐大典》2 万卷,存世者仅约 3%—4%,其中不少存藏国外,如英国现存 45 册、法国 4 册、美国 49 册,德国及苏联所藏已在 1951 年归还中国。其他尚有文澜阁本《四库全书》2 册现存哈佛,乾隆朝《清实录》现存伦敦大学,满蒙文本则存剑桥。

(二)国内失传的孤本或罕本。这些古书主要是早期欧洲传教士或游历者从中国携归,或者是后来的汉学家、外交官或私人所藏捐入图书馆。年代久远,有些书他处或已无存,经过国内外专家偶尔发现其中很多为国内所未见的孤本。向达、王重民、方豪以及伯希和等所作海外访书记均有详细报道。如西班牙 Escorial 城的圣劳仑图书馆存有明刊本的历史、针灸、小说和戏曲等书,其中有明杂剧 30 种、曲谱 20 种,据方豪说戏曲中至少有 9 种为国内所失传。向达记牛津藏书中有明清戏曲书数十种,其中不乏善本。又所藏福建民间歌谣中有关台湾者 21 种,皆道光初年刊本,极为稀见。最引人注意者为所藏台湾郑氏所刊《大明中兴永历二十五年大统历》两部(英国图书馆亦藏一部),内有《招讨大将军印》。永历二十五年即康熙十年(1671 年),此时郑氏孤悬海外,奉明正朔,所用历书即与康熙《通书》推算不同。这一历书未见在国内收藏。其他实例甚多,不胜枚举。

(三)有关中西交通的早期史料。这一类资料在国外收藏特别丰富,多系早期欧美来华人士的著述、通信及文件等第一手史料。因不在四部之内,为国内藏书家所不纳或未加重视。尤其洋人以中文所写的译著,为中国的士大夫所轻视。但是时过境迁,这些资料即使片言只字,都成为研究早期中西交通史的宝贵资料。如明清两代耶稣会入华宣教士的中文译著不下 400 多种,很多存藏在国外。又如西班牙马德里图书馆中便有一些早期天主教教士的中文著作,其中有最早为伯希和所发现的一部《明心宝鉴》(1596 年刊本),为一位名郭波(Cobo)者所译,这是第一部介绍西洋科学的书。另有一部《无极天主正教真传实录》(1593 年刊本,见第 124 页图),是一位西人执笔,比利玛窦等人的著作要早十几年,仅比罗民坚的《天主实录》(1584 年刊本)稍迟。其他如保存在梵蒂冈和意、西、葡等处图书馆中的资料,也都是在国内所不易多见。

另有在中国大陆以外地区所印的一些中文书籍,如菲律宾、新加坡、马来亚、马六甲、澳门等地早期宣教士的译著。上节所述两种中文译著便是在菲律宾所印,一些圣经、字典及早期的杂志则多在马六甲和澳门所印。至于保存在国外的外交文件,更是研究近代外交史的重要资料,如里斯本档案馆里存有 1200 种有关澳门的原始文献,其他各国档案馆也存有不少中文资料,可供研究当时的通商、传教、禁烟以及和各国间的外交关系。

(四)禁书。因为政治或社会上的种种原因,有好多书籍在刊行后列入禁书,不许流通或遭销毁。历代的文字狱使无数的书籍受到毁灭。但在国外没有国内政治上或其他禁忌,因此一些国内的禁书,得以在国外保存。最明显的例子便是太平天国所印书,根据《旨准颁行诏书 29 种》及以后续刊 10 种,除了最近在国内发现少数几种外,全部或大部都是在国外的图书馆所保存。如英国图书馆就藏有 30 种,纽约公共图书馆 24 种。现在辑印的太平天国文献大部分都是根据国外藏本所复制。

此外,艳情小说内容淫秽,为维持风化,这一类黄色书籍多在禁止之列,但为一些国外的私人或图书馆所收藏。如荷兰高罗佩(Robert H. van Gulik)所藏明清小说 117 种,其中一些是他写作《古代中国的性生活》(*Sexual Life in Ancient China*)所根据的主要资料。这一批书籍现归莱顿大学汉学研究院收藏,已制成缩微胶片出售。其中一些为明万历间雕板,高氏从日本购得原板片复印流传,如《花营锦阵》、《秘书十种》和《秘戏图考》,在国内久已失传,但在国外图书馆还有收藏。

(五)书籍以外的实物和印刷品。一些和印刷术有关的罕见资料在国内或已无存,但偶尔可在国外的收藏中发现。譬如德国民俗博物馆所藏蒙古西征时代所传到欧洲的木刻所印纸牌,为现存最早的样本。牛津大学图书馆所藏18世纪清乾隆时代苏州桃花坞张星聚用西洋透视法所制作的版画,有西湖及苏州的风景和翻刻或模仿西洋作风的画片,都为他处所未见。日本青山新收入其所编《支那古版画图录》(东京,1933年),有黑田源次序,矜为孤本。其他如《十竹斋书画谱》、《笺谱》和《芥子园画传》的初印本和早期印本,也可在欧美许多图书馆或美术馆中找到。

至于现存的雕刻木板,明代以前者都已无存,但纽约公共图书馆斯宾塞特藏(Spencer Collection)所存的一块可能是现存最早的印板。此板残存正面长约43公分,高13公分,刻有佛像经咒,反面刊一头陀坐像,文字残缺,可识者有"掩口口林","敬施法印比丘"等字样(第125页图)。据称此板系民国初年河北巨鹿出土,上有乙丑(1925年)秋冯汝玠题识,认为是北宋雕板。果如是,当系现存的一件作印刷用的最早雕板实物。

时代稍后的雕板实物和雕印工具,如刻字刀、凿、拍子、把子等,在国外图书馆或博物馆也间有收藏,作为中国传统印刷术的示范。巴黎国立图书馆所藏敦煌所获元代维吾儿的木活字,芝加哥自然科学博物馆所藏的雕刻工具、年画、刺孔复印的纸模,威斯康辛苹果城纸博物馆所藏木刻套印的木板等等,虽非孤罕,也是国内所未为人注意而为西方人士作有系统收集的实物,可供研究中国传统印刷术的参考。

三、欧洲各国中文藏书简介

总的说来,欧洲各国收藏中文的图书馆,至少有大小50所以上,每一个国家都有一二所较有规模或特色的汉学研究中心和图书馆,估计收藏在10万册左右的有10所,1万册以上10万册以下的有30所,其余是一些数量较少的专门图书馆或特藏。如和美国比较,欧洲中文图书馆的历史较为悠久,收藏的稀见资料为美国所不及,但在收藏的数量和服务方面都远不及美国的馆数之多、藏书之富、经费及人力的充裕,以及检索和使用的方便。现将欧洲各国的中文藏书,简介如下:

(一)西欧各国较有规模的中文藏书,主要在英、法、德三国,每一国家至少有10所以上的国家图书馆和大学或研究图书馆。

1. 英国图书馆继承大英博物院东方写本与刊本部的中文藏书约7万册,但拥有世界上最早的中文写本、印本和拓本,保存最完整的敦煌卷子和收藏最多的《永乐大典》,这些都是稀世之珍,没有他馆可相提并论。至于几所著名大学的藏书,大部分的来源是私人收藏。伦敦大学亚非研究学院是英国最早设有汉学讲座的一所大学,所藏中文书籍约137000多册,古书主要来自莫里逊(Robert Morrison)、庄士敦(Reginald Johnston)等人的私藏和大学院以及英皇学院旧藏的移存。善本有明版100多种,《永乐大典》3册,抄本《清高宗实录》,特藏有各省拳乱奏折、通商及外交文件、海关档案及方志约2000种。

牛津大学的中文书最早于 1604 年就开始入藏，全部是私人所赠送。稍后的收藏主要来自伟烈亚力（Alexander Wylie）于 1881 年所赠约 2 万册及巴克豪氏（Edmund Backhouse）于 20 世纪初年所赠约 3 万册，成为牛津所藏中文古籍的基础。其中四部书约占 4 万册，经史俱备，子集稍差。另有明版约 200 部、旧抄本 357 部、《永乐大典》19 册、太平天国印书 19 种 50 册、丛书 30 多种、方志 1670 种、基督教义书约 2000 册，以及 18—19 世纪有关商业往来的资料，极为罕见。现在收藏已达 10 万册，另东方学院收藏有关美术及考古书籍约 15000 册。

剑桥大学的中文藏书以该校汉学教授威妥玛（Thomas Wade）在 1886 年所赠私人藏书为其基础，其后由翟理斯（Herbert A. Giles）编成书目。该馆所藏内有罕见抄本 80 余部、《永乐大典》二册、明钟惺《古诗归》一部、蒙汉合璧《清实录》及方志 300 种。该馆图书按其主题分别入藏各系，普通参考书及考古美术资料则藏在东方学院，合计中文收藏约 65000 册。

剑桥另有一独立的东亚科学史图书馆，现改称"李约瑟（Joseph Needham）研究所"，收藏李氏历年来搜集有关中国科技史的书籍及各国文字所写的论文、小册子等资料约 2 万册。善本中有金泰和四年（1204 年）刊本《重修政和经史证类本草》30 卷，明弘治、嘉靖间山西平阳刊本《新刊铜人针灸经》7 卷，及明弘治十四年（1501 年）无锡华珵覆宋刊本《橘录》3 卷。该馆所藏资料曾选出有关营养、针灸、中药、农业及木工、水利五组共 25 种，制有缩微胶片，由剑桥大学出版社发行。

此外尚有爱丁堡大学、杜汉大学、利兹大学亦收藏中文图书，但都是战后新设，藏书以现代资料为主。其他如皇家亚洲学会藏有方志、明清小说、满、蒙、藏文字典及其他中文书籍。大卫中国艺术基金会藏有中国美术、考古书籍 5000 册，书画及瓷器尤多精品。另有一些学会亦略有收藏。

2. 法国是西方正统"汉学"研究的第一个国家，从 16 世纪开始便有耶稣会士从中国带回的书籍。康熙四十一年（1702 年）有一福建黄姓青年（Arcade Haong）来到法国皇家图书馆整理积存的中文典籍。这些资料为法国汉学研究较之其他国家更有成就的主要原因之一。黄君不幸在法夭折，其后续有杨德望、高类思二人于乾隆十五年（1750 年）到达法国进入耶稣会，曾作有关中国政府制度的研究，成为亚当·斯密《国富论》(*The Wealth of Nations*) 间接取材的根据。

现在法国的中文重要收藏是在巴黎国家图书馆写本部东方组（Bibliotheque Nationale, Division des Manuscrits Orientaux），1908 年伯希和自中国携回中文书 8000 多册及敦煌卷子 3700 卷，成为该馆收藏的重心。法兰西学院汉学研究所（College de France, Institutdes Hautes Etudes Chinoises）的中文收藏达 40 万册，数量为全欧之冠。其中有丛书 2500 种，原版方志 1000 余种。1959 年又接收自北京运回之中法汉学研究所图书馆原有藏书，收存更富。

东方语文学院（Institut Nationale des Langues et Civilisations Orientales）于 1843 年设立中文讲座，图书馆于 1874 年成立，现藏书约 3 万册。在巴黎以外最主要的中文图书馆为里昂大学中文系中法大学图书馆（Universite Jean Moulin, Lyon, Bibliotheque Sinologique de l'Association Universitaire Franco-Chinoise）藏书约 1 万册。其他尚有巴黎第七大学东亚语文系图书馆（Universite Vll Bibliotheque de d'UER Asie Orientale）、吉美博物馆（Musee

Guimet)等机构亦藏有少数中文图书,供教学或研究之用。

3. 德国的汉学研究发展较其他国为迟,因为早期欧洲对中国有研究的耶稣会士都是来自法、意、西、葡等国。其后虽有一些德国籍的教士来华,如汤若望(Jean Adam von Schall)派在钦天监办事,对于其本国的汉学并无特别重要的贡献。那时德国没有汉学研究的设施,一些对中国有兴趣的人员必需到法国接受训练,而一些研究汉学的学者也少有就业的机会。如著名的汉学家克拉普洛特(Heinrich J. Klaproth)1804 年任教于帝俄,1815 年定居巴黎,1822 年在法国编纂柏林皇家图书馆所藏中文书目,1840 年由萧特(William Schott)续编,可知当时的中文藏书已渐受重视。此外,慕尼黑的中文藏书也很丰富,主要是由一位在法国造就的汉学家牛曼(Karl F. Neumann)于 1829 年在中国购得图书 6000 卷,1831 年回国后赠与慕尼黑图书馆 3500 卷,其余归柏林图书馆存藏。

德国大学在 20 世纪初才正式设立汉学讲座,但很多德国著名汉学家多未能在其本国发展其所长。如翻译《诸蕃志》的夏德(Friedrich Hirth)与洛克希尔(W. W Rockhill)以及精通十几种东方语文而著作等身的劳福(Berthold Laufer)多在美国从事教学与研究,对美国早期汉学的发展起了促进的作用。战争摧毁了德国许多重要的图书馆,1945 年后由于政治分裂,柏林国立普鲁士图书馆的中文藏书分散在各地,战后唯一未遭破坏的学术机构是汉堡大学的中国研究所,同时在柏林、莱比锡,随后在慕尼黑、科隆、波恩、符兹堡、厄尔朗根、海德堡、明斯特、洪堡以及波鸿的鲁尔等大学都设有中文讲座,因此图书设备也随之建立。现在德国国家图书馆设立在柏林,中文藏书 11 万册,巴伐利亚邦立图书馆 13 万册,汉堡大学 7 万多册,科隆大学 3.5 万册,波恩大学 5 万册,还有原在北京现迁移圣奥杉斯丁城的华裔学志社(Monumenta Serica)藏书约6万册。其他各大学的中文藏书多系战后成立,数量不大。

4. 西欧除了上述英、法、德三国外,主要的中文藏书当数荷兰莱顿大学汉学研究院(Sinologisch Instituut, Rijks-Universiteit Leiden)图书馆。该校的汉学讲座成立于1875年,中文藏书在1883年仅200多种,1930年尚不足千册,最近馆藏已增至16万册以上,其中有高罗佩(Robert H. van Gulik)藏书2500种约1万册,内明版约50种、明清小说117种及有关书画、古琴等书,颇多稀见之本。

意大利的中文藏书为数不多,主要在罗马国家中央图书馆(Biblioteca Nazionale Centrale)、额我略大学(Pontificia Universita Gregoriana)、那不勒斯的东方大学亚洲学院(Oriental University, Seminar of Asian Studies)、威尼斯的东方学院(Oriental Institute at Venice)与威尼斯大学的中文系(University of Venice, Chinese Department),但收藏不多。梵蒂冈教廷图书馆藏有明清旧籍400多种,1922年由伯希和编成目录一册,迄未出版。

比利时的中文藏书主要在比利时汉学研究所(Institut Belge des Hautes Etudes Chinoises),藏书约4万册;鲁汶大学东方语文研究所(Universite Catholique de Louvain, Institut Orientaliste),藏书2万册;以及比京博物馆(Musee Royaux d'Art et d'Histoire)等。

5. 北欧的中文藏书也负盛名,其中尤以瑞典皇家图书馆(Swedish Royal Library)为最,存有1879年入藏的劳登施高特藏(Nordenskiold Collection)约5000册,马丁特藏(Gunner Martin's Collection)有关艺术图书数百种,以及五代显德三年(956年)印本《陀罗尼》经卷。该馆现与斯德哥尔摩大学图书馆、东方语言学院以及远东古物博物馆(Museum of Far Eastern Antiquities)四个单位所藏约

7.5万册，合并成为戈斯德六世远东研究图书馆（King Gustav VI Adolfs Library for Far Eastern Research），统一管理，避免重复，这是最近欧洲各国专业图书馆的一种新趋势。

挪威最大的中文图书馆是奥斯陆的皇家图书馆（Royal Library），收藏满、蒙、藏文书甚丰，奥斯陆大学东亚研究所（University of Olso, East Asian Institute）亦有中文藏书。丹麦的主要中文藏书在皇家图书馆、哥本哈根大学东亚研究所（University of Copenhagen, East Asian Institute）以及斯堪的纳维亚亚洲研究院（Scandinavian Insititute of Asian Studies），这三馆所藏现均设于一处。

6. 东欧各国的收藏中文古籍情形，有关报道甚少。大概在捷克和匈牙利等国都有相当规模的中文藏书。如捷克布拉克（Prague）东方学院所属鲁迅图书馆在1950年设立，据1970年调查，藏书6.2万多册，最近的收藏必有增加。匈牙利的中文藏书主要在匈牙利科学院东方图书馆（Oriental Division, Hungarian Academy of Sciences Library），藏有蒙、藏文及斯坦因（Aurel Stein）所遗存的图书。其他如东亚艺术博物院图书馆（Hopp Museum of East Asian Arts）和布达佩斯大学中文系图书馆（Department of Chinese Language, Eotos Lorand University, Budapest）亦有收藏，但大都为新书。

7. 俄国对中国的研究统称为"汉学"，向来是东方学的一个部门。最早帝俄时代的汉学家也是东正教的传教士，在北京设有俄罗斯馆，学习汉文和满文，学生成为俄国早期的汉学家。1824年理藩院曾颁赏俄国在京学生达拉玛·佟正笏西夏文干珠尔经及丹珠尔经各一部，《朔方备乘》谓系雍和宫所存大藏经8000册，俄国送还的书名在书中并有详细记载。因为彼得大帝的提倡，与中国文化的交流都较他国更为积极。

前苏联的主要中文藏书在国家科学院汉学图书馆（Sinological Library, Academy of Sciences of the USSR)、列宁图书馆（State V. I. Lenin Library of the USSR)中文部、莫斯科大学图书馆（Moscow M. V. Lomonov State University)、国家科学院列宁格勒分院东方研究图书馆（Institute of Oriental Studies, Academy of Sciences, Leningrad Branch)、亚洲人民学院图书馆（Institute of People's University of Asia)、海参崴远东大学图书馆（Far Eastern State University, Vladivostok)及中亚细亚几所大学的图书馆。其中亚洲人民学院图书馆藏有敦煌卷子1万卷，已刊有详细目录。

四、北美中文图书馆近况

美洲图书馆收藏中文书籍从19世纪末叶才开始，大部由赠送或交换而来。在20世纪初期，美国主要的中文书藏约有10所，如国会图书馆、哈佛、耶鲁、哥伦比亚、康奈尔和柏克莱加州大学、哈特福神学院（Hartford Seminary)、纽约公立图书馆，以及芝加哥的自然科学博物馆、约翰克雷尔（John Crerar)和纽布莱（Newberry)图书馆，总计藏书约20万册。在两次世界大战之间，即1920—1940年代，由于学术团体的提倡，基金会和私人的支援，使中文图书馆资源得以迅速的增加。这一时期设立的新馆有普林斯顿大学、芝加哥大学以及加拿大的皇家博物馆。此外，夏威夷、宾州和西北等大学以及加州克里蒙学院也都相继收集中文图书。第二次世界大战结束时，美国的中文图书馆已增至20所，藏书约100万册，平均每年增加新书13000册，大都在二战以前所收集，因此奠定战后发展的基础。

战后扩展迅速，不仅新馆和藏书数量激增，而采访方针和性质也有很大的改变。因为对中国研究的趋向注重现代和当代,同时古籍的来源断绝,一般图书馆都采购近代出版的书刊。战后新设各馆主要有西部的胡佛研究所、华盛顿州立大学、洛杉矶加州大学和中西部的密歇根大学。此外,至少有30多所州立或私立大学成立新馆,如东部的布朗、达特茅斯、马里兰、马萨诸塞州、北卡罗来纳、奥克兰、匹兹堡、罗彻斯特、路特格斯、圣约翰和西东等大学;中西部的伊利诺伊、印第安纳、俄亥俄、堪萨斯、密歇根州立大学(东兰辛)、明尼苏达、威斯康辛和私立华盛顿等大学;西部的亚利桑那和奥利根等大学;南部的米亚米和德州大学;以及加拿大的不列颠哥伦比亚大学和多伦多大学,现将收藏中国古籍较多的几所主要图书馆简介于后。

(一)美国国会图书馆是北美中文书籍入藏最早也是西方收藏中文图书最富的一所图书馆。最初在同治八年(1869年),清廷应美国政府要求回赠中文古籍10种约1000册,在该馆存置迄今已逾一百年。这批赠书不仅是美国东方文库之祖,也是中美两国间图书交换的开始。其后美国驻华公使及中国政府陆续赠书,美国农业部亦为该馆采购有关中国农业、丛书、类书、地图和方志等书约2万册,使该馆的中文藏书日渐充实。

该馆于1927年成立东方部,由汉学家恒慕义(Arthur W. Hummel)主持,与北平图书馆建立交换关系,并聘请中国学者协助,先后出版了该馆所藏《善本书录》、《方志目录》,又编印《清代名人传》等书,俨然成为当时美国汉学研究的中心。

该馆所藏中文书籍迄今已达100万册,其中宋、元、明刊本1500余种,约2.5万册,抄本及稿本约200种,方志3750种,约6万册,家谱300种,约5000册,别集4700种,丛书3000种。另该馆法学图书馆藏有中国历代法制图书。此外国立农业图书馆及国立医学图书馆皆有中文藏书。

（二）哈佛大学自 1879 年设立中文讲座,对中文图书略有收藏,迄至 1927 年哈佛燕京图书馆成立时共约 7000 册。此后积极搜罗,尤其太平洋战争发生以前,私人珍藏陆续流出,因此所获甚多精本。目前该馆所藏中文图书已起过 60 万册,其中宋、元、明刊本约 1400 种,2 万余册,清初至乾隆朝刊本 2000 种,共约 2 万余册。另抄、稿本 1250 种,4500 余册,拓片 500 余件,法帖 36 种,301 册。又原版方志 3525 种,约 3.5 万册,丛书 1400 百种,约 6 万册。

该馆所藏明版、套版、画谱等,选择亦颇完备。如明代朱墨套印本有 55 种,《十竹斋书画谱》有初印及后印本 6 种,《芥子园画传》初集原刊本 3 部、全套后印本 6 种,四库失收者有 46 种。第二次世界大战后该馆又陆续搜购有关中国文学、戏曲、小说、佛学以及许多稿本、试卷、唱本及商店账簿等类资料,尤以齐氏百舍斋所藏明清戏曲小说 72 种最为名贵,内多当时禁书。该馆现正编制全部善本古籍的书本目录。

（三）耶鲁大学中文藏书始自 1878 年,由容闳赠书 40 种,计 1280 册；又《图书集成》一部,5040 册。次年增设中文讲座,其后藏书陆续增加。现在中文部分已超过 42 万册,其中宋本 3 种 14 册,明刊本 59 种,抄本 3 种,共 835 册,内有通俗小说 20 种、图谱 5 种、方志及洪熙元年(1425 年)抄本《御制天元玉历祥异赋》6 册。年前简又文将旧藏有关太平天国书籍 320 种共 640 册及其他资料捐赠该馆。

（四）哥伦比亚大学于 1904 年设置丁良(Dean Lung)中文讲座,次年成立中文图书馆,由清政府赠送《图书集成》一部。此后逐年扩充,现中文藏书已增至 35 万册,其中有宋、元、明刊本 200 种,约 4000 册,另有 33 种年代未定,抄、稿本 43 种,126 册,拓片 258 件。

所藏明弘治十年（1497年）铜活字印本《会通馆校正音释诗经》20卷，9行17字，为他处所未见，当为孤本。其他有原本方志1600余种，约1.7万册，原本族谱1041种，约1万册，为中国以外所存族谱最为完备之特藏。此外所藏明清各部则例、明人文集等资料亦甚丰富。

（五）康奈尔大学华生文库是1918年该校校友华生（Charles W. Wason）捐资设立，主要为有关中国研究的西文书刊，但其中有《永乐大典》6册，为美国除国会外收藏最多之一馆。该馆中文藏书约35万册，多为有关现代中国研究资料，但所藏俗文学及戏曲书籍为数不少。另有北京、伦敦及巴黎所存全部敦煌卷子的缩微胶卷，为该馆特藏。

（六）普林斯顿大学于1937年购入原存加拿大麦吉尔大学的葛思德（Guion W. Gest）藏书约10万册，其中有宋、元刊本7种，2800余册，明刊本1000余种，2.4万册。内碛沙藏一部、医书500种1700册、围棋与棋谱500册，最为名贵。其后该馆陆续扩充，现有中文藏书约45万册。又存有敦煌卷子3卷及绸袍一件，内录八股文700篇，达50万言，为科举考试之夹带。（按：芝加哥自然科学博物馆亦存有一件。）

（七）芝加哥大学于1936年开始中文教学，同时成立远东图书馆，时值中日战争前夕，私人藏书大量流出，得以有系统地选择搜购。1945年又购入劳福（Berthold Laufer）于清末在华为纽布莱图书馆（Newberry Library）所收集之中、日、满、蒙、藏文书籍2.1万余册。作者于1947年应聘来芝主持该馆，其时藏书已近10万册，大部为古籍。1958年起积极扩充，迄今馆藏已近60万册，中文将近40万册。其中以经部约2000余种最为完备，为西方各馆收藏之冠。另有方志2700余种，大部皆为原刊，尤以江苏、浙江、河北、山东、河南、陕西等省为最富,丛书亦有 600 多种。善本有元刊本 2 种、明刊本 331 种、2230 册,又正统《大藏经》万历增刻本全套,计 7920 册,汉封泥 11 件,敦煌卷子《妙法莲华经》3 卷,五代《宝箧印陀罗尼》1 卷。翰林院旧藏《杭双溪先生诗集》8 卷,嘉靖十四年(1535 年)刊本,后有朱彝尊朱笔题跋与四库著录全同,所据当系此本。其他明刊罕本颇多,举经部尚书为例,其中所藏有王肯堂《尚书要旨》36 卷、孙继有《尚书集解》10 卷、国子监校刊本《尚书注疏》20 卷、潘士遴《尚书苇》21 卷、王樵《书帷别记》4 卷、刘三吾《书传会通》6 卷及申时行《书经讲义会编》12 卷,均极稀见。(参见本书"芝加哥大学中文善本十种题记"。)

(八)密歇根大学亚洲图书馆为美国中西部另一收藏中文书籍丰富的图书馆。该馆原藏日文较多,但自 1948 年起大加扩充,中文藏书激增,现已达 36 万册。其中虽原本古籍不多,但复印本及缩微本为数不少,足供研究之用。

(九)加州大学柏克莱校区东亚图书馆为美国西部创设最早而现藏古籍最富的一所。1896 年该校设立中文讲座,由英人傅兰雅(John Fryer)任教,携回傅氏在江南制造局任职时所译中文科技书全套约 100 种,为现在所知收藏最完备的一套。其后由江亢虎氏继任,江氏将其私人藏书 1.3 万册捐赠该馆,为其中文藏书奠定基础。近年来该馆购入贺光中藏书,其中以佛经为多。现该馆中文藏书约 40 万册。另加州大学各地区分校亦收藏中文书籍,如洛杉矶校区东方图书馆,于 1948 年设立,现藏约 25 万册。圣巴巴校区图书馆东方部藏书约 8 万册。其他如戴维斯、欧文、圣的哥等校区亦有相当收藏。

(十)加州斯坦福大学胡佛研究所图书馆现藏中文图书约 25 万册,但以现代及当代资料为主。斯坦福大学图书馆原藏中文书现亦并入该馆,故所藏亦有旧籍,其中如康熙《嵊县志》为他处所未见。

(十一)华盛顿州立大学东亚图书馆于1948年设立,为美国西部重要收藏之一。中文图书现存约25万册。古籍中有明刊本若干种,编有选目一册。又洛克(Joseph Rocke)所收集的方志833种现归该馆,内四川143种、云南146种、台湾80种,最为完备。另有广东珠江三角洲资料300余种,木鱼书373册,亦为该馆特藏。

(十二)盐湖城的族谱学会经过多年的努力,现已成为西方收藏中国族谱和地方志最完备的一个机构。该会于1918年入藏第一部中国族谱即《兴宁刁氏族谱》,并自1960年起开始用缩微胶卷大规模地摄制中国内地、台湾、香港、日本、韩国、马来西亚、新加坡以及欧洲和美国多处所藏的中国族谱、方志、登科录、齿录及其他有关家族研究的资料。主片储藏在美国盐湖城花冈岩山的隧道库中。迄至1980年,该会收藏中国族谱2038个地区,约合原本10万册以上。现该会在台湾为250多个地区的每家族摄制私藏族谱,已完成者达1400种,尤以闽南语系及客家的族谱为最多。

(十三)加拿大的中文藏书以皇家安大略博物馆、多伦多大学及不列颠哥伦比亚大学为主要。皇家安大略博物馆于1929年收购慕学勋私人藏书约4万册,其中有宋、元、明刊本约300种,抄本稿本70种,共4182册,甚多精品。如稿本《宋明兵志备览》,抄本《三朝要典》为清禁书,明永乐刊本御纂《神僧传》,亦极稀见。后又增购1万册于1935年一并运回,连同该馆所藏甲骨、金石文字及古物,成为当时加拿大的汉学研究中心。1953年该馆除保留拓片5000种及一部分有关艺术及考古的书籍外,其他全部移交多伦多大学东亚图书馆。该校在1950年代扩充中文教学及图书设备,现藏中文书籍约20万册,内方志约1200种。

不列颠哥伦比亚大学亚洲图书馆成立于1960年,购入澳门姚钧石蒲坂藏书4.5万册,其中有宋、元、明刊本300余种、3000多册,抄本23种、560余册,及广东方志86种,最为名贵。另有陈澧手稿本《说文声统》,明成化刊本《张曲江集》收入四部丛刊,宋刊本《储光羲诗集》等,均极稀见。该馆现藏中文书约28万册,为加拿大收藏古籍最富的一所图书馆。此外尚有十余所大学亦略有中文书籍,均系新置,所藏不多。

(十四)其他还有很多图书馆、博物馆、美术馆及私人亦收藏中国古籍,其中不乏善本与特藏。如波士顿美术馆及纽约大都会博物馆均藏有五代印本文殊菩萨及观世音佛像,克里夫兰、印第安纳波利斯、堪萨斯及华盛顿佛里尔等美术馆均藏有宋、元、明刊本、十竹斋及《芥子园画谱》早期刊本及拓片,作为美术品样本。其他收藏拓片者亦不少,如加拿大皇家安大略博物馆藏有5000件,内有河南省碑铭多件;柏克莱加州大学藏有2000余件;芝加哥斐尔德自然科学博物馆所藏2014件碑拓编有目录《拓本聚瑛》一册,附图135幅及件名、人名、寺庙、地区及主题五种索引,极便检索。

此外私人藏家亦颇多精品,如纽约Donald J. Wineman藏有金刻赵城藏,加州Gerd Wallenstein藏有康熙内府原刻本《御制耕织图》,洛杉矶J. S. Edgren藏有清萧云从所刻《太平山水图画》、新泽西州王方宇藏有明杨尔曾《图绘宗彝》及沈遴奇《剪霞集》彩色套印本。又纽约翁万戈所存其先人旧藏善本最多,如宋刻本《集韵》、《长短经》、《会昌一品制集》、《鉴诫录》、《嵩山居士文全集》、《邵子观物内外编》、《丁卯集》及《施顾注苏东坡诗》等均极罕见(按:前六种已收入"常熟翁氏世藏古籍善本丛书",1996年扬州古籍出版社影印)。以上所列各种最近在纽约展出,书影收入《美国所藏中国善本目录》

(*Chinese Rare Books in American Collections*)，由华美协进社出版。年前这批善本古籍已全部由上海图书馆收购。

五、古籍的定义问题和建议

中国古籍不仅是中国自己国家的瑰宝，也是全人类文化遗产中的一个重要的部分。不管存藏在国内或国外，我们都有责任使其收藏安全，保存久远，不致因天灾、人祸、环境或其本身的衰老而毁灭。实际说来，所有的书籍都应该维护，新书用纸含酸量较高，生命更是短促，怎样能保存长远，也是当今图书馆界研究的一个课题。但是古籍和其他古物一样，年代久远，流传日稀，本身更有其特殊的历史价值，应该优先处理。下面提出几点意见，供作讨论：

（一）古籍和善本的定义及范围

什么是古籍？这一名词虽常为一般学者所通用，但似乎还没有一个公认的定义和范围。一般人以为线装书或木刻本都是古籍，这是以书籍的形式来识别，这样就包括了现代印制的线装本或木刻本而并非古籍。有人认为古籍是泛指明代及以前出版的书，这是按印制的年代来作取舍，如此则明代以后的精刻本或清初刊本都不应包括在内。也有人认为古籍就是善本，指宋、元、明三代的印本，及以后的精刻本和稿本、钞本、批校本等，这是按书籍的价值观念而决定。但善本不都是古籍，古籍也不全是善本，这两个名词的涵义并不相同。

最近更有将民国以来"对古籍整理加工的著作（包括点校、注释），今人对古籍所作的系统专著以及有关古籍的工具书"都包括在古籍范围以内(见《古籍整理编目》说明,北京:中华书局,1981年印行)。这是以书籍的内容而不是以形式、年代或价值而作为审定的标准。如此,梁启超的《清代学术概论》和上海图书馆编印的《中国丛书综录》便都成为古籍了。

从研究的观点说,古籍当以内容为主。如果讨论的对象是古代的事物,不论是原本、影印本、翻印本、缩微本,甚至今人论述古代的作品,可说都是古籍,因为研读内容或探讨事实,原本和影本并无区别。但是从目录版本学的观点而论,所谓古籍自应以著述的年代、印制的时期以至制作的材料、方法和形式作为定断的标准。因为如果考究版本,纸张、墨色都得详细审察,不仅原本和翻版不同,即初印和后印亦大有区别。所以要问什么是古籍,内容与形式不能混为一谈。

至于"古籍"应从什么时期断代,这一问题就牵涉到"善本"这一名词的定义和范围。清初的目录学家以明弘治以前的刊本或活字本为善本,现代许多图书馆也是如此规定。如果严格照此定义,则明铜活字本,除了华燧和华珵所印之书大部在弘治年间外,其余都不在善本之内了。后人以明末以前的版本为善本,最近也有一些图书馆尤其是在国外,将善本的范围扩展到清初,因此乾隆和此以前的刊本都归入善本。原因是年代愈后,古本流传愈稀。清初距明不远,所以断代在清前约二百年。现在距乾隆又已二百年,清初印本已不多见,则向后推移,亦属当然。至于精刻本、罕见本、稿本、抄本、批校本,甚至包括近代,则善本并非全属古籍,而古籍并非全是善本,当甚明显。但究竟什么是古籍?什么是善本?如何断代?怎样辨识?如何才算是稀罕?这些问题应该细加推敲,订立一个现代的标准,供作国内外图书馆参考施行。

(二)海外古籍的调查与复制

古籍的价值不仅和其他古物一样有其本身的历史价值,其重要性实有过之。因为历史上的盛衰与兴亡、思想上的起伏和变化、制度上的变革和延续,以至我们今天所沿袭的礼俗和传统、名词和习惯,大都是借古书的记载得以流传至今,因而影响到我们的日常生活。一件古物,如果没有文字印证,我们仅能从美术或技术的角度去欣赏或研究。而古书是文字的纪录,其历史价值以及其对后世的影响更有所不同。

古籍的研究牵涉到著者的生平、作品的内容与性质、写印的年代、制作的材料、方法与形式,以及流传的经过等等,这都是目录版本学的范畴,也是研究书籍、造纸和印刷史的主要对象。尤其是早期的古书实物,为研究这些专题的第一手资料。西洋的最早印本即所谓"摇篮本"(Incunabula)都有详细的著录。中国是印刷术发明最早的国家,而对早期印本,还没有一项全面的和有系统的调查和著录。尤其是现知最早的写本、印本和拓本以及一些已经失传的孤本和罕见的善本都存藏在国外,应该有一个通盘计划复制流通,或印制书影,供作研究和参考。

有关雕板印刷的技术、工具和程序,由于传统知识分子对于技艺的轻视,在过去的文献中几乎连片言只语都没有留存,这和文人所重视的纸、墨、笔、砚等文房用具相比,真有天壤之别。宋元时代的雕板、活字和刻印工具已无留存,甚至明清时代的铜活字也是消失殆尽,所以有关中国印刷史上的许多技术问题,至今难以解答。因此在原始资料、实物以及早期印本的搜集、调查和整理方面,还有许多基本工作要做,为将来研究这些专题的学者,提供更多的资料和情报。

(三)古籍联合目录的编制

现在存藏各地的古籍经过全面的调查和详细的著录后,应该有系统地编成联合目录,并制作各种索引,以供研究者的参考,并了解各地存藏的现况,俾资源得以共享。联合目录至少应该包括"善本"和"特藏"两大类。"善本"是指早期的写本和印本以及其他在目录学上有特殊价值的版本。如六朝以来的卷子本、唐、宋、金、元、明代的印本,以及明代以后的稿本、精抄本、批校本、孤本、罕本等等名贵版本的书籍。至于确切的定义和范围,至应先行规定。为了编纂的方便,不妨沿用旧的定义,将明代及明以前的写本及刊本,归入甲部,而将清初刊本、明以后的稿本、精抄本、精刻本、批校本、拓本、钤本、孤本、罕本等归入乙部,以免混淆不清。

国内各地所存善本,已先后有联合目录的编制。台湾的中央、故宫、中研、台大已分别编印善本书目,并印有书名、人名联合索引。大陆各地所藏善本,数年前即开始编纂,现已搜集13.9万多种,分藏780多个单位,编成《中国古籍善本书目》,按四部分类,即将陆续出版。下一步骤应将国外所藏作一有系统的调查,编制联合目录。国外所藏中国善本,除日本以外,当以欧美地区所藏最为丰富,自应早日着手。〔按:美国研究图书馆组织(RLG)于1989年成立《中国善本国际联合目录》计划,采用机读编目输入数据库,迄至1996年,已收录约7000种。〕

至于"特藏",是指某一类对研究有特殊价值的资料,收藏完备,足资参考。如方志、族谱、丛书、类书、传记、文集以至小说、戏曲等专题资料,都可包括在内。而方志和族谱更应优先处理。台湾所藏方志、族谱以及日本、欧洲所藏方志早有联合目录的编制,而北美所存这两类特藏，其完备为他处所不及，但迄今未有联合目录可供参考，是一很大的遗憾。关于方志的收藏，国会、哈佛、哥伦比亚及芝加哥大学所藏原本最多，剔除重复，至少可有5000种。盐湖城族谱学会摄制缩微胶卷已有5000种以上，可以作为编制的基础，定可发现若干国内及他处现已失传的孤本或罕见本。至于族谱，哥伦比亚大学所藏原本1000余种以及族谱学会缩微本2500多种，最为完备，亦可以此作为联合目录编制的起点。

现在采用电脑编目已甚普遍，以之编制联合目录似最合适。譬如善本，不仅传统目录中的基本著录项目，如书名、著者、年代、行格、尺寸可以录入，即刊行者、刻工、刻印地点、字体、插图、纸张、装订、印鉴，以及过去和现在的存藏处所都可输入，分别制成索引，作出统计，一检即得。不仅现在存藏处所一目了然，对研究目录学及印刷史者，其贡献当更重要。其他如方志及族谱中的特殊资料都可分析输入，对于研究者当更便利。

对于电脑储存信息，不仅分析内容作多方面的索引极为方便，且可随时增删、拼合简易，对于将来增订，更多便利。现在美国主要的东亚图书馆都已装置中文电脑，如这一工作从美国的收藏开始，再扩及其他地区，亦极合理。希望有关方面作出通盘计划，早观厥成。

原载《古籍鉴定与维护研习会专集》
（台北，1985年）

附 录

表1 欧洲主要图书馆中文藏书一览(1980年)

图书馆名称	创立年代	估计册数	善本与特藏
1. 英国			
英国图书馆 British Library	1846	66675	甲骨500片;敦煌卷子7000卷;唐咸通九年(868年)印本《金刚经》;宋、元、明刊本200种;《永乐大典》45册;明清小说100种;太平天国印书30种;方志1750种;《图书集成》初印本;旧杂志130种。
伦敦大学亚非学院 University of London, School of Oriental & African Studies	1824	137140	明刊本100种;《永乐大典》3册;方志1139种;《清实录》抄本;拳乱奏折;外交及商业文件;海关档案90种传教士文件;莫里逊藏书;庄士敦藏书。
牛津大学 Oxford University Bodlein Library	1604	100000	《永乐大典》19册;明刊本200种;旧抄本357种;清代商业文件;巴克豪藏书;东方研究所所藏多为美术、考古书。
Oriental Institute	1961	15000	
剑桥大学 Cambridge University Library	1888	65000	《永乐大典》2册;旧抄本80种;满蒙文《清实录》;旧方志302种;威妥玛藏书;翟理士藏书。
李约瑟研究所 Needham Institute	1947	20000	中国科技史资料;金泰和四年刊本《本草》;明平阳刊本《铜

Cambridge			人针灸经》；明覆宋刊本《橘录》；中国科学家传记档。
爱丁堡大学 Edingburgh University	1967	80000	古籍参考书；现代及近代史资料。
杜汉大学 Durham University	1950	10000	旧刊本；原本方志970种。
利兹大学 University of Leeds	1963	20950	清刊本、稿本、抄本；方志269种；拉铁摩尔藏书。

2. 法国

法国国家图书馆 Bibliotheque Nationale Division des Manuscrits Orientaux	1650	135000	敦煌卷子3700卷；伯希和藏书8000册。
法兰西学院汉学研究所 College de France Institut des Hautes Etudes Chinoises	1919	400000	北京中法汉学研究所藏书；原版方志1000种。
东方语文学院 Ecole des Langues et Civilisations Orientales	1874	31000	人文及社会科学资料；现代语文资料。
里昂大学中法大学图书馆 Universite Jean Monlin Lyon III, Bibliotheque Sinologique		10000	合并中法大学图书馆藏书。

巴黎第七大学东亚语文系图书馆 Unviersite Paris VII Bibliotheque de d'UERAsie Orientale	1966	6200	现代及近代资料。
吉美博物馆 Musee Guimet	1888	1950	美术及考古资料。

3. 德国

德国国家图书馆 Staatsbibliothek Preussischer Kulturbesitz Ostasienabteilung	1661	110000	
巴伐利亚州立图书馆 Bayriche Staatsbibliothek Ostasienabteil'u'ng	1829	130000	宋元本 5 册；敦煌卷子 2 卷；稿本 2 种；藏文稿本 14 种；清末使节出使记；边疆资料；牛曼藏书。
汉堡大学中国语文研究所 Universitat Hamburg Seminar fur Sprache und Kulture Chinas	1925	76256	明代史料；方志。
汉堡亚洲研究所 Instituts fur Asienkunde Bibliothek，Hamburg		40000	现代中国资料。
科隆大学东亚研究所 Universitat zu Koln Ostasiatisches Seminar	1960	35000	清初与满文资料。

慕尼黑大学汉学研究所 Universitat Munchen Institut fur Ostasienkunde Sinologie	1946	38000	中译德文书籍;建筑及地理资料;旧方志7种;牛曼藏书。
波恩大学中文系 Universitat Bonn Sinologisches Seminar	1926	50000	少数民族资料;中亚资料。
歌德大学中国研究所 Goethe Universitat Institut fur Orientalische und Ostasientische Phil. China Institut	1926	9000	战时被毁;战后重建。1972年成立中文讲座,同时设立中文图书馆,有美术与考古资料、古钱等收藏。
华裔学志社 Monumenta Serica St. Augustin		60000	藏书自北京迁来,多旧籍。

4. 荷兰

莱顿大学汉学研究院 Rijksuniversiteit Leiden Sinologisch Instituut	1628	170000	高罗佩藏书2500种,一万册;明清小说117种;文史美术460种;琴谱23种;明刊本50种;抄本;禁书;太平天国印书7种;荷属地华侨史料;汉文初阶;有关早期基督教入华资料。

5. 意大利

国立中央图书馆	1876	3000	

Bibliotheca Nazionale Centrale			
额我略大学 Pontificra Universita Gregoriana		2000	
6. 比利时			
比利时汉学研究所 Institut Belge des Hautes Etudes Chinoises	1929	40000	佛经。
鲁汶大学东方研究所 Universite Catholique de Louvain Intitut Orientaliste		20000	陆征祥藏书。
7. 瑞典			
古特堡大学 Goteborgs Universitets Bibliotek	1861	8000	高本汉藏书。
戈斯德远东研究图书馆 King Gustav VI Adolfs Library for Far Eastern Research		40000	合并远东古物博物馆藏书12000册;瑞典皇家图书馆5000册;斯德哥尔摩大学16000册。
8. 挪威			
奥斯陆皇家大学 Royal University of Olso	1811	10000	
9. 丹麦			
斯堪的纳维亚亚洲研究所			

Scandinavian Institute　　　　　　　　　合并皇家图书馆及哥本哈根
of Asian Studies　　　　　　　　　　　 大学藏书。

10. 瑞士
苏黎世大学东亚学院1969　　41000　　藏书以文史及参考资料为主。
Universitat Zurich
Ostasiatisches Seminar

表2 北美图书馆现存善本及特藏一览(1985年调查)

馆　　名	印　　　　　　本 五代宋 金元 明 种(册)	拓本 种	写　　　　本 敦煌 大典 四库 抄稿 卷 册 册 种(册)	特　　藏 方志 家谱 种(册) 种(册)
加州大学 CALIFORNIA (Berkeley)	1　　　　　　　335 (2801)	2104	— — — — (250)	
芝加哥大学 CHICAGO	1　1　　1　1　523 (13568)	20	3　—　—　46 (335)	2700 224 (17000)
克里蒙学院 CLAREMONT*	—　1 (1)	—		—
哥伦比亚大学 COLUMBIA*	2　—　1　—　221 (1) (3740)	258	1　—　—　29 (157)	1622 994 (16792) (10507)
康奈尔大学 CORNELL*	—　1　　　　12 (12)　　　(406)	536	1　5	
菲尔德博物馆 FIELD MUSEUM	—　—　—　36 (306)	2014		
佛里尔美术馆 FREER*	—　—　3　— (3)	508		
哈佛大学 HARVARD	1　14　36　1328 (79)(657)(19527)	536	—　2　2　1128 (4074)	3524 216
国会图书馆 LIBRARY OF CONGRESS	4　11　15　1518 (100)(296)(25000)		9　41　—　140	3750 300 (60000) (5000)
普林斯顿大学 PRINCETON	—　3　4　1085 (778)(2086)(24025)	236	3　—　—　52 (3250)	
不列颠哥大 BR. COLUMBIA	—　2　1　309 (36) (79) (3236)		—　—　—　121 (565)	89
多伦多大学 TORONTO*	—　—　2. 3　300 (3862)	5000		1200

说明:数字系根据1985年调查。馆名后*符号表示数字系1957年数据。
　　数字上为种数,下括符内为册数。

三国吴建衡二年索耽书《老子道德经》残卷

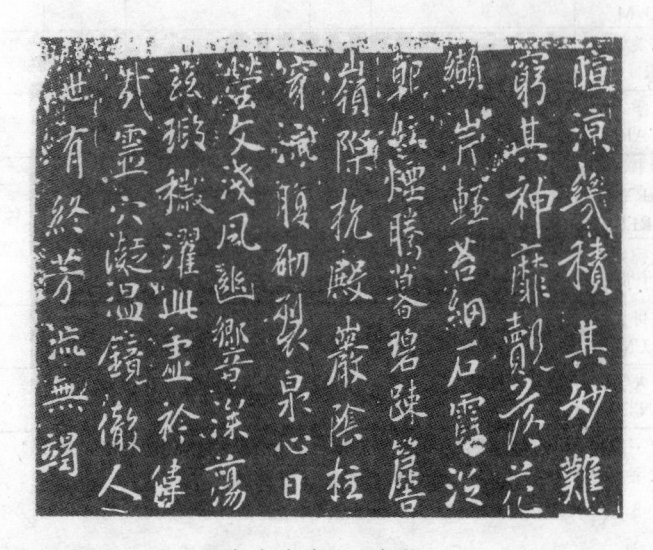

唐太宗书《温泉铭》

唐咸通九年印《金刚经》

吴越国王显德三年丙辰所印《宝箧印陀罗尼经》

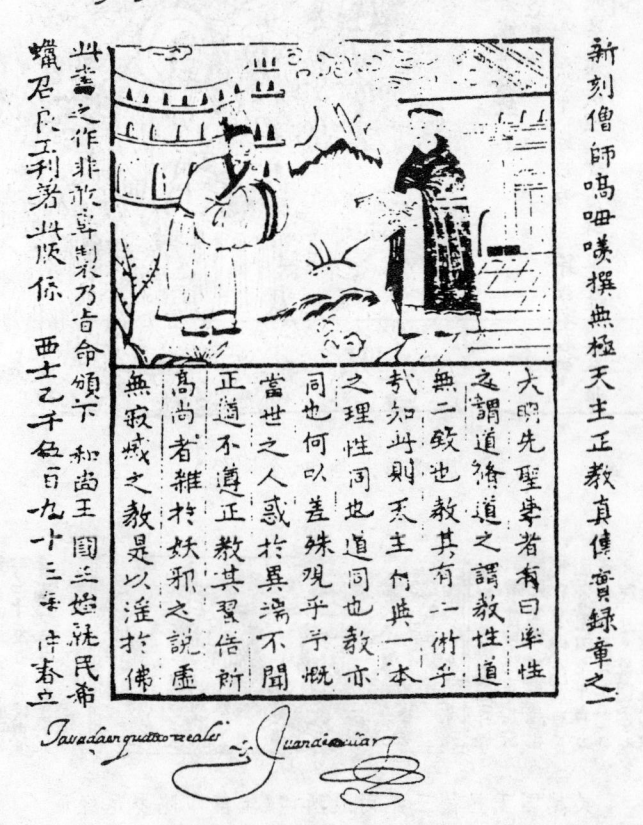

新刻僧師嘫哂嘆撰無極天主正教真傳實錄章之一

辯正教真傳章之首

大明先聖學者有曰率性之謂道修道之謂教性道之謂也教其有二乎子概無二致也教其有二乎子概我知此則天主們典一本之理性同也道同也教亦同也何以羞殊觀乎予概當世之人惑於異端不聞正道不遵正教其習俗所高尚者雜於妖邪之說墨無疲歲之教是以涯於佛

此書之作非於專制我乃旨命領下和尚王國王燃就民希蠟召民工刊著此版係西士乙千五百九十三年序秀立

Este es el principio del libro

Tavada en quatro reales *Juan de Vera*

西人最早用中文撰述的书籍之一《无极天主正教真传实录》

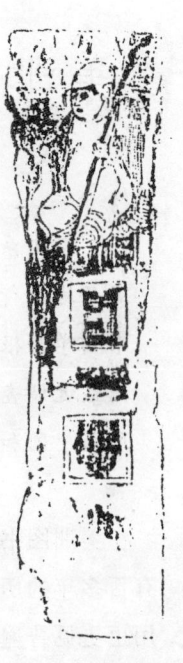

现存最早的北宋雕版(约1108年)

现藏纽约公共图书馆

(上)雕版反文　(下)拓本正文(右)反面人像

美洲东亚图书馆的沿革和发展

  本文系1979年9月美国图书馆界访华代表团在北京和上海两地举行报告会,作者曾将本文中的资料择要报告,由中国图书馆学会根据录音发表,但极简略。现将此文重加修订补充,改用最近调查所得的统计数字,并增加附注及图片,以供关心海外所藏中国和其他东亚语文资料者的参考。

  美洲图书馆收藏东亚语文书籍,开始于19世纪后半期,迄今已有百多年的历史。经过陆续扩充,新馆日见增加,收藏逐渐充实,使用也更见普遍。目前,除南美设有两三所外,北美共有大小图书馆约100余所,藏有东亚语文书籍将近1600万册,其中三分之二为中文,其余为日文、朝鲜文和满、蒙、藏文等各种资料。这些非西方语文图书收藏的发展,不仅反映一般西方学者对东方文化研究的兴趣和动向,同时也对促进东西文化交流和加强国际间的了解起了很重要的作用。现在就将这一类图书馆在北美,主要是美国成长的经过,大概分为三个时期,加以简单的介绍。

一、东亚语文藏书的开始(1869—1912)

  最初是在1867年,美国国会通过了一项法案,将美国政府出版品每种留出50份,责成史密斯学院(Smithsonian Instiution)向其他国家办理交换事宜。该院随即经由国务院通过驻北京使馆行文中国政府请求办理,但是清廷搁置未复。一年后,美国农业部特派专员访华,除带有五谷、蔬菜和豆类种子外,并携带有关美国农业机械、采矿、地图和测量太平洋铁道的报告书等一批书籍,希望和中国交换同等性质的种子和出版物。不久美国国务院又因联邦土地局之请,再度训令其驻华公使请求交换有关中国户籍和赋税的资料。总理衙门于接到这次公函后,不便再予迁延,因此奏准选购中国书籍10种,共约1000册,装成103套,并花卉、五谷、蔬菜和豆类种子106种,于1869年一并送交美国使馆,以作还答。这一批书籍至今还很完整地保存在国会图书馆(Library of Congress)的书库中,不仅是该馆东方文库之祖,也是中美两国间图书交换的开始(第137页上图)。

此后,国会图书馆又陆续收到美国驻华公使的私人藏书两批约8500册,其中并有满、蒙、藏文书籍若干。1904年,中国政府将其参加美国博览会的一批图书2000多册赠送该馆。1908年,因答谢美国退还庚子赔款,再赠与《古今图书集成》一部,计5040册。在此后几年中,美国农业部经由一位植物学家施永格(Walter T. Swingle)的合作,为该馆陆续采购有关中国农业、丛书、类书、地图和方志等书约2.3万多册,使国会图书馆的中文藏书日渐充实。

在19世纪末期,美国各大学因仿效欧洲对东方语文的研究,中文教学开始列入大学课程内,中文图书也陆续入藏各大学和研究图书馆。1868年,耶鲁大学(Yale University)的第一位中国毕业生容闳赠送给他的母校《古今图书集成》一套。次年,该校创设中国语文讲座,聘请从北京使馆退休的卫三畏(Samuel W. Williams)(见第47页图)担任首任教席。同年,哈佛(Harvard College)也聘请了一位宁波学者戈鲲化为中文讲师，不幸他到任后不久就在1882年去世。在美国西岸，因为当时中美两国间商业往来频繁，加州大学(University of California, Berkeley)也在1890年设立了东方语文讲座，聘请曾在江南制造局任翻译的英国人傅兰雅(John Fryer)担任。他在1915年退休后，由江亢虎继任，江氏将其私人藏书1.3万余册捐赠给加大。这些最早担任中文教学的教师以及许多大学的校友常将他们的私人藏书捐赠各该校图书馆，因此成为许多大学东亚语文藏书的基础。

哥伦比亚大学(Columbia University)在1901年设立了丁良(Dean Lung)中文讲座，由该校校友卡奔特(Horace W. Carpenter)捐赠基金20万元，以纪念他的工友所代表的中国文化和对他的忠诚及忍耐。据说卡氏脾气暴躁，有一天为了小事将丁良辞退。第二天早晨，卡氏起身后发现丁良已经离去，但在行前还为他准备了丰盛的早餐。他很感动，因此发愿提倡对中国文化的研究。丁良也加赠他的私蓄1000元，使这一讲座延续至今。次年，该校又用此基金设立中文图书馆，中国政府也赠送《古今图书集成》一部，表示赞助。

在芝加哥，有一位在菲尔德自然科学博物馆(Field Museum of Natural History)任职的德国汉学家劳佛(Berthold Laufer)在1907—1908年间去远东旅行，带回了大批的中、日、满、蒙、藏文书籍。其中有关科技图书1.3万册为约翰·克雷尔图书馆(John Crerar Library)所收藏(后归国会图书馆)；有关经、史、子、集等人文学科的图书2.1万多册为纽布莱图书馆(Newberry Library)所收藏(现归芝加哥大学)；另有关于人类学和考古学的资料约5000余册和拓片2000余件，至今仍在菲尔德博物馆。这些书籍在当时成为美国中部汉学研究的启蒙资料。

康奈尔大学(Cornell University)也在1870年代开始讲授中文和有关中国的其他课程。1918年该校校友华生(Charles W. Wason)将其自己收藏西文有关中国的图书一批约9000册,捐赠给他的母校。同时并捐赠现金5万元作为继续采访之用。华生是一位工程师,他在1903年到中国旅行,对中国发生了浓厚的兴趣,因此开始收集有关中国的西文书刊、报纸、稿本和善本如《永乐大典》和乾隆时代英国遣华特使麦高尼(Lord McCartney)的一批文书稿件。其中关于中国的西文资料之完备,在当时很少有其他图书馆可以相比。

在20世纪初期,美国大约有东亚语文图书20万册,分藏在10所图书馆中。除上述几所外,还有纽约公共图书馆(New York Public Library)、哈特福神学院(Hartford Seminary)和其他大学。这一创始时期的收藏,主要是经由赠送或交换而来,并非有计划的搜集。当时很少人能阅读这些书籍,仅由少数具有中、西语文知识的人员加以保管、利用和著录,也没有较详细的分类和编目制度来处理这些和西文书籍形式与内容迥异的资料。

二、东亚研究和图书收藏的进展(1912—1945)

美国东亚图书馆开始较有系统的发展,可说是在两次世界大战之间,即1912—1945年这一段时期。当时的收藏主要是为了辅助各大学逐渐增设有关东亚的教学课程和博物馆中对其所收藏艺术品的研究。通过有系统的采访,同时采用新的分类和卡片编目方法,使图书管理逐渐制度化。这些发展和美国学术界对亚洲研究兴趣的增加有分不开的关系。尤其是学术团体的提倡以及基金会和私人的经济支援,使图书资源得以快速的增加。

在 20 世纪 30 年代，由于美国学术团体联合会（American Council of Learned Societies）的领导，美国东方学会（American Oriental Society）在其每年一度的年会中曾多次召开讨论中国的特别会议，并成立中日研究促进委员会（Committee on the Promotion of Chinese and Japanese Studies），经常举办研究班、暑期学校、语文讲习所和出版《远东研究简报》（Notes on Far Eastern Studies in America）。因此导致在 1941 年成立远东学会（Far Eastern Association），其后改名为亚洲研究学会（Association for Asian Studies）。该会出版有季刊、专刊、通讯和书目年报等；其下设有许多专业委员会，东亚图书馆委员会（Committee on East Asian Libraries）便是其中之一，主要任务是促进各东亚图书馆之间的联系和发展，并讨论业务上所面临的技术问题。

这一时期所设立的图书馆中，最重要的当属 1928 年成立的哈佛燕京图书馆（Harvard-Yenching Library）（第 137 页下图）。在裘开明氏主持下，采用了新编制的《汉和图书分类法》和附有罗马字拼音的排印卡片目录，为当时一般东亚图书馆所采用。葛思德图书馆（Gest Oriental Library）是加拿大一位工程师葛思德（Guion M. Gest）所创设。他因公务到中国时，用定州眼药治愈了他的青光眼，因而开始对中国的医药发生兴趣。先后搜集了中文医书 500 多种，共 2000 余册。他离华后，委托了一位美国退休武官翟理斯（I. V. Gillis）继续收集，共得 10 万多册，其中有 4 万册为旧刊本和稿本，尤以明版最为丰富。这批书于 1926 年寄存加拿大麦计尔大学（McGill University），在 1937 年转售予普林斯敦大学（Princeton University），为美国收藏明刊本较多的图书馆之一（第 138 页图）。

加拿大皇家博物馆（Royal Ontario Museum）在 1929 年收购了

北京慕学勋藏书约4万册,其中有370种约4000余册为善本和稿本。这批书和其后增购约1万册,于1935年运回多伦多,连同该馆所藏甲骨,金石和其他有关美术考古方面的资料,成为加拿大汉学研究的中心。

在美国中西部,芝加哥大学于1936年在东方语文系增设中国研究科目,由顾立雅(Herrlee G. Creel)主持。除教学和编辑中文课本外,同时还成立远东图书馆,特别注重有关中国古代史研究的资料。1944年收购了纽布莱图书馆的中、日、满、蒙、藏文书籍共2万多册,因此成为当时美国中部唯一具有规模的东亚书藏(第139页上图)。

除此之外,夏威夷大学(University of Hawaii)、西北大学(Northwestern University)、宾州大学(University of Pennsylvania)和加州的克里门学院(Claremont College)等也都相继设立中、日文图书馆。在第二次世界大战结束时,美国的东亚图书馆已增至20所,藏书共达100万册,平均每年采购新书1.3万册,大部分都是在太平洋战争发生前所收集,因此奠定了战后迅速发展的基础。

三、东亚研究的新趋向和图书的激增(1945—2005)

自从第二次世界大战结束以来,美国东亚图书馆的发展,可说是突飞猛进。不仅新馆和藏书数量激增,而采访的方针和性质,也都有很大的改变。主要原因是在战后美国感到精通非西方语文人才的缺乏,特别是对东方文化了解的贫困。由于研究兴趣和实际需要,一般从人文学科趋向于社会科学的研究,并增加以前所忽略的各项科目,以及从古代和中古的研究,改对现代和当代情势的重视。因此,大学课程中,除了原有的历史、地理、语文(主要是文言)、哲学、宗教、美术等传统的科目外,有关东亚的政治、经济、社会、教育以至语体文、文学、图书目录学等都有专门的教学和研究计划。介绍非西方文化的课程也从研究院扩展而成为大学本部的必修科。而图书馆的藏书,也打破了一向以西文为主的传统观念。这些发展成为战后美国高等教育的一股主流。

美国对外国地区大规模的研究,开始在1958年。通过联邦政府的特别立法,以及一些基金会,大学和其他学术机构的支持,使得东亚图书馆在1960至1970年代有了空前的发展。一般说来,在这10年间建立的新馆超过了在这以前所成立的旧馆总数。而这期间新增加的图书亦相等于前此100年间所累积的总和。

在战后所成立的新馆中,至少有5—10所已成为现在美洲的主要图书中心。其中斯坦福大学的胡佛研究所(Hoover Institution)东亚图书馆是在1945年成立,主要搜集20世纪出版的中、日文资料。对于有关中国近代的史料,收藏尤其丰富,现有藏书约26万册。西雅图的华盛顿大学远东图书馆(Far Eastern Library, University of Washington at Seattle)成立于1947年,注重19世纪和中国西南边疆的资料,现在藏书约25万册(第139页下图)。洛杉矶加州大学东亚图书馆(Oriental Collection, University of California at Los Angeles)成立于1948年,对于艺术、考古、民俗、佛教的资料收藏尤为丰富,现在藏书约25万册(第139页下图)。密歇根大学亚洲图书馆(Asia Library, University of Michigan)也于同年成立。最初的收藏以日文为主,但在1960年代,大量收集中文资料。在最近所藏30多万册的中文书已超出日文书,成为战后所设新馆中发展最快的一所。除此以外,至少已有30所州立和私立大学如东部的匹兹堡(Pittsburgh)、中部的伊利诺伊(Illinois)、威斯康辛(Wisconsin)、俄亥俄

(Ohio)、明尼苏达(Minnesota)、西部的亚利桑那(Arizona)和南部的得克萨斯(Texas)等大学,也先后成立东亚书藏,以辅助教研之用。

在这一时期,加拿大的东亚藏书也有同样的发展。多伦多大学(University of Toronto)自 1953 年起将原存于皇家博物馆的穆氏藏书,除一部分有关美术和考古的书籍外,全部移存该校东亚图书馆,并增购新书,现藏约 30 余万册。不列颠哥伦比亚大学(University of British Columbia)在 1959 年收购了澳门姚钧石的蒲坂藏书 4.5 万册,其中有宋、元、明刊本和稿本约 300 种以及善本方志 86 种最为名贵,现藏约 30 万册以上。

美国在战后除成立许多新馆外,战前设立的旧馆扩充更速。国会图书馆从日本军方接收将近 30 万册敌产,因此日文藏书激增。在 1950 年又增设朝鲜文库。现在该馆东亚部的藏书,连同东亚法律图书馆的藏书已超过 100 万册。其中特藏有宋、金、元、明旧刊本和稿本约 1700 种,方志 3750 种,别集 4700 种,丛书 3000 种,地方报纸 1200 种(80 种摄有微卷)、南满铁道出版品 3000 册,以及么些文经典 3000 余册,尤为名贵。

哈佛燕京图书馆在战后收购了几批有关中国文学、戏曲、小说、佛学,以及许多稿本、试卷、唱本和商店账簿等资料,现在藏书已超过 100 万册,中文在 60 万册以上。其中特藏有宋、元、明和清初旧刊本 2300 余种,稿本、乐谱 1100 余种,地方志 3500 种,类书 1300 种,丛书 1400 种,和拓片 300 件,为美国大学东亚图书馆之冠。柏克莱加州大学在战后收购了三井和村上日本文库和阿佐美朝鲜文库共 1.5 万余册,现藏超过 80 万册,中文约占半数。其中有江南制造局译书 100 多种约 1500 册和拓片 2100 多件,极为稀见。哥伦比亚大学的中文藏书现已近 40 万册,其中以中国族谱约 1000 种和地方志约

1600种最为名贵。

普林斯顿葛思德图书馆现藏在60万册以上,中文约40余万册。其中原藏善本有宋、元、明旧刊1000余种(包括《碛砂藏》5000余册和明版2.4万册)和医书1200种,最为名贵。耶鲁大学也从1961年起,将全校散存各处之中、日文藏书集中成立东亚图书馆。近年并收藏了简又文的有关太平天国史料320种,现藏已超过60万册。芝加哥大学在1958年成立日本文库,同时扩充并征集有关中国近代史和社会科学方面的资料,现藏约60万册。其中中文近40万册,有善本约2万册,方志2700种和经部书1600种,为美国中西部收藏中文资料尤其是古典研究方面最丰富的一所图书馆。

四、总结和问题

自从第二次世界大战以来,西方研究东亚的中心已从欧洲转移至美洲。不仅教学的普遍和专业的提倡如此,而图书设备的扩充,尤为明显。自60年代以来,美洲的东亚图书馆新设了不下50所,根据最近调查,全美东亚馆藏书已超过1600万册,每年平均增加新书约50万册,经费估计在1500万美元左右,其中三分之一为购书和材料费,三分之二为人员薪金。目前藏书在10万册以上的主要图书馆有38所,其中除2所在加拿大,其余都分布在美国的东部、中西部和太平洋地区。这些东亚馆的组织,大部分都隶属在总馆的行政之下,有些自成一独立单位,主管采访、编目、参考、流通、阅览等工作,并按语文或工作性质分组;或将其中一部分业务分别隶属于总馆的部门之中,如编目工作由总馆编目部担任,东亚部分仅负责采访和参考工作。

近年来,因各馆经费比较充裕,许多大馆的采购方针已不在严格的选择,而着重于某些专题的完备。因为资料搜罗的范围广泛,征集方面没有政治上的禁忌,凡有研究价值的书刊都兼收并蓄,罕见的资料亦多复制或影印,公开流通。从保藏方面说,许多当时的禁书因此得以保存。从研究的观点而论,有许多不见于中国的资料反而在西方得以完整的收藏。

在编排方面,书籍的分类主要是采用《国会图书馆分类法》,过去采用《哈佛燕京汉和图书分类法》的图书馆已都改用国会法。这些书一般都和西文书库分开排架,或将各种东亚语文资料混合排列,或再按其中不同的语文分别排列。编目方法自1958年以来,已加以统一规定。一般都采用国会图书馆编印的卡片,上面附有著者和书名的罗马字拼音,作为排列顺序之用。主题用英文标题混合或单独排列,但也有少数图书馆按主题分类序列,和东方传统式的目录相近似。近年来所有图书馆的作业已全部自动化,采用电脑使所有图书的资料数字化。

目前在东亚图书馆工作的人员约在500人左右。其中1/3是专业职位,即取得美国图书馆学专业学位并精通一种或数种东亚语文和学科的人员;其他为助理职位,即对语文有专长而无图书馆专业训练的人员。专业职位录用较严,必须公开征求,经过严格甄别和专家的推介,才能入选。自1960年以来,因为东亚图书馆的急速扩充,导致这方面专业人员的缺乏。芝加哥大学图书馆学研究院曾在1965年特别召开会议,检讨有关区域研究和图书馆所面临的各种问题。同时和该校远东语言文化系合作开设特别训练这种专业人才所需要的课程,至今已有30多人取得这种专业的硕士和博士学位。另由美国联邦政府在1969年资助该校举办了一次六个星期的暑期训练班,给予在职馆员以补习这种专业课程的机会。目前的专业人员需求已没有60年代那样紧张,但每年仍有若干缺额待补。

总的说来,美洲和海外东亚图书馆有许多问题和中国图书馆界所面临的各种问题大致相同。尤其是采编技术的改进、参考工具书的编制、专业人员的训练、馆际合作的加强,以及汉字对计算机的应用和业务操作的自动化等等问题。主要的目的在增进工作效率,避免程序重复,扩充服务范围和便利读者的阅读和研究,以及对图书纸质的保存。这些乃是国内外从事图书馆工作人员共同关切的问题,也是可以相互学习和讨论的重要课题。

2005年5月修订。数字根据2004年6月底止的调查;
见 Journal of East Asian Libraries, No.135, February, 2005。

美国国会图书馆东方部阅览室

哈佛燕京图书馆阅览室

原在加拿大的葛思德东方文库(1926年)

芝加哥大学东亚图书馆阅览室

洛杉矶加州大学东亚图书馆阅览室

美国东亚图书馆员的专业教育

本文为1971年在澳洲堪培拉举行的第28届国际东方学会议图书馆组所提供之报告,收入澳洲国立图书馆编印的《东方图书馆界的国际合作》(*International Cooperation in Oriental Librarianship*, Canberra: National Library of Australia, 1972) 书中。内容为记述过去和现在如何培训在东亚馆工作的人员,以及芝加哥大学图书馆学研究院所开设的东亚图书馆学专业课程。附录该校1969年举办的暑期讲习班概况及参加人员名录。

近年来,为了配合东方研究的发展,西方国家的若干图书馆从事大规模而有系统的搜集东亚语文资料,因此产生了图书馆管理人员的专业训练问题。根据最近一次有关东亚图书资料的调查,西方国家藏有中文、日文、韩文、满文、蒙文、藏文及其他东亚语文书籍的图书馆,大小约在100所以上,其中至少有70所在美洲,30所在欧洲及苏联,澳洲亦有五、六所。即以北美洲的70所而言,在1969/70学年结束时,藏书总量为540万册;在过去数年间,每年递增约30万册[注1]。从20世纪30年代开始,东亚资料的成长率约每十年增加一倍。1959/60年以后,由于各大学及其他学术机构扩充亚洲等地之区域研究,图书馆的发展尤为迅速。这使得60年代新增加的东亚语文图书等于前此一百年间积累的总和,而在此时期新成立的馆数亦几和前此所建立的馆数相等。

1960年代东亚图书馆的扩充,亟需受训练的图书馆人员从事管理。当时许多专业性位置一直悬缺,或仅以训练不足的人员填充。由于人手缺乏,许多东亚图书馆创办时甚为草率,而各馆堆积待编之书共达100万册以上。管理这些图书的人员,若仅有一般图书馆学训练,或东亚语文基础,通常工作并不能令人满意。图书馆行政主管、图书馆学教授以及一些专业团体立刻注意到这个严重问题。为此亚洲研究学会在1964年曾委托作者进行一项调查,考察东亚图书馆人员的需求,并提出训练计划[注2]。芝加哥大学图书馆学研究院第30届年会(1965年)亦以此为主题[注3],由作者主持讨论区域研究的扩充对大学及研究图书馆所产生的影响,特别着眼于区域研究图书馆人员训练。从这时候开始,曾进行过若干实验性的训练计划。不过,这些计划的持续和改进,还有待更大的努力。

本文拟研讨下列几个主要问题:(1)东亚图书馆人员如何聘用及训练?(2)这些人员需要什么资历?(3)训练计划应如何最有效地设计?

一、东亚研究的图书馆工作

在西方的图书馆界,对于区域研究的图书馆人员,一直缺乏正式训练。直到最近,区域研究飞跃进展使这方面的专业图书馆人员需求大增,过往忽略的情况才渐有改观。在此以前,大学或研究图书馆中的东亚书藏通常仅为一人部门,由一位教授或学者主管,另找一些学生或职员作为助理。这些学者各有一套排架和编目系统。他们注重图书本身的考究多于图书的管理,所编的书目、叙录、报告、工具书等,很多具有学术价值。例如柯迪尔(Henri Cordier)、小翟理斯(Lionel Giles)和劳福(Berthold Laufer)的撰述就是依循欧洲和东方传统,注重版本目录,成为学者式图书馆工作的最佳典范。

在1920年代后期和1930年代,这些中日文图书馆开始使用卡片目录,另方面又采取新的分类法和编目规则,以求更为接近西方图书馆系统。亚洲籍的学者,尤其是学验丰富的中国学者,被邀请到美国,以交换计划或半工半读的方式为美国的图书馆编排东亚语文图书。裘开明博士编制的哈佛燕京学社《汉和图书分类法》和编目规格曾经流行一时。但在1958年以后,所有的东亚图书馆都改用美国国会图书馆分类法,并采用美国图书馆协会和美国国会图书馆共同编订的编目规则。在这时期,东亚图书馆人员大部分为亚洲地区留美或留欧图书馆学毕业生。他们管理中日文图书的专业技术都是在投入工作之后才学习汲取的。在这种情况之下,图书馆程序方面的技术经验多于东亚研究方面的学术知识;而行政方面,亦从一个学系的附设部门,逐渐转移到从属于整个图书馆系统之中。

在目前,57所美国的东亚图书馆雇用了411位全职的工作人员,负责行政、采访、编目、流通和保藏等工作。这些人员当中,一半以上是专业性职位,多数来自图书馆学系,少数来自东亚研究学系,更少数兼备两种训练。另一半为准备专业性或助理性质的职位,以支援图书加工和其他馆中日常作业。过去数年,美国东亚图书馆界每年增添专业人员为数约30至70人。因此,上述400多人员,大部分为近年所聘用。1964年一次调查显示,在160位专业人员当中,曾受图书馆学训练者占35%,曾受东亚研究训练者仅占8%,加起来不够一半,故此无论专业技能或学术专长都未达理想的标准。而且具有图书馆学位的人员多以西方语文或社会科学为其大学本科主修学系,甚少具有东亚语文和历史的基础,而后者正是东亚图书馆工作人员的理想人选。

欧洲和澳洲地区的东亚图书馆,尚无美国方面急遽增长的现象[注4]。除了少数超过十万册的图书馆以外,他们多为中型,每年采购几千册,雇用两三位中国研究或日本研究的学者为管理人员。当然这些图书馆亦需要增加受过训练的编目员和采访人员,但为数很少,需求量远不如美国之多。

一般而言,东亚图书馆可以分为三类,各需要不同性质的人员:(1)小型而专门的文库,附设于博物馆或研究中心,每年采购几百册,仅需一二位具有语言能力和专门知识的专家。(2)中型书藏,通常雇用两三位专业人员,作为主管兼采访、编目,辅以几位部分时间的助理。(3)大型而较具规模之图书馆常有十位人员以上,多至四五十人,分工负责选书、采购、著录、编目、分类、标题、参考、流通、期刊或主管一种专门学科。由于类型不同,因此有些图书馆需要具有全面知识和多种语言能力的人员;另一些则需要专门知识或对某种语言或学科较为精深的人员。在任何情况之下,一位专业人员的基本条件,当包括下列几项:(1)该地区的语言文化具有相当认识;(2)对现代图书馆系统具有基本知识;(3)对东方图书目录学具有特别专长。东亚图书馆的人员倘能兼备这三方面的基本条件,在处理日常工作时,当会在大体上和细节上都能胜任愉快。

二、东亚图书馆工作的必备条件

任何区域研究的图书工作,语文训练是最关键的资格。因此在东亚研究方面,能够读通中、日、韩等语文的旧书新籍,乃是最首要的条件。语文知识越广,了解越多,便越有把握处理这类资料。于是产生一个连带问题,就是:东亚图书馆工作需要多少年的语文训练?在一般东亚语文系,中、日文课程需时三四年才可达到高级阶段。在这阶段的西方学生,其中、日文程度实际等于研读一年的西方语文。问题症结所在是语文的学位对语文训练要求有限,和图书馆工作培养语文能力需要较为高深的过程相比,这中间存在一个颇大的差距。

举例而言,东亚研究硕士学位需要不过两年的语文训练,博士学位亦不过四五年。具有两年至四年语文训练的东亚研究生通常可以执教。等而同之,以中、日文为副修的图书馆系学生所需语文训练不应该超出这些年数。但在实际工作上,中、日语文程度可执教的学生未必能够胜任中日文图书馆工作。原因在于:一位教员可将过往所学重新搬来教室加以运用,而一位图书馆员却需要处理以千百计从未碰过的图书。一位研究东亚历史或政治学的学者可以对本门学科或专攻某一时代的重要资料了如指掌,但在这范围以外,他可能未加涉猎。图书馆员则不然,他不能自囿于一种学科或一个时代。由此观之,一位学者需要的语文训练实比一位图书馆员所需为少,而却在学术机构中取得席丰履厚的教学工作。当然,东亚图书馆工作的语文要求视职务而有不同;但在任何情况之下,东亚图书馆中一个专业职位,即使有四年的语文训练,大多还是不能应付他的日常工作。

东亚图书馆通常隶属于一个较大的图书馆机构,作为一个部门而存在。因此这部门的工作人员便需要具有对一般图书馆系统的知识。虽然实践上有不少差异,但特殊部门的业务必须能够顺应所处的组织系统,依随相近的工作程序,尤须与系统中各部门紧密联络互相呼应。基于此故,东亚图书馆员不能缺乏一般图书馆学的知识,否则其作业便缺乏效果。这些知识不但使一个特殊部门在现有组织之下办理成功,更可进一步使这个部门的人员运用图书馆学原理改进所处的组织系统。以上的条件,好比一位研究东亚政治或经济的学者,运用政治经济学的一般学理于东亚方面之教学和研究,更可再进一步,从一般学理与区域研究的融会贯通,悟出新学理,以改进政治学或经济学本身的理论。总之,一般图书馆学原理和实践的掌握,可使图书馆特殊部门的工作者,在整个图书馆系统的大范畴内得心应手,运用自如。

语言文化的专门学问加上图书馆学的一般知识,还未具备东亚图书馆人员的足够条件。图书馆学位不过是一张踏进图书馆工作的许可证,而取得这个学位所经过的各种训练不外是一般基础学科。当一位东亚图书馆工作人员实际参与各项工作时,他会发觉要解决一些学术上的专门问题,需要很多特殊知识,例如书史、书业、印刷、出版、著录、索引、书目和工具书等。特别是在一个庞大的研究图书馆中,馆员常常需要解答有关目录、版本、校勘以及关于图书馆的各种内在外在问题。在这些问题上的无知或浅见,时常引致学术圈内对图书馆员的轻蔑。因此东亚图书馆学作为一门学问,不单要融合远东研究和图书馆学,还要在两者之外有更深的专精研究。东方的图书馆工作传统,不仅要学习图书馆采编、流通等专门知识,以及管理等技术业务,而更应注重研究图书本身的演变、目录沿革、学术源流等,正是不为无故的。

三、现有的训练计划

东亚图书馆的人员制度,在过去及现在都是聘用具有语文能力的从业员,在工作中边做边学,由富有经验的馆员加以指导。这种近乎学徒制度，不但无从解决专业人员的大量需求，更不能应用于本身缺乏资深馆员的新设小型图书馆。由于学养有素的馆员普遍缺乏，即使较大规模东亚图书馆亦无足够的时间和人力提供个别的工作指导。为了应付这种资深人员缺乏的情况，以及补救现行制度之不足，各种训练计划曾先后在各大学的图书馆学系试行。

由于东西文化中心的支持，夏威夷大学图书馆学院在1968年设立亚洲图书馆学特别课程（Special Program in Asian Librarianship），这个课程对来自亚洲各国的学生给予训练，使他们回到本国领导图书馆的发展。基本科目包括全体学生必修的核心科目，然后各自按其需要选修一些专门科目，如亚洲研究工具书、亚洲图书资料管理、亚洲图书馆行政等。这个课程的设立，主要为训练亚洲地区图书馆员回到原居地服务，因此其目标与着重点有异于西方国家的亚洲研究图书馆工作。

从1964年开始，芝加哥大学图书馆学研究院和远东语言文化系合办一个远东图书馆学共同课程（Joint Program in Far Eastern Librarianship），以训练西方国家的东亚图书馆工作人员，学生可以修读硕士及博士学位。在这个课程中的学生可以在图书馆学基本专业训练之外，专注于培养中日语言、文化和书志学的研究能力。他们由图书馆学院和远东语言文化系教授共同指导。具有学士学位加上两年中、日文基础的学生，可于两年修毕课程、缴交论文之后获得硕士学位，至于博士学位课程，则由其导师按个别需要为其安排。自1964年开始，先后已有20余人取得这种联合的硕士学位，8人取得或即将修毕博士学位。

其实，有若干大学也曾设立类似的课程。某些大学的图书馆系准许甚至鼓励学生用他系的语言和文化科目代替图书馆系的选修课程,作为全部课程必修的一部分。但一般而言,他们缺乏正式的系际合作与管理。而且,远东图书馆学及目录学等专门学科,除夏威夷大学及芝加哥大学外,通常都没有开设。

由于在共同课程下的学生,至少需时两年获取硕士学位,四五年获取博士学位,旷日持久,没有充足的经费是难以为功的。充足经费用以吸收优秀学生、提供优良师资及设备。单从经济立场而言,短期的暑期课程无疑有其优越之处,可以辅助长期性的学位课程。目前东亚图书馆人员中,有不少资历略欠周全,通常没有兼备图书馆及东亚研究的双重训练,而一个暑期课程可以按他们的需要,提供补充的训练。六至十个星期的加速训练,可以包含东亚书史、出版业、图书馆行政、组织、采购、编目、书目、工具书等各方面专业知识的讲授。

通过美国联邦政府教育部的资助,有两个这样的短期课程曾经试办。继威斯康辛大学举办为期两周的东亚目录业务课程(Program on East Asian Bibliographical Services)之后,芝加哥大学于 1969 年夏举办了为期六周的远东图书馆人员讲习班(Institute for Far Eastern Librarianship)。威斯康辛的课程包括一系列演讲,其中涉及中日文图书之选择、采访、编目和书目等工作。芝加哥的课程较为广泛、充实而有系统,其中包括三个主要科目,分别讲授中、日文图书的历史、图书管理以及参考书概要。每个科目为时两周,每周上课 5 天,共有 20 小时的讲课和讨论。一个科目包含 10 个专题,因此每个专题上课两小时,外加指定阅读、分派实习和共同研究。每一个科目的比重相等于三分之二个学季的课程,或半个学期的课程。倘若这个暑期训练班能够延长到 8 至 10 个星期的整个暑季,当可包括更多的门类和科目。这一期的暑期班共有

31人参加，内中文组20人，日文组11人，男17人，女14人，代表来自15州的26所大学（见附录一、二）。以后因联邦政府的政策改变，该讲习班就未再继续。

四、对专业教育的建议

东亚图书馆学训练课程，应包括下列三大类科目：（一）一般图书馆学之核心科目；（二）东亚地区语言文化科目；（三）东亚图书馆学专门科目。

由于这个课程是属于图书馆学系课程的一部分，图书馆学系的基本科目是必修的。这些基本科目有时按照图书馆工作程序分为行政、采访、分类、编目、书目及参考工作，或者按照现代知识主要部类划分为人文科学、社会科学、自然科学、技术科学等几大部门，在其中将图书馆技术知识编织在这些基本学术的部门之内。

至于语言文化科目，则不属于图书馆系范畴。正如芝加哥大学图书馆学院文格教授（Professor Howard W. Winger）所说："图书馆系的学生在系内学习图书馆科目，而在别系学习语言及其他学科。图书馆系虽然一般备有若干选修专门科目，以供学生选择，但是不可能提供2至4年的语言训练给予硕士班。"语言训练诚然不可能在图书馆系提供，但可作为这个特别课程录取学生时之先备条件。这正好是图书馆系与他系（例如东亚系）合作的一个理论根据。

在这样一个共同课程内，最重要的科目是有关东亚图书馆的专门知识，诸如书史、出版业、书藏、分类、编目、书目以及参考书等，内容都与一般图书馆学的类似科目全然不同。这些知识是一位东亚图书馆从业员随时需要应用的，为求准备好这些知识，这个共同课程的

第三部分(最困难的部分)应由下列三种科目组成：

(一)东亚图书学——包括图书的历史与现况、印刷、出版、书业、图书馆的历史与现况、资料分布、东亚研究的设备及趋势。1969年参加芝加哥暑期讲习班的专业人员当中，只有小部分对中国和日本书史及图书馆史略有认识。这些版本目录等传统学科其实是一种基本的知识，应当作为以下课程的先修科目。

(二)东亚图书馆管理系统——包括行政原理、组织方法、选择、采访、编目、分类、拼音、索引、装订、保藏以及自动化问题等。其他有关问题例如：行政上的隶属或独立？应由何人主管和操作？目录如何编排？使用书本、卡片或他种目录？诸如此类的理论和实际知识都有助于专业人员对东亚图书馆的体制作出明智决定。对各种制度的优劣缺乏认识时，唯有从失败中学习，以致虚耗时间与物力。如有好几所东亚图书馆在编好数以万计的图书后，决定更改分类法或排列法，这正好证明由于主管人员缺乏适当的知识与了解而引致错误的开端。

(三)东亚参考书概论——此科可以按照语文再分为中文、日文等不同部分，以一般、专门、分科等角度研讨各类参考工具的评价与运用。这些知识不仅为参考部门工作人员应答问题时所必需，即采访员、编目员在选书和编书时，都是不可缺少的知识。1969年芝大暑期班曾经编印中日文参考书目各一册，每册包括参考书约1000种，其中只有甚少部分为参加者所熟习。这个书目内至少有100种是最基本的工具书，为每一位东亚图书馆人员必须充分掌握并彻底熟悉，方能解答各种问题。

然而，开设这些极其专门的科目存在不少困难。首先，多数的图书馆学系未能接受这些科目为选修课程的一部分；其次，教员难觅、经费短缺与设备不足等因素都使这些科目的教学难以成功。若仅开设一个概论性的科目，无论在深度或广度的方面，都嫌不足。况且，专长一科语文的讲师对另一种语文未必能够应付。倘若由一人负起全责讲授整个东亚地区图书馆学，其结果纵或不致肤浅，亦必难免疏略。因此，这个共同课程若要真正有用，进一步按语文再加细分是必要的，而且需要不止一位专门讲员。除非请到一位真正通晓多种语言并博通多种学问的讲员，但这种可能是很小的。

对于训练东亚图书馆从业人员，这三种科目都属必需，不论是短期或长期的学位课程。倘若短期、长期两种课程不能兼顾，则最妥善的安排是浓缩为暑期课程，安插于图书馆系正规课程之中。原因不单只在暑期较易从各处征聘讲师，而且亦能够从各大学吸收学生参加暑期班。对于一种极其专门的训练计划，这种集中教学与校际合作的安排不但合乎经济，而且本于情理，是切实可行和值得提倡的。

在过去十年中，区域研究的科目加入了人文和社会科学领域的许多课程之中，为美国高等教育带来很重要的改革和发展。亚洲研究加入在图书馆学系课程之中，当亦有同样的效果。东亚图书馆学的教学与研究不但提高这个专业本身的水准与素质，更加扩大了西方图书馆教育的领域。正如芝加哥大学图书馆学研究院前院长艾士衡博士（Dr. Lester Asheim）所说：

> 教育界已经认识到西方只是整个世界的一部分，而基础于东方文化的通才教育和基础于西方文化的通才教育同样是普通教育的形式。基于此故，理想中普通教育的概念应开始适应这个趋势。我们还在紧抱着一种旧式教育制度：以西方文化混充世界文化而集中于一隅来作教学研究。上述新概念的产生将有助于推进东方研究，学习我们向来忽略的东方文化，而且架起东

西文化课程的桥梁——增进交流、互相学习,使更多的比较研究、更广泛的文化教育成为可能[注4]。

这一段评语可作为一般西方图书馆学系负责人对这一问题的初步了解,承认传统的图书馆教育偏重于西方文化是不够全面的,但是由于一般图书馆学系增加东亚方面的专业课程,除了少数几所学校,在实际的执行上仍是相当困难的。

潘铭燊译
译载《中国图书馆学会会报》
第 35 期(1983 年 12 月)

附　注

1. 根据 1970 年 6 月底的调查,详细报告见《亚洲研究学会通讯》第 16 卷第 2 期(1971 年 2 月);1975 年调查见钱存训著《美国图书馆中东亚藏书现况》(*East Asian Collections in American Libraries*. Washington, D. C. , 1975);1980 年调查见钱存训著《美洲东亚图书馆的沿革和发展》("Trends in Collection Building for East Asian Studies in American Libraries," *College and Research Libraries* (September, 1979);译文见本书"美洲东亚图书馆的沿革和发展")。据 2004 年 6 月底的调查,美国东亚馆的藏书已增至 1500 万册,每年新增约 30 万册。
2. 钱存训:"美国东亚图书馆现状和人事需要调查"(*Present Status and Personnel Needs of Far Eastern Collections in America*. Washington, D. C. , 1964)。
3. 见钱存训、温格合编:《区域研究与图书馆》(*Area Studies and the Library*, University of Chicago Press, 1966);又见 *Library Quarterly*, Vol. 35, no. 2 (Oct. 1965)。
4. Lester Asheim, "Education for Librarianship", 1967 年 7 月 23 日在芝大暑期讲习班讲稿。

附录一
芝加哥大学图书馆学研究院
远东图书馆学讲习班简报

芝加哥大学图书馆学研究院于1969年6月23日至8月1日特别举办为期六星期的远东图书馆学暑期讲习班,以适应美国图书馆中管理东亚语文资料专业人员的需要。讲习班由美国亚洲研究学会及其所属东亚图书馆委员会赞助,美国联邦政府教育部在HEA法案第二B项下拨款51750美元予以补助。在申请入学的81人中录取31人,计中文班20人,日文班11人;内男17人,女14人,代表美国15州26所大学的工作人员,接受六星期的集中专业训练。教职员中有专题讲师6人、特邀讲师6人、教学助理4人、主任及副主任各1人,以及芝大图书馆学院、图书馆、远东研究中心等单位的人员参与协助。

讲习班分中文及日文两组,每组开设课程三门:(一)图书资源(著作、出版、发行、书业、各东亚图书馆藏概况,东亚研究趋势)。(二)图书馆系统(行政、组织、选择、采购、分类、编目、拼音、索引、自动化)。(三)参考资料(目录、工具书、原始文献、研究方法)。每一课程包括10个专题,为期2周,每周上课20小时,即周一至周五每日4小时集中讲授,另有指定课外阅读,报告和习题。每班3门集中课程等于平时两个学季(每学季11周)的学分。另有编制的6种专题讲义及参考资料约400页,分发予参加的人员。

除课室的专题讲授外,另有每周一次共六次的"美国东亚研究与图书馆发展趋势"系列公开演讲,于每星期三晚间举行,由各大学专业教授及图书馆负责人担任讲员。演讲后并放映有关电影,每周末则参观博物馆、图书馆、大学,或有晚会、野餐等课外及社交活动。

讲课完毕后曾分发一项问卷,征集参加人员的意见。一般反映都很满意,答案中谓有四分之三的课程内容为参加人员在过去工作中所从未接触过的资讯,虽然各人的图书馆经验和背景不同,但每人都在某一专题方面获得一些过去所不了解的知识。对暑期班的组织和管理、教员的专业知识、课程的质量,尤其所编印的讲义及其他资料,都给予高度的评价。这一讲习班本拟继续办理,但因政府预算紧缩,原定在次年举办的第二期未能实现。

节译自1969年10月1日英文报告

附录二
芝加哥大学图书馆学研究院
远东图书馆学讲习班参加人员名录
（1969 年 6 月 23 至 8 月 10 日）

中文组：

张伯渊	（密歇根大学）
程高登招	（密歇根大学）
周遂宁	（柏克莱加州大学）
朱士蘋	（芝加哥大学）
黄安生	（教会研究图书馆）
黄曾三	（北伊利诺伊州立大学）
洪陈博文	（威斯康辛大学）
廖孝仁	（杨百翰大学）
罗徐里安	（佛罗里达大学）
马敬鹏	（罗格斯大学）
沙玉芙	（哥伦比亚大学）
舒纪维	（密歇根州立大学）
宋楚瑜	（华盛顿中文研究资料中心）
戴豪兴	（圣巴巴拉加州大学）
汪爱地	（哥伦比亚大学）
王梓瑞	（圣荷西州立大学）
王张良蕙	（伊利诺伊州立大学）
王自扬	（弗吉尼亚州立大学）

杨靳淑怡　　　　（斯坦福大学）
严志洪　　　　　（西东大学）
日文组：
青山佐知也　　　（圣克鲁兹加州大学）
崔顺福　　　　　（明尼苏达大学）
藤田龙子　　　　（芝加哥大学）
林翠　　　　　　（宾夕法尼亚大学）
李基媛　　　　　（乔治城大学）
南宫卿顺　　　　（科罗拉多大学）
竹野美柳子　　　（奥勒冈大学）
蔡汝展　　　　　（华盛顿大学）
王仁源　　　　　（匹兹堡大学）
山田贤二郎　　　（西瓦西大学）
汉那宪治　　　　（北伊利诺伊州立大学）
讲师：
裘开明　　　　　（香港中文大学）
万维英　　　　　（耶鲁大学）
吴光清　　　　　（美国国会图书馆）
约翰·森田　　　（芝加哥大学）
华伦·常石　　　（美国国会图书馆）
铃木久雄　　　　（密歇根大学）
特邀讲师：
麦克伦　　　　　（Edwin McClellan，芝加哥大学）
麦克力夫　　　　（Philp McNiff，波士顿公共图书馆）
吴文津　　　　　（哈佛大学）

艾西汉　　　　　（Lester Asheim,美国图书馆协会）
毕尔　　　　　　（Edwin G. Beal,Jr.,美国国会图书馆）
佛斯勒　　　　　（Herman H. Fussler,芝加哥大学）
助教：
康馨、黎宗慕、钟士(Adrian Jones)、席金斯(Jack Siggins)
主任：
钱存训　　　　　（芝加哥大学）
副主任：
温格　　　　　　（Howard W. Winger,芝加哥大学）

芝加哥大学远东图书馆学讲习班参加人员合影

芝加哥大学远东图书馆学讲习班课堂讨论

芝加哥大学远东图书馆札记

芝加哥大学远东图书馆于 1936 年成立,10 多年来迄无专人照管。作者于 1947 年秋季应邀来此整理存书,同时在图书馆学研究院进修。1949 年起任远东馆主管兼东方系讲师。其后升任为远东语言文化系和图书馆学研究院教授兼远东图书馆馆长,直至 1978 年退休。其间对远东馆的经营和扩展,亲身经历,煞费苦心,使芝大远东馆的藏书跃升为美国大学东亚馆的前列,并有多种特藏为他馆所未备。爰将远东馆的前期历史、特藏以及 30 多年中所经历的甘苦,就记忆所及,加以追述,留存纪念兼供读者参考。

一、建馆小史

芝加哥大学远东图书馆,现改称东亚图书馆,是 1936 年设立,主要为配合当时中文教学的需要,开始搜集四部典籍和一般工具书以供教学和研究之用。因为创办人顾立雅(H. G. Creel)教授偏重中国古代史的研究,因此古典方面尤其经部的收藏特别丰富。其他如方志、家谱、考古、丛书、类书以及全套学术期刊,也多搜罗完备。由于洛氏基金会(Rockefeller Foundation)的资助,最初采购的图书每年平均将近 1000 种,约有 5000 至 1 万册,大部皆为古籍。1945 年又购入芝加哥纽百莱图书馆(Newberry Library)原藏中、日、满、蒙、藏文图书约 2 万余册,使代表东亚语文的各类图书大致全备。当作者在 1947 年底到达芝加哥时,远东馆的中文和其他藏书共计约 7 万册。

购自纽百莱图书馆的藏书,原为德籍汉学家劳福(Berthold Laufer)博士于清末为芝加哥三所图书馆自中国和日本所购藏的东亚语文图书之一部。当时他将购得的科技类归约翰·克雷尔图书馆(John Crerar Library),[注1]后由国会图书馆购藏;金石、考古类图书约 5000 册和拓片约 2000 件,归芝加哥菲尔德自然科学博物馆(Field Museum of Natural History),至今仍由该馆收藏,并编印拓片目录一册;[注2]人文学科类则归纽百莱图书馆,[注3]现存芝加哥大学。这是美国图书馆有系统大量购藏东亚语文图书最早的一批,但当时各馆都无专人照管,也少有人利用,因此除富地博物馆外,其他两处存书,不久就转售他馆。

芝大中文藏书的最初部分,主要是 1936 年至第二次世界大战前后在北平委托北平图书馆顾子刚先生用大同书店的名义所代办,[注4]大部分是根据《北平人文科学研究所藏书目录》有系统地采购,因此选择严谨,除供学生使用的课本和参考书外,很少重复。其中不少皆系私家旧藏,纸墨精良,每册皆有衬页及线订重装,外加蓝布书套,上贴手写宋体字的虎皮纸书签,可以在书架站立,十分精致而整洁(第 172 页上图)。因为当时国内货币与外币兑换极低,一般清刊本每册平均不足美元 10 分,这样低廉的价格一直到 1950 年代末期仍然如此。甚至 1960 年代我在台湾、香港和日本等地所购的明刊本,平均也不过每册 2 至 4 美元。当时虽采访不易,但仍可从各种渠道取得若干新旧图书。

根据1974—1975年的调查,在我退休前三年,芝大远东馆的藏书总数已达30万册,中文占三分之二;最近的统计全部藏书共约60万册,中文约40万册,和当年的语文比例大致相同。[注5]如从1947年我到馆时原藏的7万册开始计算,以后30年中由我经手采购的图书较原藏增加了4倍;从我退休后的最近30年,经由继任的主管郑炯文、马泰来和周原博士等的陆续搜求,又翻了一番。和其他美国主要大学的东亚馆相较,芝大建馆比哈佛、耶鲁、哥伦比亚和柏克莱加州大学等校都较晚,但从1960年代以来,经过多方努力,就中文藏书的数量而言,已可名列美国大学东亚馆的前五名,且有许多资料为他馆所未收藏,值得重视。

二、善本与特藏

芝加哥最初的收藏以经部最为突出,不仅数量最多,更有不少孤本,为世间所仅见。其中如明万历刊本《尚书撰一》、《新刊礼经搜义》、明崇祯刊本《尚书集解》、《阎红螺说礼》、清初刊本《四礼初稿》、均为世所罕见。1960—1970年代台湾故宫昌彼得先生和上海图书馆沈津先生曾先后来馆鉴定并写作提要。[注6]据沈津先生估计:当时经部的周易类有91种、尚书类80种、毛诗类109种、周礼类113种、春秋类102种、孝经类16种、四书类297种;在他所选的32种善本中有11种为《四库全书总目》所未收,也有多种为台湾及大陆所未藏。[注7]其他如所藏地方志,虽数量不及国会图书馆和哈佛,但可排名第三,且有数省收藏特别丰富,为他馆所不及。[注8]所藏家谱,数量不及哥伦比亚和国会,也可排名第三。[注9]至于所藏善本虽数量不多,但其中有一些为传世孤本。

芝大所藏善本有元、明刊本、稿本约500多种,15000余册;清初迄乾隆刊本约500种,7000余册。其中《唐柳宗元集》12册,劳福的书目认为是宋刊本,但经作者鉴定为元刊,与《四部丛刊》所收元刊本相同。又明版《大藏经》全套及明嘉靖刊本《杭双溪先生诗集》亦原为劳福所购,最为稀见。这部大藏通称《北藏》,6361卷、7920册、792函,为明永乐、正统间内府所刻,万历年间续修,每册经摺装均用黄色绫绢作为封面,现今全套国内少见。至于明《杭淮诗集》为内阁旧藏,书前有满汉文翰林院印,书内有朱批及粘贴纸条,卷末有朱彝尊手题:"康熙辛巳九月十九日竹垞老人读一过,选入《诗综》一十四首。"可知此本为《明诗综》的底本,与四库著录相同。另有明万历金陵唐氏刻本《楚辞章句》、明天启原刊本《武备志》、明崇祯刊本《舆图备考》等,亦极为希见。

其他有李玄伯旧藏明刊本、稿本及写本多种约200余册,系1960年代李氏过世后,由其家属转让,经过选择去除馆中已有的复本未收。其中清嘉庆邓显鹤《沅湘耆旧集续编》65册、清光绪进士文廷式《知过轩随录》5册,均系未刊手稿本;又清工部尚书潘祖荫致吏部尚书李鸿藻(李玄伯祖父)的手札528件、梁鼎芬《节庵先生电稿》201通、《赵烈文书稿》以及翁同龢《松禅老人诗册》等手迹,都至为名贵。此外有为本馆特制的影印本日本内阁大库所藏善本方志、文集等500册,以及北平图书馆善本胶卷1070卷,均为重要的研究资料。

至于一些与早期书史和印刷史有关的实物,是作者所搜集供教学及研究参考之用。如封泥十方十一印系1968年访问欧洲时在巴黎一友人处情商割让所得;[注10] 汉代木简是托昌彼得先生请人仿制现存台湾中央研究院的《居延兵器册》;五代后周显德三年(956年)刻本《宝匧印陀罗尼经》一卷系自香港以20美元购得,据称原为康有为旧藏；敦煌唐写本《妙法莲华经》3卷（第172页下图）是请董作宾先生在台湾以100美元代购，[注11]因为古物不能出口，他特别托人辗转带来芝加哥，至今木匣内尚留存一件董先生手书的红签条，作为送我的寿礼。又有宋元刊本散页、大明宝钞、清咸丰票据、《红楼梦》雕版等印刷样品，为图书馆学院卜特勒（Pierce Butler）教授原藏，在他退休时，由馆中以5美元购存。另有光绪年间所印《北京女报》39份，为中国唯一由女子出版的日刊，存世甚少。这是柯睿格（Edward Kracke）教授在他的家乡私人车房拍卖中以美金5元购得，转赠馆藏。这些稀世之宝都各有来历，特略述采访经过，留存记念。

此外，还有当年作者在国内所收集的一些抗战时期的纪念品，其中包括日本占领上海时期的布告、传单、标语、招贴、地图、军旗、纸币、身份证、配给票、地下报纸和上海日本宪兵监视外侨的档案等文件，也都赠送给馆中收藏。[注12]另外还有1947—1948年间北京和天津学生团体游行和示威的传单等宣传品，陕甘宁边区的文件、纸币、邮票以及毛泽东纪念章等杂物，都是现在难见的资料。

三、采访与禁运

芝大远东馆的最初藏书原以古籍为主，不仅没有毛泽东的作品，孙中山的三民主义也未收藏。因顾先生专治古代史，他认为现代的文艺作品和社会科学一类著作，大都是垃圾，没有收藏价值。但自第二次世界大战以来，尤其新中国成立以后，美国大学的中文教学和对中国的研究范围已从传统的语文、历史、哲学扩充到现代的政治、经济、社会、法律等社会科学以及其他部门。虽然顾先生的意见应该尊重，但作为一个图书馆的主管人，不能不顾及其他部门的教学和研究趋势，供应全校各系师生及一般读者的需要。特别是从1958年度开始，图书馆获得联邦政府、福特基金会及芝大校方的特别补助，因此得以大量购置新书。除补充古典著作外，更大批采购全套期刊[注13]、公报，地方文献以及1920年代以来出版的社会科学和新文艺作品。譬如全份《东方杂志》（第1至44卷，1904—1948年）便是在新中国成立后不久，从上海来薰阁书店抢购所得。至于1949年以来大陆出版的各种书刊，除了和北京图书馆建立交换关系外，还通过香港、日本和欧洲采购，所藏大都是全套。

可是从1950年代开始，因朝鲜战争以及麦卡锡主义的挑战，不仅和中国往来是通敌行为，即使采购中国出版品亦属违禁。阅读大陆出版书报亦多受到监视。当时美国和中国大陆的往来完全断绝，大部分的大陆刊物皆从香港和日本间接订购。记得当年由香港寄来的书刊，包内有《新华月报》和《人民画报》一类刊物，被邮局扣留，因邮局人员不识中文，将邮包送到芝大校长办公室请求代为翻译和说明各书内容。校长室也无人通晓中文，因此送到远东图书馆代为处理。我一见之下，发现这些资料竟是我向香港所订购的大陆书刊，遂立刻由顾立雅教授致函邮局抗议，说明这些图书为本校远东图书馆所采购，即使认为是宣传品，对于研究亦有极大关系。自此以后，凡芝大从各处所订购的书报，即一律放行，不再扣留。

因为当时美国对华禁运，和中国往来的渠道完全封锁，由美汇款到大陆必须经过财政部批准而且限制数额。因此在1950年代中期，每年向大陆购书金额不能超过1万美元，其后增至3万美元。虽然申请手续繁琐，但仍能克服各种困难，收集到重要书刊。如芝大所藏《新华月报》，自创刊起至今保存全份，为美国各图书馆所未备，后经影印为他馆所收藏。当时另有一种特殊困难，为美国联邦调查局

(FBI)和台方特务监视读者,他们雇人察看读者所读的报纸、杂志和所借阅的图书,向当局打小报告,不仅使校中一些关心国事的学生受到惊扰,即使主管人亦受到警告。当时中国留美的学生大都来自台湾和香港,同学间常因对国事的意见不同而在馆中辩论,有时吵闹以致殴斗,告到学校当局,使主管人感到应付十分不易。

自1960年代后期,美国恢复与大陆往来,但图书交流还是没有畅通,主要是许多重要资料,大陆禁止出口。不仅民国以前的线装书籍无法购到,即使要求复印胶卷,亦无法取得。我因为是北图旧人,最初和北图国际交换处取得联系,以芝大出版社出版的多种学术期刊和国内建立交换关系。虽然总馆规定国际交换以美元定价和外国书刊同等定价作为交换标准,但因中国国内书价折合美元后太低,难以和美国书刊的定价作为比例。因此,我建议总馆不按定价而以种数作为交换单位,经获得同意,从此一直按照这一规定进行,直至今日。甚至"文革"时期,国内的学术刊物几乎全部停顿,而我方交换的刊物照寄未停,使得国内的收藏完整无缺。1980年代,北图丁志刚副馆长来芝大访问时,对此表示特别感谢,并说当时北图送到芝大交换的期刊,种数一直比他馆为多,这是对当年我方交换的刊物未予停寄的盛意答谢。

四、工作与人事

在我来到芝加哥时,远东馆仅有顾立雅教授的助理工六月(June Work)女士兼管图书的接收和登记工作。我的最初任务是整编已入藏约7万册古籍的目录,当时采用哈佛燕京的《汉和图书分类法》和部分印制的卡片,其他需要手写复印。从1947年开始的十年中,我以每年编制 1000 种或 1 万册(线装书平均每种 10 册)的速度完成了这一繁杂的工作。在我来美前,顾立雅教授在邀请北图派人相助时,特别写信给袁同礼馆长说,美国的人工较贵,且有一定的预算,远东馆的所有工作必须由一人担任,不比国内办事都有助手,希望获得了解。因此我到馆后,所有的工作都由我一人处理,从查考每书内容、分类编目、写印卡片、粘贴书标、搬书上架、答复问题,都是由我独自担当。五年后,才得增加经费,由我妻文锦到馆相助(第 173 页上图),支取每小时 1.25 美元的工资。她的钢笔小楷所抄写的目录卡片,美丽工整,为他馆同人所羡慕,一时传为佳话。她于 1953—1957 年在馆相助三年多,因东方语文系争聘她为中文讲师而离馆,成为芝大第一位讲授汉语语体文的老师。[注14]

在美国主管行政职务,主要的问题在两方面:一是经费,二是人事,搞好这两件事才能谈到业务的发展。我在这两方面可说是得天独厚。第一,我虽是以交换的名义而来,为期两年,但一年后,即由校方要求继续留任,并在东方系兼课,获得教授的待遇[注15]。同时我在图书馆学院进修,当时图书馆总馆的馆长佛斯勒(Herman Fussler)也是图书馆学院的教授,相处融洽,因此获得东方系和图书馆的双重支持。1958 年是远东馆发展的关键年,当时全部旧书都已整编完毕,正是增添新书的时机。因为获得联邦政府、福特基金会和芝大校方三方面的特别经济支援,以此 1960 年代得以大规模的采访和扩充。1958 年美国联邦政府通过特别法案,补助重点大学对非西方语文教学和研究,购置图书是其中的一部分。同时,福特基金会拨款 1000 万美元补助 10 所大学对远东语文的教学,其他大学将此款的大部分用于教研,而芝大却将此款大部用于购书。此后,芝大校方又特别拨款补助,继续采访,因此全部藏书得以大量扩充。

至于人事,如前所说,最初五年一切都由我一人独自担当。五年后才增加少数经费,聘请每周20小时的助理。1958年后因经费比较宽裕而工作人员也逐渐增加到十多人。不仅中文、日文、韩文各个单位各有主管及编目的专职人员,各个单位和流通部门也都有助理,大部是由在校的同学担任。根据1978年的估计,前后大约有100多人曾在远东馆打工,至少一半以上是来自台湾、香港地区或新加坡的华人(大陆的同学是在1980年以后来美,当时我已退休),其中不少是图书馆学院的研究生,半工半读,借此实习,现在他们都在各地岗位担任重要的职务(见第174页图)。[注16]也有许多其他各系的同学,因有经济上的支助而得以攻读高级学位,同时也从工作中学习到许多实际的知识。[注17]

远东馆主管人的另一责任是答复教授、学生,以及校外人士的咨询,和供应研究和参考资料。许多他校的学者和研究生来馆寻找资料,以及其他单位或私人的要求,也都获得帮助。[注18]对于校内的教授,我根据各人研究的兴趣,主动提供他们有关的研究资料。当时的中文教授顾立雅专研中国古代史和哲学史、柯睿格专治宋史、芮效德(David T. Roy)讲授明清小说,历史系的陆同卢(Donald Lach)研究中西交通史,美术系的范德本(Harrie Vanderstappen)讲授中国和日本美术史,我将馆藏和新购的有关图书和期刊论文都随时提供他们参考,或为他们搜寻特别资料。譬如:顾立雅花了20年的时间写作《申不害》一书,[注19]要逐字逐句翻译这位古代法学家的遗文。1960年代,我曾为他向上海图书馆索取所藏唯一抄本申子佚文的胶卷,当时正值"文革"时期,居然获得这一孤本,十分意外。为此他在书中特别声明道谢,统观此书所附参考书目300余种,大部都是远东馆所供应,可知图书馆的资料对于研究的重要。

远东图书馆的办公室最初设在东方学院的二楼 226 号,借用东方学院图书馆的阅览室,书库则在地下室,地方狭窄,灰尘满布,非常不便。1958 年因藏书增加,迁移到哈普图书馆(现在是大学本部的图书馆)的二楼,中文之外,增设日文部,稍后收藏韩文,连同满文、蒙文和藏文,则东亚语文可称大致齐备。1970 年再迁到新建成的约瑟·雷根斯坦大楼五楼,与南亚、中东及近东部门同在一层,但远东馆独占一方,地方宽敞,设备完善(第 173 页下图)。关于迁移到新馆大楼,虽然现在的读者都觉得便利,可是当时所有教授都一致反对。主要是教授的办公室、课室与哈普图书馆在同一楼内,十分方便;迁移新馆往来不便。经我多方解释,主要理由是哈普图书馆的书库和大楼的暖气设备同在地下层,热水管道通过书库,使脆弱的纸张寿命减短,而图书馆的新书库不仅有最新式的防火、防尘设备,更有温度自动调节的控制器,因此书库较阅览室和办公室的温度为低,而使书籍得到保护。后来我在教授的办公大楼另设一间图书参考室,将馆中所藏普通参考书的副本及新购约 2000 册全部移到该处。因此,教授们才同意迁移。迁移后地方宽大、有特设的教研室,阅览室有书柜可以放置个人书籍和用品,办公室设备齐全、书库温度适中,当时估计以每年增加新书 1 万册计算,书库有可供 15 年扩充的地位。同时在期刊室的小房内,每日下午还有咖啡供应,因此教授、同学皆大欢喜。

五、总结与回思

总的说来,芝大早期的中文藏书选择较精,大多是按照计划逐一挑选而来,因此原藏的旧籍和他馆很少雷同。[注20] 且以当年经手人为美国各馆采访的分工,因此图书的类别也各有特长。[注21]至于其后的采访,因当时的政治环境特别困难,不仅中文图书直接采购的管道断绝,而且美国国内的反华气氛,尤难应付。虽然困难重重,但仍能想方设法,间接采购,使芝大的藏书能跃居美国东亚馆大馆的前列,甚为不易。在60—70年代新购的图书,除补充原有的古典部门外,所有新文学和社会科学的资料,特别是政府公报、地方文献、重要文艺作品、全套期刊等等,都尽量收购。且随时编印书目,供读者参考,如不定期的《新书目录》、中日文藏书的书本目录、[注22]《中文地方志目录》、《远东期刊目录》、日文《池田文库目录》,善本特藏展览的《远东书展目录》,[注23]满、蒙、藏文资料,也都请语文专家编有目录,提供给读者参考。对校内外人士的咨询,供应研究和参考资料,也有一定的贡献,使芝大的远东馆成为美国中西部东亚研究的主要中心。

回首当年的情景,更感到图书资源的采访、收藏、参考和答复咨询的不易。那时不仅书籍来源稀少,信息难求,而采购和处理的手续也有很多限制。尤其一切都是手工作业,不比现在采用电脑,所有工作程序都是自动化,实非当年所可想象。我曾编印一套工作程序的手册,供馆中采访、登记、编目、装订等同人的参考,使流水作业有一标准和以后能以继续。[注24]至于芝大的收藏,主要以当时研究的需要为原则,不仅选择无政治背景,更无地域之分,凡可供研究的资料都尽可能搜集全备。时间和空间的考验,都可以证明其重要性。譬如当年许多前苏联学者因无法采购到台湾出版的书报,因此特别远道到馆中来阅读;台湾学者不能见到大陆出版的新书,也视海外的收藏为珍贵。过去国内的禁书,譬如太平天国所印书,也都全赖海外的收藏而得以保存,这是国外图书收藏的一个特点,也是图书馆采访的一项原则。将来两岸的研究人员,可能也要借重国外所存资料,才能窥见当时出版界的全貌。芝加哥的经验,从保存中国文化资产方面来说,值得珍惜和重视。

附　注

1. John Crerar Library 全部西文藏书于 1970 年代并入芝加哥大学科技图书馆,有单独的馆舍以 John Crerar 为名。
2. 见富地博物馆藏《拓本聚瑛》(*Catalogue of Chinese Rubbings from Filed Museum*, 1981. Fieldiana Anthropology, new series, no. 3),内收解题目录 2014 件,图片 135 幅;后附件名、人名、寺庙、地名索引,极便检查。
3. 见 Laufer, Berthold, *Descriptive Account of the Collection of Chinese, Tibetan, Mongol, and Japanese books in the Newberry Library*, Chicago: Newberry Library, 1911. 其中汉籍 863 种、日文 136 种、满文 62 种、蒙文 61 种、藏文 303 种。
4. 顾子刚为北图馆员,上海圣约翰大学毕业,英文流利,曾主编英文本《图书季刊》;他由北图指派用大同书店的名义为美国图书馆代办中文图书,按市价收取手续费一成,再以此款购置图书赠送北图。见《图书季刊》新 7 卷第 3—4 期(1946 年 12 月),附录:"顾子刚先生捐赠本馆图书目录"。
5. 统计数字见钱存训,"北美图书馆东亚语文资源调查,"《中美书缘》,第 138—148 页;T. H. Tsien, *Current Status of East Asian Collections in American Libraries*, 1974—1975, Washington, DC: Association for Research Libraries, 1976;最近调查见 "2003—2004 CEAL Statistical Report," *Journal of East Asian Libraries*, no. 135, February, 2005。
6. 见沈津:"芝加哥大学东亚图书馆善本十种题记",现收入本书。
7. 见沈津:"美国芝加哥大学东亚图书馆中国善本特藏",《收藏》2004 年第 3 期。
8. 芝大所藏原本地方志约 2700 种,17000 册,其中江苏 211 种、河北 161 种、浙江 153 种、河南 149 种、陕西 106 种,为数较多,若干县镇为他馆所未藏。见《芝加哥大学远东图书馆藏中文地方志目录》,1969。
9. 芝大所藏家谱 224 种及地方志原本数字,系根据作者 1985 年的调查,见本书 121 页,附表二。
10. 见"芝加哥大学所藏封泥考释",收入此书,第 190—196 页。
11. 敦煌唐写本《妙法莲华经》3 卷,装表成一卷,前有庄严题签,卷后有董作宾

1954年手书题跋。

12. 这些资料是作者个人所藏的纪念品。另有一全套为当年作者代后方的"抗日战争史料征集委员会"所收集,现存北京图书馆。

13. 见芝加哥大学远东图书馆所藏《远东期刊目录》(*Far Eastern Serials*, Chicago: University of Chicago Library, 1977),内收中文2400种,日文1300种,朝鲜文50种,西文1250种,共约5000种。按1956年曾编印过《中文期刊目录》,其中所收仅约200种。十年间中文期刊增加约12倍。

14. 她的讲师薪金为每小时25美元,是图书馆助理员待遇的20倍,这是当时美国大学一般教职员报酬的差别。

15. 我到馆时的年薪为3000美元,1949年任命为远东馆主管兼东方系讲师,增加1000美元,为当时助理教授的待遇。

16. 图书馆学院的研究生曾在远东馆工作并取得硕士或博士学位的同学,先后有成露西、周宁森、马泰来、卢秀菊、何凯立、郑炯文、潘铭燊、蔡武雄、陈家仁等数十人,后来都在图书馆、大学或其他单位担任重要职务。其中郑炯文及马泰来二人曾继任芝大远东馆馆长,潘铭燊曾在馆中主编卡本目录和《远东书展目录》,取得博士学位后,曾担任香港中文大学讲师,后相助编辑我的著作多种;现为美国国会图书馆亚洲部高级馆员。

17. 其他各系的研究生曾在远东馆打工的有陈明生、王正义、陶天翼、李欧梵等,后来都成为名教授。李欧梵在他的近作《我的哈佛岁月》(台北:二鱼文化公司,2005年)书中回忆道:"芝大图书馆长钱存训教授在我未到之前就为我保留了一个工作职位,解决了我在经济上的当务之急。"(页23)"钱先生不但是我的恩师和汉学启蒙者,而且是助我申请哈佛成功的关键人物,他为我写的一封信起了关键作用,因为有了他的'权威性'的推荐,我申请作中国文化的研究生是有资格了。"(页20)

18. 如芝加哥美术馆以至私人所藏字画的题跋和印鉴,要求代为解释、翻译或鉴别,也多由我相助。

19. Creel, H. G.: *Shen Pu-hai: A Chinese Political Philosopher of the Fouth Centiury B. C.*, Chicago: University of Chicago Press, 1974.

20. 原藏的旧籍,根据我编目时采用哈佛燕京的卡片估计,大概只有1/3的图书和哈佛相同。

21. 当年经手人顾子刚除代芝加哥采购外,还代其他美国图书馆购书;因此他将在市上购到的地方志和清人文集大部送到国会图书馆、家谱和明人文集送给哥伦比亚、经部和其他古典文献则送到芝加哥,成为各馆的特藏。
22. 芝加哥大学中日文藏书书本目录,见 *Catalog of the Far Eastern Library*, *University of Chicago*. Boston, G. K. Hall, 1973. 18 vols.; *Supplements*, 1981. 12 vols. Including Author-title catalog, Classified Catalog, and Subject Index. Compiled under supervision of Ming-sun Poon。
23. 芝加哥大学远东图书馆参考目录,有《中文地方志目录》,1969 年;《远东期刊目录》,1977 年;《池田文库目录》,1977 年;《远东书展目录》,1973 年。
24. *Manual of Technical Processing*. Chicago, Far Eastern Library, University of Chicago, 1978.

2005 年 7 月 20 日于芝加哥海德园

芝加哥大学东亚图书馆书库

芝加哥大学所藏唐写本《莲华经》

许文锦在远东图书馆旧址(1953年)

作者在东亚图书馆新址阅览室(1970年)

芝加哥大学图书馆学院前研究生与作者叙旧(2005年)
右起前排：陈嘉仁、钱存训、蔡武雄夫妇
后排：钱孝文、郑炯文、潘铭燊、马泰来

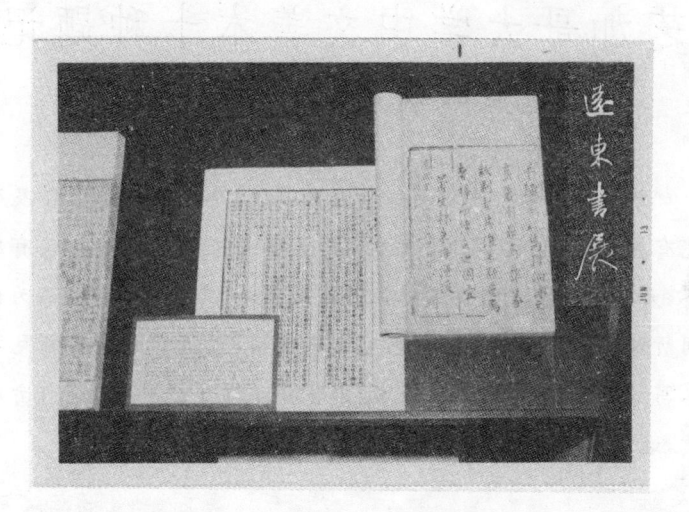

芝加哥大学图书馆善本部举办远东书展(1973年)

芝加哥大学中文善本十种题记

芝加哥大学东亚图书馆所藏古籍,主要为提供与教学及研究有关资料,以作参考之用,对于善本并未特别搜求。偶有所得,大致皆以内容需要或整批转让而入藏,其中有若干稀品为世间所仅存。1987年,沈津先生来芝访问,曾请其就馆藏稀见善本写成题跋十余篇,记述版本、内容并考订存亡。现征得作者同意,选载十篇于此集,并附书影,以供读者参考。

尚书揆一　六卷

明邹期桢撰　邹期相编　明万历四十四年(1616年)刻本
6册　半页　9行20字　左右双边　白口　无鱼尾

邹期桢,字公宁,无锡人,万历中诸生。光绪《无锡金匮县志》卷二十一"儒林"有传。

此本前有安希范序,安序叙述是书缘始颇详。"往余延邹甥公宁以训居儿,先后八年余,公宁日坐塾舍,足不轻逾户阈,课业之隙,日手一编不辍。余间从窃窥之,他所纂辑固甚富,而尤注意《尚书》之学……于金沙王恭简公二记尤所深嗜,且披夕采,掇精摘粹,汇录成帙,肤语支辞,悉从汰削,余每阅而爱之。""今得公宁是编,广布宇内,家传户习,由训诂以窥删述之旨。"是书于《尚书》杂引诸儒之说,傅以己意以发明之。有"详而不秽,简而不略,深而不艰,显而不芜"之誉。

《四库总目提要》存目著录,惟为康熙庚戌其门人顾宸刻本,前有高攀龙序,又有"读尚书六要",乃其孙升所述。而此本则有期相"附述仲兄文行社尚书九要",曰"要头脑、要融会、要识见、要精确、要虚明、要贯串、要考据、要婉到、要旁采"。此本传世仅见。北京图书馆仅藏抄本。《中国古籍善本书目》及台湾公私藏目皆未见著录。

尚书集解　十卷

明孙继有撰　明崇祯十年(1637年)刻本　10册　半页9行24字　四周单边　白口　无鱼尾

孙继有,字姚岑,号恒叔,余姚人。万历十四年进士。光绪《余姚县志》卷二十三、《明史》"列传"卷八十五均有传。

此本有来砺之序,序云:"顾余自总角受经,即知有姚岑先生所著《尚书集解》,《尚书》解如直解、会编、传翼、研习录、日记诸书,种类不一,然求其晰义之精,取材之广,赅情简确,则无如是书者。先生为余郡名公,万历丙戌进士,其生平行义,于《尚书》直身体力行。……此书久而渐湮,即原本亦多讹桀,未免于《尚书经》有漏义焉,譬之医家以良方疗人疾,而一旦失传,则世无良方,诸方不足贵也。余谓《尚书经》之集解,此疗人良方,诸解可废,此书断不可废,盖不欲以不传没却先生一段疗世婆心也。"按,继有书说,《钦定书经汇纂》曾采用之。

第一册有佚名圈点并批语。此本传世仅见,中国大陆及台湾均未入藏。芝馆善本特藏以经部之书类，礼类为最多，冠于全美，其中不乏罕见之本，此其一也。

新刊礼经搜义　二十八卷

明余心纯撰　明万历二十七年（1599年）三衢书林刻本
8册　半页　12行26字　四周双边　白口　单鱼尾

余心纯，字葵明，湖北黄冈人，万历二十年进士，少禀异才，爽朗不群。初令皖，再令武塘。光绪《嘉善县志》卷十四"选举"载二十六年任知县。

是书乃心纯未第时，搜古今说礼家义记之以成编者，于诸家言论有所发明，且多为博士制举作，旨在提要纂玄，阐明精意。心纯自序曾述此书刊刻经过，"乃座师选部邓公惓惓属梓，仍洒鸿制冠篇端，比以筮仕皖冲，不遑校正，然成命具在，义勿敢辞，且家弟大若暨门下旧游士环中汪公辈亦频至尺一，相趣不置，遽出而授之书贾周氏传益……顷补武塘，僻在海壖，薄领之暇，得肆力是编"，"爰是捐俸翻刊于内省署中"。以此序看，是书当有二刻，一为在皖由周氏所刻，一为心纯于武塘任内所翻刻。查《中国古籍善本书目》经部礼类，中国科学院图书馆，河北大学图书馆也藏有是书，然为14卷本，和此28卷本不同。

此本扉页有"镌楚黄余会魁礼经搜义讲意。三衢书林舒石林，王少山同梓"，三衢在浙江衢州府，此本似为浙江三衢再翻刻本，不见各家书目著录。又书中有朱笔、墨笔圈点并批注，然朱笔似更旧。卷二十二后有小诗一首，"一死由来对一生，了知迷悟不多争；如何满地栽荆棘,白日青天没路行",看来似有满腔悲愤,对当时世道颇有不平。诗后署"壬午小春有感"。壬午有崇祯十五年、康熙四十一年,批注中玄字不避讳,似为明末人所为。

阎红螺说礼 三十三卷

明阎有章撰 明崇祯九年(1636年)刻本 4册 半页 9行18字 左右双边 白口 单鱼尾

阎有章,《扬州府志》无传。据许遂序,"今之善说礼者为阎红螺氏,红螺家世显曲,台声称籍甚,文章气谊,宇内所宗"。皆推崇之语。序又云:"出其生平笃志所为说礼者,授之卒业,其书令人心目俱了,而大率补陈灏氏,非摭前人者类益,以便后进之习读。"

是书四库未著录。嘉庆《扬州府志·艺文志》、《明史·艺文志》有"《说礼》三十一卷,明阎有章撰"。朱彝尊《经义考》卷146云:"阎氏有章《说礼》,三十二卷,存。钟渊映曰江都人,号红螺居士,崇祯九年自序。"艺文志及方志、《经义考》著录卷数皆误,盖未见原书也。此书流传罕见,《中国古籍善本书目》著录二部,作"明崇祯九年阎氏二分明月庵,刻本",藏南京图书馆、广西师范大学图书馆。

汇辑舆图备考全书 十八卷

明潘光祖撰 明崇祯六年(1633年)傅昌辰版筑居刻本 9册 半页 10行20字 四周单边 白口 单鱼尾 版心下刻"版筑居"

潘光祖，陕西临洮卫人，天启五年进士。

全书18卷，计卷一、图；二、方舆、图说等；三、北直隶；四、南直隶；五、山西省；六、山东省；七、河南省；八、陕西省；九、浙江省；十、江西省；十一、湖广省；十二、四川省；十三、福建省；十四、广东省；十五、广西省；十六、云南省；十七、贵州省；十八、四夷。并附采录书目，计有《大明一统志》、《经度分野》等29种。

此书为光祖未竟之本，由傅昌辰（少山）得之，并由李云翔续之。李长庚，李云翔序中皆有叙述。按明代地理舆图及总志之书较多，然《大明一统志》、《广舆图》一类多记述都省郡邑之会、山川风俗等，至于隘塞要障、户口钱谷有裨国事者，则不予收录。此书似可弥补此缺。李云翔序云："予不愧续貂，从一统志而损益之，详以诸记，述及予之耳目所见闻者，自神京以及各省至边陲要害，海运漕河、蹉政关隘、钱谷有裨战守者；古今人物、忠臣孝子、义夫节妇，有关风化者，悉编入帙。""是书越三寒暑，五脱稿，兹冬月之初始告厥成。"故此书不仅以舆图观，而其备考实可视为百科全书，大凡古今变置之重轻，山川道理之险易，贡献物产之饶乏，民风士习之醇骄，名丘胜迹之兴废，观此可以了如指掌。

凡例十四则，叙该书选采材料之特点，染而不乱，如藩封，"是培植天潢最为先务，他刻俱不载，是集于本省下总曰某王系某帝系，并计岁禄若干，折色若干，而于各郡县下另注某王并郡王若干同城"。

是本残存卷一至十四。《中国古籍善本书目》著录，南京图书馆、旅大市图书馆、烟台市图书馆、山西祁县图书馆、中国社会科学院民族研究所也有入藏，又美国国会图书馆也藏一帙，但佚失附图。此本存卷一至十四，然图则完好无缺。钤印有"□香书屋收藏"。

楚辞章句　十七卷　附录一卷

汉王逸撰　明万历金陵益轩唐氏刻本　4册　半页　9行18字　左右双边　白口　无鱼尾

此本饶宗颐《楚辞书目》及姜亮夫《楚辞书目五种》皆未著录。按明万历十四年冯绍祖刻有此书，此唐氏本行款同冯本。冯本第一页书口下有杭州郁文瑞书，余叶也有记刻工姓名者。此本则无写工、刻工。

扉页有"新刻厘正离骚楚辞评林。万历著雍赤奋岁。金陵益轩唐氏梓"。按着雍为戊，赤奋为丑，干支中无戊丑，显是唐氏胡编乱造，再冠以"新刻厘正"之标号，以达射利之目的。万历间坊估据冯本翻刻者，除此本外，又有《楚辞句解评林》，也变换名目，纂改冯氏序年。此本《中国古籍善本书目》著录，南京图书馆、浙江图书馆等四馆也有入藏。

文选双字类要　三卷

宋苏易简撰　明嘉靖十九年（1540年）姚虞、季本刻　公文纸印本　3册　半页　10行20字　左右双边　白口　单鱼尾

此为公文纸印本，即傅增湘《藏图群书经眼录》中著录之本。按宋代印书，多用故纸，反背用之，而公牍尤多。元、明两代也皆有之。此本用纸为明代攸县公牍文字，时间在嘉靖十九至二十年间。攸县，

属湖南长沙,姚虞序有"书曷得之自黄州理官皇甫氏也,仍授校证,乃檄长沙季守刻之"。盖此书当为季氏任长沙知府时命人利用府中废旧公牍所印。

此本有莫棠跋:"四库提要谓此书以词赋采用经史语,即以采用者为出典。易简名臣,不应荒陋至是云云。窃谓其书专为《文选》而作,所标摘皆在本书,故即各以本篇注所出,检寻乃易,体例亦当如此。若穷流溯源,则自有李善暨五家注存,何待详列乎?固未可以包举四部,诸类书之例,绳之所论,不足为病也。至獭祭 饾,则一时场屋所资,风气所尚,虽其人后有媲美伊周之功,当其猎取科第时,即不能不俯首降志以从事,则亦何疑于太简之为此哉?传刻颇罕见。此本明嘉靖十九年莆田姚虞按湖广所刊,言得本于黄州理官皇甫氏,故沴为后序,正其初次贬官时。全书皆用其时公牍试卷模印,可云异观。《书录解题》著录是书,卷数相同。宋史志不著撰人,而曰四十卷者,疏矣。棠记。"

按北京图书馆也藏公文纸印一部,此外用白纸印刷之本,大陆尚存五部,分存南京图书馆、天一阁图书馆。又台湾中央图书馆、故宫博物院也有入藏。

杭双溪先生诗集　八卷

　　　明杭淮撰　明嘉靖间杭洵刻本　4册　半页9行18字四周单边　白口　单鱼尾

杭淮,字东卿,宜兴人,弘治十二年进士。此为四库底本,钤有"翰林院印"满汉文大方印。卷中有纂修官改动之迹,如"序不写"、

"此首不必写"、"不必写"。卷四"长至日江上二首"(缺一页)上批有"此诗未完,下有脱简,将此诗删去,接下台州道中写"。又卷中贴有小条,末署"陈元熙签"、"纂修卢遂"。卢遂为翰林院编修,任四库馆缮书处分校官。

查《浙江省第五次曝书亭呈送书目》,有"杭双溪诗集八卷,明杭淮著,二本"。又《浙江采集遗书总录简目》注明此书有朱彝尊手跋。据《四库全书总目提要》,此书为浙江朱彝尊家曝书亭藏本。

是本卷末有朱彝尊题识云:"康熙辛巳九月十九日竹垞老人读一过,选入诗综一十四首",并钤有"竹垞"椭圆印。按卷中朱笔圈点,当为朱氏所为。凡诗名上朱笔画"○"者,即为朱氏选入《明诗综》者。《总目提要》云:"各诗内亦多圈点甲乙之处,盖其辑'明诗综'时所评骘,今《诗综》本内所录淮诗篇数,并与自记相同。"《提要》写淮为乙未进士,《善本书室藏书志》作癸未进士,皆误。

是书嘉靖间凡二刻,一即此本,藏首都图书馆、中国科学院图书馆、南京博物院及台湾中央研究院图书馆,合此共5部。一为嘉靖间刻9行20字本,藏中国社会科学院文学研究所及南京图书馆。按此本原为德籍汉学家劳福博士于清末在华为芝加哥纽百莱图书馆所购藏,1945年转归芝加哥大学。

知过轩随录　不分卷

清文廷式撰　手稿本　五册　红格　书口下印有"锦泰号制"或"懿文齐"字样

文廷式，字芸阁，号道希，晚号纯常子，江西萍乡人，光绪十六年进士，二十一年大考翰詹，为一等一名。

此本题名不确，盖其稿本四种，一《旋江日记》；一《知过轩随录》；一《晋书补逸》；一《经义业钞续编》。1969 年台湾大华印书馆《文廷式全集》皆失收。《全集》收文氏日记为《南旋日记》（光绪十二年四月至六月）、《湘行日记》（光绪十四年一月至四月）、《东游日记》（光绪二十五年十二月至二十六年三月止）。此《旋江日记》始光绪十七年五月四日至六月四日止，时先生 36 岁。据汪淑子《文廷式年表稿》，是年廷式在广州，夏有湖南之行。"五月四日，由穗起程，溯北江，人湖南，六月三日抵湘潭。途次有《旋江日记》历记之。"又钱仲联《文芸阁先生年谱》也误"旋江"为"旅江"。

又《全集》所收《知过轩随录》，与此稿二册皆不同。此稿一为随录 73 则，可补《全集》之不足，其中读梅村清凉山赞佛词，证以故老传闻一段，乃廷式从盛伯义处得御制行状一刻本，并录九纸，甚长，约 4000 余字。一为随录黑龙江及俄界情形，计 58 纸，约 26000 余字，诸如铁路、河流、风俗、生产、寺庙等，叙之极详。此册题"知过轩随录之十八"，盖册数甚多，据《年谱》后之资料，云《随录》有四卷，不确。

按文氏卒后，所遗著作手稿有数十部之多，且多存放长沙白鹅塘外室龚氏家中。民国初年，龚氏将廷式手稿相继出售，为各地图书馆或收藏家所得，其中以易培基收藏最多。此本芝馆得之于李宗侗（玄伯），原为玄伯岳丈易培基所有，后印书馆印行《全集》时，商借玄伯所藏，但此四种稿本却未采入。

沅湘耆旧集续编 一百六十三卷
补编二十卷 前编补三卷

清邓显鹤撰 未刻稿本 65册

邓显鹤，字子立，别字湘皋，武冈人。《清史稿》卷485有传。

沅湘为水名，魏源有《三湘棹歌》，自注云："楚水入洞庭者三。曰湘、曰资湘、曰沅湘。"《宝庆府志》卷103，载有魏源致显鹤函，专论《沅湘耆旧集》书名，以为"沅湘"之名，不如"三湘"更妥，然显鹤在辑续编时也未采其意。

《沅湘耆旧集》于道光二十三年(1843年)在新化南村草堂开雕，共200卷，收1700人，诗15068首，各为小传，以诗存人。此续编收1262人，补编收495人；补前编收39人，合计1796人，也各为小传。以一人之力，辑录沅湘诗人3400余人，几近400卷，可谓多矣。

此未刻稿本，收录各家范围颇广，每家收诗一至数十首，甚至百首以上，如卷一至六为显鹤诗，计383首。诸如公卿、名士、秀才、布衣、监生、训导、主事以及闺阁、释道之流皆有收录，一些不见经传之诗人小传赖此得存，较之方志或它种著述要多且详。中有从朋友手稿借录者，从方志中辑佚者，许多小名家之诗稿或毁于兵燹，或沦为劫灰，而此稿独存一二，可见价值甚高，且不见著录，知者鲜有其人，如有好事者影印或排印出版，使之化身千百，诚艺林一盛事也。

沈津 撰

芝加哥大学珍藏善本书影（一）

芝加哥大学珍藏善本书影（二）

沅湘耆舊詩集續編卷第一

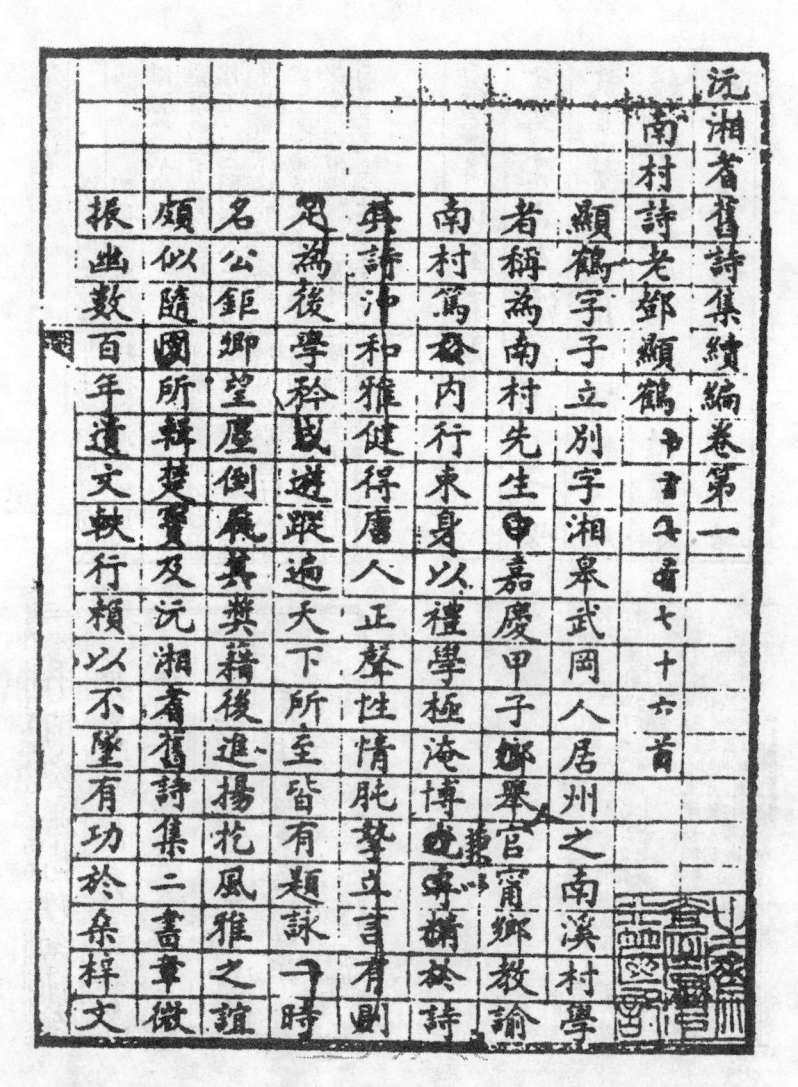

南村詩老鄧顯鶴 中言 2 首七十六首

顯鶴字子立別字湘皋武岡人居州之南溪村
者稱為南村先生曰嘉慶甲子鄉舉官寧鄉教諭
南村篤於內行束身以禮學極淹博尤專攻於詩
其詩沖和雅健得唐人正聲性情駘宕有題詠一
足為後學矜式遊跡遍天下所至皆有
名公鉅卿傾倒夷其獎藉後進揚扢風雅之誼
頗似隨園所輯楚寶及沅湘耆舊詩集二書
振幽數百年遺文軼行賴以不墜有功於桑梓文

《沅湘耆舊詩集續編》未刊稿本

知過軒隨錄

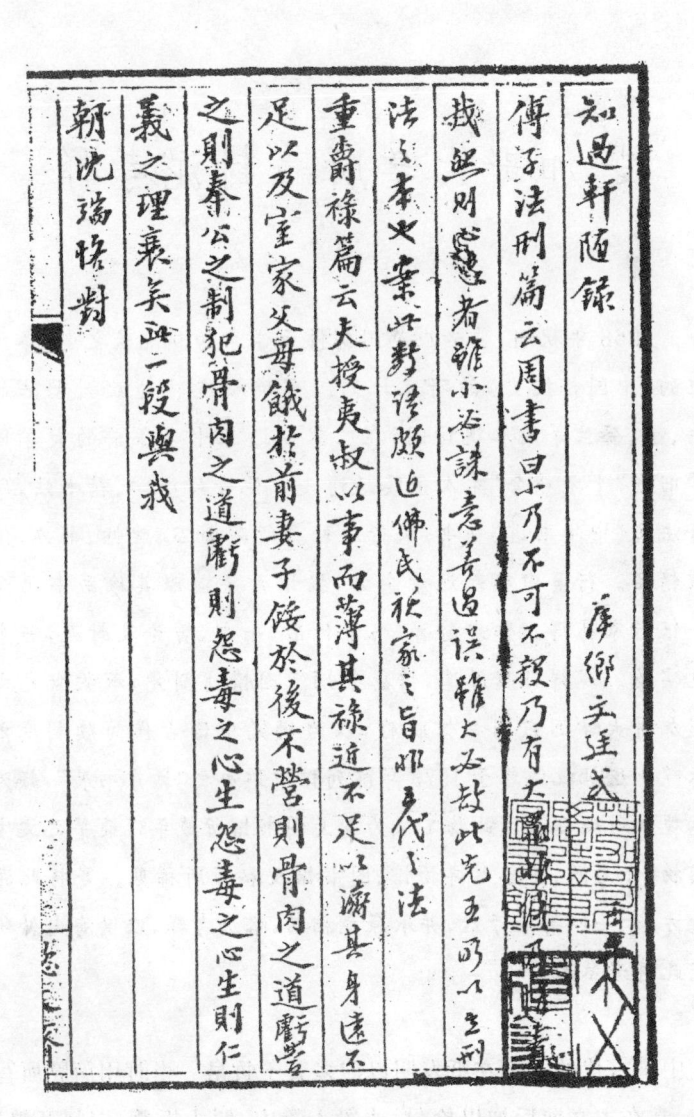

傅子法刑篇云周書曰小乃不可不殺乃有大
我無則慰者雖小必誅意善過誤雖大必赦此先王所以全刑
法矣秦火棄此對語遂迂佛氏祝家之旨邪民之法
重壽祿篇云夫授夷叔以事而薄其祿道不足以濟其身遠
足以及室家父母餒於前妻子餒於後不營則骨肉之道虧營
之則奉公之制犯骨肉之道虧則怨毒之心生怨毒之心生則仁
義之理喪矣此一段與我
朝沈端恪對

《知過軒隨錄》未刊稿本

芝加哥大学所藏封泥考释

1968年秋间,作者应英国剑桥大学李约瑟院长之邀,参加他的《中国科技史》的研究计划。事毕顺道转赴欧洲大陆的法、德、荷兰等国参观访问,在巴黎偶遇三十多年前的大学同学旧友"十之精舍"主人张隆延博士。他专研小学、精书法,所著法文《中华书道》一书,风行海外。所藏金石、碑帖、书画,俱系精品。行箧中有封泥十余方,据谓系年前以其珍藏书画向一银行家易得。作者前著《书于竹帛》一书,曾论及封泥,苦未见实物。现得目睹摩挲,倍感亲切。因情商割爱,承蒙慨允由芝加哥大学远东图书馆收存,以为研究中国古代简牍制度之示范。这批收藏曾于1973年陈列馆中举办之"远东书展",颇为参观者所瞩目。因此物不仅为芝大图书馆所藏年代最早之文字实物,亦为欧、美各大博物馆、图书馆及私藏所稀见。爰将此泥十方、十一印著录于后,并承原主相助,略加考释,以供海内外研究此道者参考。

中国古代的文献在纸发明以前多著于竹帛。当时用简牍所写的文件,常在主文前后加以检封;或置入囊中,两头折叠,中间开缝,外加封检,由驿使传递。检面书明收受者的名字及事由,上有绳道、印齿,系以书绳,敷以封泥,再在泥上加盖印章,以明信守,而防盗纂。

简牍开启后，书绳及封泥脱落，简牍或存档保留，或废弃焚毁。年代久远，埋藏地下，简、绳腐朽而封泥常存。

封泥之用起于何时，尚无确证。《吕氏春秋》谓："故民之于上也，若玺之于涂也。"《淮南子》曰："若玺之抑埴，正与之正，倾与之倾。"涂、埴皆系泥土，当与印玺同作封检之用。至于封泥之名，始见于《续汉书·百官志》，"守宫令一人"，注曰："主御纸、笔、墨及尚书财用诸物及封泥。"可见封泥为当时官署、文房必备的用品。实际上，商代已用印玺，周代封泥也有出土，简牍制度在古代早已通行，至西晋以纸代简，而封泥之制废。可知封泥为简牍制度的一种附属品，其存亡与简牍时代相始终。

清末以来，古文字大量出土，封泥于道光二年（1822年）最先发现，初误为印范；其后续有所获，视为封泥。出咸阳者大都为秦代物，出西安、汉城者为西汉物，出洛阳者为东汉物，出山东临淄者为西汉初、中期物。各地所出亦间有周玺及晋代封泥，但为数甚少。百余年来，四川所出最早，临淄所出最多，前后所获，公私收藏，不下数千枚。但在国外，则绝无仅见。

封泥文字多是官印，也间有私章。其中有皇帝信玺、丞相、御史大夫、将军，以至中央行政机构的各种官职，如丞、令、长、尉等衔名。更常见的是诸侯、郡国、县、邑、乡、里等地方的官名，偶有冠以"臣"字的私印，常在反面著有姓名。大部分的地名、官名，可与《汉书·地理志》及《百官公卿表》互证，但亦有颇多不见记载。因此这些考古资料可补文献记载之不足，更是研究汉代地理、官制以及简牍制度的一种实物。

一、郃阳丞印·都水丞印

一泥二印,为两官署会衔行文时所同印。异品联封,未见著录,极稀见。

郃阳县,战国魏地,汉左冯翊所辖京师二十四县之一,在郃水以北。《诗》曰:"在郃之阳。"《说文》:"郃,左冯翊郃县,从邑合声。"今陕西合(郃)阳县。

都水丞为掌管水利之官,隶属主管山林的衡官。《汉书·百官公卿表》有均官、都水两丞,均官主山陵上稿输入之官,都水治渠堤水门。何焯曰:"都水属太常,治都以内之水。"王先谦谓:"都,总也,总治水之工,非都以内水也。"

二、广祀令印

异名范,稀品。

自秦以来,朝廷掌祭祀之官名"奉常",汉景帝中元六年(公元前144年)改称"太常",其下有"太祀令"。但"广祀令"之名,不见于《汉书》。

印泥为阴文、反文,与封泥之阳文、正文者不同,大概为铸印之印范。按文官印信皆铸,武官赴急,印有镌刻者。

三、楚丞相印

汉高祖分封诸侯,授予金印,诸侯各设丞相及其他官职。景帝五年(公元前 152)削减诸侯权,不再设丞相,此封泥有丞相名,当系高祖后、景帝前之物。

四、内史

内史为掌管京师的地官,周初设,经秦至汉皆因之。景帝二年(公元前 155 年)改设左内史、右内史;武帝太初元年(公元前 104 年)改左内史为左冯翊,右内史为京兆尹。此印不言左或右,当是景帝以前之物,仍沿秦制,不分左右。

五、长信詹事

长信为皇太后所居宫名,"长信詹事"为掌皇太后宫之官。景帝中元六年(公元前 144 年)更名"长信少府"。此印当系景帝更名前之物。

按《汉书·百官公卿表》谓:"詹事,秦官,掌皇后、太子家事。"又谓:"长信詹事,掌皇太后宫。"此是二官职,《封泥考略》误二官为一。

六、居室丞印

居室为狱名。《史记·卫青传》:"青常从人至甘泉居室。"《汉书·百官公卿表》:"少府属官有居室。"武帝太初元年(公元前 104 年)更名"居室"为"保宫",故此泥应为武帝前之印。

七、女阴丞印

女（汝）阴属汝南郡。《汉书·地理志》："女阴，故胡国都尉治。"后汉作汝阴，夏婴侯封汝阴侯即此地。今安徽阜阳县治。

八、吴房丞印

吴房属汝南郡。本房子国，迁房于楚。吴王弟夫概奔楚，楚封于此，故曰吴房。故城在今河南遂平县西四十里。

九、昌邑侯印

昌邑，秦置县，汉属山阳郡。武帝天汉四年（公元前97）更山阳为昌邑国。故城在今山东金乡县西北四十里。

十、严道橘园

严道属蜀郡。秦始皇灭楚，徙严王之族于此，故名。《汉书·地理志》"蜀郡严道"，注有"木官"，为掌管果木之官，今四川荣经县治。

橘之栽培甚早，《说文》谓源于战国，屈原有《橘颂》，左太冲《蜀都赋》："户有橘柚之园。"当时四川盛产橘，果园为国营事业，有专司栽培及贡品之官。

《封泥考略》著录"严道橘园"二十二枚，重复最多，但各印字体并不全同。

按上记封泥十枚十一印，计地名有郃阳、楚、女阴、吴房、昌邑、严道六印；官名有都水、广祀、丞相、内史、詹事、侯、令、丞八印；宫室有长信，狱名有居室，果园有橘园，其中楚丞相、内史、长信詹事、居室丞四枚可定为西汉之物，其他当属东汉或西汉。十一印中仅郃阳丞印、居室丞印、严道橘园三印见《封泥考略》、《续略》、《再续》等书，其他皆未见著录。至郃阳、都水联封，广祀令异名反文范，尤为稀品。

1987年6月记于芝城

一、郃陽丞印・都水丞印

二、廣祀令印 　　三、楚丞相印 　　四、內史

五、長信詹事 　　六、居室丞印 　　七、女陰丞印

八、吳房丞印 　　九、昌邑侯印 　　十、嚴道橘園

芝加哥大学所藏封泥印文

记美国汉学家顾立雅教授

　　顾立雅博士是美国最早从事中国古代史专业研究的第一代汉学家,毕生从事教学研究,著述不辍。作者追随左右亦师亦友近五十年,对治学方法及半生经历,深受影响。顾氏不幸于1994年故世,此文系根据作者在其追思会中的讲稿补充而成。

顾立雅像

在 1930 年代以前,美国虽有少数大学开设有关中国的课程,但大都效法欧洲学术传统,聊备一格;而主要教授如果不是来自欧洲,便是曾在中国居留通晓中国语文的传教士。对中国文化作高深研究而有特殊成就的美国学者,实自 30 年代才开始。当时,由于美国学术团体的提倡和基金会的资助,美国学者开始前往中国留学访问,从事专业的学术研究。他们回国后在各大学或学术机构从事教学、研究和著述,并培养第二代和以后的青年汉学家,对中美文化交流作出了一定的贡献。顾立雅(Herrlee G. Creel,1905—1994)教授便是其中之一,他是美国学术界最早对中国语言和文化作精深研究的一位启蒙大师,也是西方研究中国古代史的权威汉学家。

一、学历与经历

顾先生于 1905 年 1 月 19 日出生在芝加哥,中学毕业后即任新闻记者,对于写作有特殊的天才和历练。他曾就读美国中部两所大学,继转入芝加哥大学,攻读哲学和宗教史,先后取得学士(1926 年)、硕士(1927 年)和博士(1929 年)学位。在校时,因对孔子学说发生兴趣,曾从一位中国同学学习中文,并以中国思想为题写作博士论文。毕业后曾任伦巴德(Lombard)大学英文及心理学助教授,因偶然机遇与在芝加哥自然科学博物馆任职的德籍汉学家劳福(Berthold Laufer)博士相识。由于他的推荐,获得美国学术团体联合会的奖学金,于 1930—1932 年入哈佛大学进修,从梅光迪学习中文,开始研读中国古籍。1932—1935 年得哈佛燕京学社奖助到中国留学,从北平图书馆金石部主任刘节研究中国古文字学、甲骨文及金文,并曾数次赴安阳参观殷墟考古发掘,结交甲骨学者董作宾和其他古史专家。自此搜集文献和实物，开始以考古资料诠释中国古代史，写作专书并在中外学术刊物发表论文。

顾先生于1936年回美，受聘为芝加哥大学东方语言文学系及历史系讲师，开设中国语文、哲学及历史等课程。1937年升任助教授，1940年任副教授，1949年任正教授。其间并创设远东图书馆，于1939—1940年再度访问中国，采购中文图书，经朝鲜及日本回国。第二次世界大战期间，他被征调从军，任国防部陆军上校情报官，同时在芝加哥大学设立预备军官讲习班，教授中文口语，直至1945年大战胜利后再返校任教。1954—1962年，他受聘为东方语言文学系及其后改组的远东语言及文化系主任，并兼任由各系合组的远东研究委员会（后改称东亚研究中心）主任。1964年被授予马丁·雷尔森杰出讲座教授荣衔，直至1973年退休。他先后在芝大服务37年，对开创中国及东亚研究和东亚图书馆有重要的贡献。

二、著述与研究

顾先生著作等身，出版专书八种和发表论文数十篇，有中、日、法、意、西等语文译本。其著述不仅立论严谨，资料丰富，而文笔清晰流畅，尤为学术界所推崇。他对中国研究的兴趣，从写作博士论文《中国世界观的演进》(*Sinism: A Study of Evolution of the Chinese World View*. Chicago: Open Court, 1929)开始。其后在中国留学期间，先后发表"原道字与彝字的哲学意义"(《美国东方学会学报》，1932年；《学衡》，1933年)，"释天"(刘节译，《燕京学报》，1935年)，"商代铜器的制作与装饰之原始"(《华裔学志》，1935年)；"近年中国考古学之进展"(法文《亚洲美术评论》，1935年)及有关中国古文字学等论文多篇,可见其最早就勤于写作及对中国古代文化研究的兴趣和趋向。

他的成名之作,当以《中国之诞生:中国文明的形成期》(*The Birth of China : A Survey of the Formative Period of Chinese Civilization*. London: Jonathan Cape, 1936; New York: John Day, 1937)一书开始。此书是他在中国留学期间所撰述,根据当时所见资料,对商周社会、政治、经济、文化、艺术等作全面介绍,为最早在西方风行的一部论述中国古代史的权威之作。这本书虽是学术性的著述,却是以通俗文笔写成,内容深入浅出,目的在引起一般读者的兴趣,以增进西方人士对中国古代文明的了解。为了写作此书,他对其中所引用的原始文献以及考古资料都曾详加考订,如甲骨文的引证、《诗经》"商颂"和《今文尚书》中若干篇章的阐释、夏代及史前的探索,以及对商代种族、地理、文化等问题的商讨,都收入他的《中国古代文化研究》第一集(*Studies in Early Chinese Civilization*, First series. American Council of Learned Societies, 1938),为研究中国古代史各个专题的重要参考资料。

顾先生的著述,从商周历史到先秦诸子都有独到的见解。先后出版的专著还有:《孔子:其人与神话》(*Confucius: The Man and the Myth*. New York, 1949; London, 1951; Tokyo, 1961;王正义译,台北,2004);《中国思想:从孔子到毛泽东》(*Chinese Thought from Confucius to Mao Tsetung*. New York, 1953; London, 1954; Paris, 1955; Rome, 1973; Madrid, 1976);《什么是道家? 及其他中国文化史研究》(*What is Taoism? and other Studies of Chinese Cultural History*. Chicago, 1970);《中国政制的起源:西周王朝卷》(*The Origins of Statecraft of China*: Vol. I, *Western Chou Empire*.

Chicago,1970);和《申不害：公元前四世纪的中国政治哲学家》(*Shen Pu-Hai: A Chinese Political Philosopher of the Fourth Century B.C.* Chicago & London, 1974)。他对申子的考释乃是他多年来研究中国思想史的副产品，书中不仅对这位少为人注意的法家之祖的政绩多加表扬，且广集佚文，逐字逐句加以英译并详细注释，成为他的研究最后之作。他在他的各种著作中，对我提供的资料和意见，以及对文锦所写的汉字小楷，都有热情的志谢。

三、教学与活动

此外，为了中国语文的教学，顾先生曾编制了一套《归纳法中文文言课本》(*Literary Chinese by Inductive Method*, I-III, Chicago, 1938—1948)，先后由芝加哥大学出版社出版三册，采用中国传统启蒙所读的《孝经》、《论语》、《孟子》三种经典著作，系统地将书中单字，以甲骨文、金文、说文、通行书体及其读音、部音、英文释义，逐一加以解释，再分别举例，以示每字的用法。书后附有句法、练习、原文、书写顺序、单字和复词的拼音与英译索引（第208页图）。这是采用科学方法学习古汉语的一套实用课本，融合语文、思想及历史于一体，为西方各大学所普遍采用。

当时芝大的中文教学从文言开始，注重阅读，由《孝经》启蒙，两年内读完《论语》和《孟子》，就可掌握古籍常用字汇约3000个，以后再选读《左传》、《史记》和其他古书（先秦古籍每种字汇均在1000至3000个左右），即可利用古典资料从事专题研究并写作论文。学生还需背熟以214个号码所代表的部首，遇到生字，随时检索字典，速度奇快，证明这套课本及其教学方法对研习中国古籍确有一定的效果。

顾先生于教学、研究和行政工作以外,也参加一些校外的学术活动。他于 1954 年被选为美国东方学会会长,任期二年,并在 1956 年年会中以"何为道教?"为题,作为会长致词。1980 年他曾参加在台北由"中央研究院"召开的国际汉学会议,并宣读论文"道家的变型",讨论老、庄、列子各书的内容及其影响,这是他回美后唯一的一次远东之行,获得良好的印象。自 1958 年以来,由于美国联邦政府颁布的国防法案中,对非西方语文的重视,使美国学术界对中国研究的观念也产生了很显著的变化。如语文教学从文言到白话,研究对象从古代到现代,研究范围从人文到社会科学,课程水平也从研究院下放到大学本科。为适应这一潮流,他曾邀请各大学负责人,召开一次研讨会,商讨大学本科是否应加授有关中国文化的课程,并将讨论经过和各方意见编印《通才教育与中国文化》(*Liberal Arts Education and Chinese Culture*,Chicago,1958)一册,将这一意见,加以肯定。

芝大对中国语言和文化的教学,大致分为古代、中古和近代三阶段。当时除顾先生教授第一年汉语、古代史和思想史外,另有柯睿格(Edward A. Kracke,Jr.,1908—1976 年)教授担任第二年中文、中古史和政治制度等课程。他专攻宋史,著有《宋初文官制度》(1953 年)、《宋代职官衔名英译》(1957 年)等书,也是"国际宋史研究计划"的创始人。另一位是邓嗣禹教授,讲授中国近代史和现代中文,编有《报刊中文》、《中文会话》、《高级中文会话》等课本作为教材。再有访问教授董作宾先生,曾开设中国考古学、金文及古文字学等课程(我另有专文记述他访美经过,见本书"董作宾先生访美记略")。此外,还有一位研究助理工六月(June Work,董先生曾为其取名琼华)小姐,主管系中杂务,她为人热诚,对中国学者和学生尤特别照顾。

我于1947年秋间应顾先生之邀来芝,整编图书馆十余年来积存的古籍10万册,并供研究咨询。1949年起又兼任东方系教授衔讲师(Professorial Lecturer),担任"目录学"和"史学方法"等课程,为博士生的必修科目。不久文锦也受聘为中文讲师,深受同学的欢迎。当时系中专修中文的学生约有二三十人,师生相处融洽,不时聚餐,有如一个大家庭。

我在工作之余,同时在校选课进修,因为是图书馆学和东方学双重专业,也曾从顾教授作专题研究,以《战国策》版本传承问题写作论文(修正稿发表于《中国古籍导读》,Early Chinese Texts: A Bibliographical Guide. Berkeley, 1993;同书亦收入顾先生的《申子》一文),并对《战国策》英译本中误译处曾加以评正(见《亚洲研究学报》第24卷,1965年,页328—329)。其后以"印刷术发明前的中国书和铭文起源"为题写作博士论文(后改题《书于竹帛》Written on Bamboo and Silk,由芝加哥大学出版社于1962年出版;有中、日、朝鲜文译本先后在香港、北京、台北、上海、东京、汉城等地发行),也得到他的指导。他对论文中的选词、用字、修辞、译释和引用文献的考订都非常注意,仔细修改,一丝不苟。这对我以后写作的要言不烦和治学方法,都有很重要的启发。他的态度严肃,做事果断,对一般学生的要求都十分严格,但对中国学者却礼贤下问,优遇有加,因此我们之间亦师亦友的关系维持了将近半个世纪。

四、纪念与追思

1975年,为庆祝他的70寿辰,我和当时东亚系主任芮效卫(David T. Roy)教授曾共同邀请世界各国学者撰写有关先秦及汉代哲学、文学、历史、考古学等专题论文 16 篇,编成《古代中国论文集》(Ancient China : Studies in Early Civilization. Hong Kong, 1978)一册,为他祝寿,并举行酒会将此册呈赠,以表扬他一生对中国文化教学、研究和培植人才所作出的贡献。1986 年,芝加哥大学为纪念东亚系及东亚图书馆创立 50 周年,特别举行庆祝晚会,由校长汉娜·格雷(Hanna Gray)特别致词,感谢他对东亚研究的提倡之功。我也是早期参加这项工作者之一,得附骥尾受到表扬。

同年,美国亚洲研究学会在芝加哥召开年会,其间特别举行小组讨论会,为顾先生的《中国之诞生》一书出版 50 周年表示庆贺,并研讨此书对国际学术界所产生的影响。顾先生曾在会中发表演讲,题为"《中国诞生》之诞生",回忆他如何与劳福博士相识以及由他推荐获得奖学金前往哈佛学习中文的经过,并称此书实为当年在中国时所作,以六个月时间完成,因新的考古资料陆续发现,在出版时内容就已经陈旧,其价值实不足道也。这是他生前最后一次所受到美国学术界对他在这一枯燥的园地多年来苦心耕耘所获得的一项特别荣誉。

顾先生曾将他收藏的商周铜器、骨器、蚌器、玉器、陶片和甲骨,全部捐赠芝大司马特美术馆(David & Alfred Smart Gallery)。这些古物大部来自殷墟,是他当年自中国携回供教学之用,但从未公开,故知者甚少。芝大美术馆曾将这批藏品特别陈列,公开展览,照片收入该馆馆刊第 1 期(1987—1988)及特别编印的《礼仪与崇敬》(Ritual and Reverence, 1989)展览图录中。另由夏含夷(Edward Shaughnessy)教授将他所藏甲骨 43 片释文发表在《中国图书文史论集》(台北,1991;北京,1992),因此顾先生的藏品得以公诸于世。

顾先生没有儿女,也少亲人,因此他与顾夫人对我和文锦以及三个女儿都很关切。顾夫人乐真(Lorraine Johnson,1915—1995)博士是芝大的中文高才生,曾以"早期儒家对社会秩序的观念"为题写作博士论文(1943年)。他们婚后曾于1939—1940年间周游中国。她取得学位后,一直作为家庭主妇而未工作,但她精于理财,从事投资而颇有积蓄。他们原住校园附近的公寓,因喜好安静,于1958年迁居郊区 Palos Park 自建的一所住宅,屋外有茂林、垂杨和小溪,屋内陈设简单,没有空调和电视等现代设备,颇有"结庐在人境而无车马喧"的隐士之风。

顾先生自退休以后,仍从事著述,但体力日衰,不久双目失明,行动不便,终于1994年6月1日在寓所逝世,享年89岁。顾夫人也于次年12月12日相继而去,令人伤痛。顾先生故世后,《纽约时报》立即发出讣告,称誉他是国际汉学界的一位巨人,对他称道孔子为一革命家及民主导师,尤为推重。芝加哥大学于11月3日举行追思会,由东亚系现任古代史教授夏含夷主持,有来自世界各国的学者及顾先生的生前友好及学生200余人参加。现任东亚系主任余国藩教授和英国剑桥大学鲁惟一(Michael Loewe)教授曾发表悼词,中国社会科学院历史研究所李学勤所长亦到场致悼并撰文追思(见"美国顾立雅教授及其旧藏甲骨",载《文物天地》1995年1月号),我也曾致辞悼念,追忆40多年前初抵芝城,和他会晤时的种种感想。那时他正年富力强、衣履整洁、言谈风趣、做事果断,令人敬佩。当年我原受教育部派遣赴华盛顿公干,携带官员护照,临时应顾先生之邀来芝工作,不料外国官员不能支取美国薪金,因此由他私人垫付,并殷情挽留,又设法在国会提一特别法案,准予改变身份长期居留,再为我安排接眷来美。他对我的爱护提携,为我后半生的家庭生活和事业,产生了十分重要的影响,如今永别,不胜唏嘘。

顾先生故世后，他的生前友好曾募集基金，设置纪念讲座，以鼓励对中国古代史的继续研究。第一年由顾先生的得意门人美国匹兹堡大学及香港中文大学历史系讲座教授许倬云博士主讲，题为"重访古代中国"，对近年考古新发现中原以外文化的渊源与演变及其对中原文化交流所产生的影响加以阐释。今后将继续邀请中国古史学者担任讲座。他和夫人的遗产已全部捐赠芝大，将在校中东亚语言文化系设立一永久性的讲座教授职位。我也在图书馆为他和顾夫人设置纪念基金，购置古代中国研究资料，作为对他们夫妇的永久纪念。

1996年6月顾先生逝世二周年纪念

原载《历史月刊》1997年1月号，

2005年6月增订

作者与顾立雅合影(1947年)

芝加哥大学东方语文系教授参加王济远画展(1948年)

NOTES
on the
HSIAO CHING

   The first nine characters, which are not numbered, may be translated as: "The Hsiao Ching. Opening the subject and clarifying principles. Chapter number one."

1* 仲 chung⁴   B 中   SW 仲

  "Second in order of birth. The middle item in a series."

    [Literally, 中 middle 人 man.]

1a 人 jên² [c.f. 亻]   S 𠆢 , 𠂉   B 人 · SW 人

    KEY 9. "Man, person, human. Other people (as distinguished from one's self)."

      [Pict. of a man, standing, seen from the side, with arms extended to the front. Bent over and considerably distorted in SW and modern forms.]

1b 中 chung¹⁴   S 中   B 中   SW 中

  chung¹ "Middle. Correct. Within, between. Medium in size or quality. China."

  chung⁴ "To hit the mark, to succeed, to be affected by."

      [Pict. of a target, with a staff laid to mark the center, and streamers showing the direction and velocity of the wind.]

2* 尼 ni⁴²   SW 尼

  ni⁴ "Near."

  ni² "A nun."

    [尸 in SW forms is clearly a man; 尼 shows two men back to back, close together.]

2a 尸 shih¹   SW 尸

    KEY 44. "Personator, corpse. To hold a sinecure."

      [In ancient times in the ceremony of sacrificing

古汉语读本《孝经》"开宗明义章"字汇注释

悼念中国科技史大师李约瑟博士

李约瑟博士具有双重杰出成就。第一,他是一位生物化学家,他的巨著《化学胚胎学》奠定了这一门学科研究的基础。第二,他是中国科技史研究的创始人,他的30多册《中国之科学与文明》是20世纪学术界一项不朽的贡献。他对中国天人合一理论的分析与发扬,开启了迄今未为人知的中国科学与技术,其中许多为西方所继承。他的研究具有世界性的影响,在历史上他是向西方介绍中国文化最伟大的学者之一,而这一项研究在国际间正方兴未艾。

李约瑟像

我为李约瑟博士《中国科学技术史》所写的英文本《纸和印刷》一册，于1985年由英国剑桥大学出版社出版。北京中国科学院于1990年首选此册译成中文，作为献给他90岁生日的一份寿礼，令我感到荣幸。最近这一册又由台北《中国之科学与文明》编译委员会请刘拓及刘汪次昕父女另译，定名《造纸及印刷》，由台湾商务印书馆出版。我受该会之嘱写一内容提要，正在执笔回思，忽接英国李约瑟研究所副所长黄兴宗博士由华盛顿转来的讣告：李约瑟博士已于1995年3月24日晚间在剑桥寓所故世，享年94岁。学术界失去一位大师，中国失去一位良友，个人失去一位知音，令人哀痛。他的学识渊博、才华过人，是20世纪一位最杰出的学者，也是一位有理想、有抱负和有争论的伟人。无论和他相识或不相识的人，对他在学术上的卓越成就都会感到钦佩，对他一生正直不阿的风度，也会表示景仰。我能和他合作乃是很大的荣幸，尤其我为他所写这一册的两种中文译本，前者为他祝寿，后者为他送终，可称巧合，也正好以此作为纪念我们之间一段难忘的友谊和珍贵的书缘。

一、两访剑桥·文字结缘

回忆我们相知，其后我参加他的《中国科学技术史》写作，匆匆不觉已逾30年。其间承他相邀于1968年写作开始前到剑桥访问；1972年他在加拿大作学术演讲，我曾赶去参加；1976年他来芝加哥接受名誉学位，我曾上台致词；1982年全稿完成后，我再访问剑桥，并承聘请我为他创立的"东亚科学史研究所"（现改名李约翰研究所）永久研究员（Research Fellow'en Permanence）；1984年在北京召开也是他所倡设的"国际中国科学史讨论会"，我们曾一同出席，会后也曾先后访问台湾。1990年他欢度九秩荣庆,同时在剑桥召开第六届国际中国科学史会议,我已写好一篇论文准备前往参加祝寿,临时因事未果。近年来他两次断弦,又加行动不便,曾几次想去探视,也都未能成行。如今他与世长辞,从此将不能再亲聆教益,衷心感到愧歉和伤感。

我和李约瑟原不相识,最早相知要追溯到1964年,他在《亚洲研究学报》第24卷第4期撰文,评介我的英文本《书于竹帛》(*Written on Bamboo and Silk*,1962年芝加哥大学出版社出版),多加奖勉,认为是"卡特(Thomas F. Carter)经典之作《中国印刷术的发明及其西传》一书的姊妹篇"。他说:"我们可以断言,钱著和卡特的名作完全可以媲美而并驾齐驱。钱氏和卡特一样,全书行文清晰俐落,是要言不烦的写作典范。"这本书原是我的博士论文,探讨印刷发明前中国书籍制度及铭文起源和发展的一部综合之作,指出中国古代文字纪录的多产、延续和广被性为世界文化中所独有的特色,填补了西方学术界所缺少的这一段空白。不意竟获得一位科技史权威的赏识,未免受宠若惊。

因为我的书中有一章论及"纸和纸卷",他于1967年10月间第一次来信邀请我参加他的《中国科学技术史》第5卷第1分册中有关造纸、制墨和印刷术一章的写作。那时他已经67岁,超过了退休年龄,而原计划中的全书7卷14册(现已扩充至34册)大部分还没有撰作,他在信中说:

> 即使我活到84岁,也不一定能看到这部书的完成。因此,我们决定要和一批合作者协力,能使我们在有生之年看到这一计划的实现……你对纸和印刷方面的专门知识,正是我们在这

世界上追求的对象,希望你能慎重考虑我们的请求。

那时我正计划写作《书于竹帛》的续编,他的邀请可谓不谋而合。但也有一些同事和友人劝我不要接受,他们认为在西方学术界中,他不是科班出身的汉学家;而且思想左倾,受到一些英国学者的攻击。实际上,我虽对他的研究所知有限,但是对他同情中国的友好态度、在朝鲜战争中表现的正义行动以及在越战中采取的反对立场,倒是衷心钦佩。经过一番思考后,我接受了他的邀请,先到剑桥面谈,再作最后决定。

由于他的介绍,我获得美国学术团体联合会的资助,使我有机会在1968年9月有欧洲之行。先到剑桥,他亲自和鲁桂珍一同驾车到车站迎接,提着我的行李健步如飞。那时,他是剑桥大学贡维尔和凯斯学院的院长,把我安排住在院中一座古老的大楼内,每天早晨有特备的丰盛早餐送到卧室,中午和他、他的夫人李大斐(Dorothy Needham)以及鲁桂珍一同午餐,下午4时则同饮下午茶。有时晚间还被邀请坐在学院餐厅的高台上,和身穿道袍的院长、教授以及台下的学生们共进晚餐。那时现任李约瑟研究所所长何丙郁博士也在剑桥访问,得以相识,同时也结交了一些其他学者,使我这次剑桥之行收获丰富、愉快而难忘。

李氏为人诚恳坦率,平易近人,生活朴实,正直热心。他的身材高大,衣着随便,平日在家穿着一件中国蓝布长衫,足蹬一双布鞋,墙壁上贴着他自己用毛笔书写的对联;他对于中国的一切,都有五体投地之感,是一位道地的"中国迷"。他阅读中国古籍的能力很强,但会话不太流利,和他讨论时,他常备好纸笔,把一些特殊名词用汉字写在纸上,以免口语不清。他搜集的各种资料,无论是摘录或笔记,都抄写在单页或卡片上,有时注明拼音或译文,再分门别类排列在文件柜中,有条不紊,便利检查。他的生活简单,工作效率过人,这样一个庞大的研究计划,那时只有他和鲁桂珍以及一位书记和半职的图书管理员相助,所有写作、通信和杂务,大都自己动手,使我看到欧洲学者的朴实作风,令人钦佩。

二、道法自然·中西差异

在和他交谈中,他从未提起过他的政治立场或宗教信仰,而只注重解释他的整个研究计划和要求我担任写作的部门。他说:这第 5 卷第 1 分册是"化学和化学工艺",除造纸和印刷外,还包括纺织、陶瓷、火药等专题,拟定名为"战争与和平",他认为我的书中已有造纸和制墨的资料,再加一些有关印刷方面的叙述,写成 100 页左右就可足够。他说我无需在剑桥工作,但希望在 2、3 年内完成,以便这一册能早日出版。我接受了这项任务,离开剑桥,顺道访问牛津、伦敦和欧洲大陆的图书馆和博物院,开始搜集资料以供参考。其后又遍访世界各地,资料愈集愈多,内容愈拓愈广,篇幅更是愈写而愈长。从草拟大纲到全书完稿,前后花费了 15 年时间,而篇幅却从原订的 100 页扩充成为 30 万言的一本专册,实非始料所及。

在写作过程中,我一般先拟好各章大纲、子目和细节,交他过目同意,然后每章稿成,再请他审定批评。但是他从不批改,来信总是鼓励继续,也从不催促。其中造纸 3 章初稿于 1972 年完成,除历史和技术外,另有一章考证纸张在书写、印刷、文房、装饰、娱乐、衣着、甲胄、交易以及家庭日常生活中应用的起源,这些虽与技术无关,但未有人做过系统研究。而这 3 章原稿有 200 多页,已超过原来估计的总字数,我请他决定是否删节或浓缩,以符合他预定的篇幅。他阅读后表示赞赏,决定全部保留。并说,他相信道家,道法自然,内容不加限制,因此其他各章乃依照同样的篇幅和体例继续进行。可是印刷部分的原始记录很少而问题甚多,传播和影响部分则牵涉到全世界,范围广泛而资料庞杂;同时我在学校的工作繁重,于公余抽空写作,实有力不从心之苦。幸而先后获得美国科学基金会和美国国家人文科学基金会的资助,得以减轻我在校中的部分行政职务,并聘请研究生相助。同时我在芝大开设了一门"中国印刷史"教研班,借此机会一面搜集资料,一面探讨问题,先后3次,因此边教边写,同时也训练了一批青年学者从事这一专题的高深研究。

此册共写成10章:造纸、印刷(包括制墨和装订)及传播各3章。绪论1章,讨论纸和印刷为何在中国而不是西方世界所发明;最后一章并论二者的功能和影响作为结论。其中指出印刷术在中国和西方的功能虽然相似,但其影响则并不相同。在两个历史背景和环境不同的社会中,印刷术都使成本减轻、产量增加、流传广远,对促进文化发展、普及教育等方面,有相似之处,但有程度上的差异。至于在东西方不同社会中所产生的影响,不仅作用不同,结果却是背道而驰。在西方,印刷术的使用,激发欧洲各民族的理智思潮,促使民族语言及文学的发展和建立独立的民族国家。在中国,印刷术的作用正好相反,它不仅有助于中国文字的连续性和普遍性,更成为保持中国传统文化的一种重要工具。因此,印刷术和科举制度相辅相成,乃是几千年来中国传统社会相对稳定的重要因素之一,也是维护中国民族文化统一的基础。这一结论和他人意见不同,但受到李氏赞赏,认为可提供他在全书结论中的一些思考。

三、谦虚礼让·语重心长

《纸和印刷》全稿于 1982 年中完成，秋季再访剑桥，商谈出版事宜。我在原稿的封面上按照已出版各册的前例，署名"李约瑟·钱存训合著"。他看了之后却谦虚地说，他对此册的写作并未参加，不能作为合著而应由我一人署名。我说：这套大系是他的创意，从计划到出版都是他统筹经营，虽有他人合作，他的大名都应该在每册中领衔合著。他当时并未拒绝，但出版后这一册的封面上却是由我一人具名，而将他的大名改排在全书总名的上端，成为全套书中第一本改动版面而由个人署名出版的专册，这使我对他谦虚的风度更加钦佩。

他对许多和他合作者的尊重，也可从全书各册的前言中得到证明。无论是撰写专章专节的合作者，或是编制索引、打字、校对以至书写汉字的参加者，他都在书中特别提名，一一道谢。尤其对中国学者有时还要加上字、号，注明汉字，以免拼音误解。他的这种不愿掠美和尊重他人智慧的高尚品格，值得学习。这种谦虚的态度也和过去某些西方汉学家的作风大不相同。因此想起 19 世纪理雅各(James Legge)所译《四书》和《五经》，其中虽对某些资助出版人道谢，但对他相助有功的中国学者却一字未提，不禁令人有今昔之感。

他在这一册《纸和印刷》的序言中说：

这一分册使我们看到这一计划（指和他人合作）的第一个果实。我们说服了关于这一专题世界最著名的权威学者之一,我们亲密的朋友、芝加哥大学钱存训教授来完成我们书中这一部分的写作任务,我们非常钦佩他为此所作出的贡献……我认为造纸和印刷术的发展,对整个人类文明历史的重要性是无与伦比的。从钱书中,读者将可纵观中国造纸和印刷的整个历史,了解到在欧洲对此一无所知之前,它们已在中国出现了许多世纪。

他引证英国哲学家培根(Francis Bacon)所说:"书中蕴藏着人类的智慧与知识,使我们能避免过去的错误,从而不继地创新。"他接着又说:"我们祈祷阻止任何邪风妖火降临于世,在一瞬间毁灭人类世世代代累积下来的文化,结束人类最辉煌的成就和赖以传载的印刷与造纸。"他最后这几句祝愿虽未明指,实在是借题发挥。读者当会知道是他对"文革"期间中国书籍和文献大量损失的痛心表示,希望后世不要再蹈覆辙。他的语重心长,值得深思。

这一册虽然李氏并未署名合著,但是因为收入他的大系中出版而受到国际学术界的重视和好评。正如《伦敦泰晤士报》的一篇书评中所说:"钱氏对此专题作了全面的叙述,无疑将受到读者欢迎;作为《中国科学技术史》中的一册,此书已成为标准之作。实际上,第1版在发行之前就已销售一空。"据剑桥大学出版社报告,此册于1985年出版,定价66英镑,次年重印第2版,1989年续印修订第3版,至今仍是李氏大系已出各册中最畅销的一种。因为这一专题涉及中国四大发明中两种最重要的文明载体和工具,以此读者的范围比较广泛。李氏曾说这一册将另印单行本出版,但愿以此专册作为我们之间合作和友谊的永久纪念。

四、接受荣誉·重访花旗

在我们多年交往中最难以忘怀的一件大事,也是他认为在他晚年的多次旅行中最高兴而具有象征性的一次访问,乃是在他阔别美国30年之后,第一次重新踏上他曾经在此研究和教学多年的这块花旗土地。那时他已有世界各国所授予的十多个荣誉学位,但美国却不在其中。这事的内情甚少人知,现略述经过,以补逸闻。

这件事要从1976年说起,那时芝加哥大学有意邀请他来校作一次学术演讲并拟授予名誉博士学位,以表扬他在国际学术界的特殊贡献,可是困难有二。第一,美国一般有地位的大学对授予名誉学位有严格的规定,不仅有提名委员会审查受奖人在学术上的成就,而且注重提拔年轻的学者,鼓励他们在其专业上继续努力,将来可有更高的成就。李氏在学术界的崇高地位,毋庸置疑,可是那时他已超过75岁高龄,对他颁授学位不符合提拔后起之秀的标准。后经提名的东亚语言文化系力争,才得以通过。第二,李氏在朝鲜战争期间,曾参与世界和平理事会所组织的"调查朝中细菌战事实国际科学委员会",并亲自前往中国东北及朝鲜战场实地调查、研究及发表报告书,指控美国曾经使用细菌,引起美国官方对这一指控感到愤怒。其后,他又反对美国参与越战,从此他便一直为美国政府列入不受欢迎人士的黑名单。

在芝大决定授予李氏名誉学位后,学校当局要我先去信通知,邀请他在校中作一次学术演讲,并问他是否愿意来美接受拟授予的名誉学位。他回信说:"我很愿意有一天可能前来,但取得来美签证会有困难。"他在信中并附入不久前美国参议员富布莱特（J. Williams Fulbright）给他的亲笔签名信，邀请他来美参加美国国会发起的庆祝"国际教育、文化交流法案"（Fulbright-Hayes Act）30周年纪念会，并作为一位主要讲员，但竟未能取得入境签证而不克成行，使他非常气愤。他最后在信中说："如果美国学术界的朋友邀我来美访问，希望他们先向美国国务院澄清障碍。"经过芝大董事会和学校当局向国务院交涉疏通，终于为他办妥来美手续，使他能和鲁桂珍终于一同来到久别的美国。

1976年6月中芝加哥大学在春季的毕业典礼中授予李约瑟人文科学荣誉博士学位。在颁授证书的典礼中，我曾代表东亚语言文化系上台致词介绍：

> 李约瑟博士具有双重杰出成就。第一，他是一位生物化学家，他的巨著《化学胚胎学》奠定了这一门学科研究的基础。第二，他是中国科技史研究的创始人，他的30多册《中国之科学与文明》是20世纪学术界一项不朽的贡献。他对中国天人合一理论的分析与发扬，开启了迄今未为人知的中国科学与技术，其中许多为西方所继承。他的研究具有世界性的影响，在历史上他是向西方介绍中国文化最伟大的学者之一，而这一项研究在国际间正方兴未艾。

他的这一次访问，无疑是成功的，对他的研究也是很重要的。他不仅受到美国学术界的欢迎，也获得其他文化团体和企业界的重视。由于全国性传媒的访问和报道，他的在美活动轰动一时，也可说是为他过去所受到的攻击和歧视做了一次平反。从此美国的大门敞开，他曾多次接受邀请再度来美访问、演讲、募款,使他的研究工作和研究所的新建所址能获得美国的一些基金会、财团和大企业的赞助。无怪他在典礼完毕走出礼堂之后,拿着他刚才取得的证书,向和他握手祝贺的朋友们高兴地说:"我为我所获的这第一个美国荣誉学位而自豪。"

原载《历史月刊》1995 年 7 月号

李约瑟（右二）及鲁桂珍（右三）与作者夫妇在寓所前合影（1976年）

李约瑟接受芝加哥大学名誉博士学位后与作者合影(1976年)

作者与李约瑟在剑桥书斋(1982年)

《中国科学技术史》前五卷主要执笔人

左上起第一排:罗宾逊(Kenneth Robinson)、钱存训;

第二排:李大斐(Dorothy Needham)、李约瑟(Joseph Needham)、鲁桂珍;

第三排:何丙郁、席文(Nathan Sivin)、王铃(见《李约瑟文集》)

董作宾先生访美记略

　　此文为纪念董作宾先生(字彦堂、号平庐,1895—1963年)逝世而作。作者与董先生同在芝加哥大学东方学院工作一年,同住一处,不时共餐同游,深受其学养熏陶。爰追忆其在美的生活、交游、讲学、研究,以及日常琐事,以补充其生平行实中所缺略。

董作宾像

董彦堂先生于 1947 年初应美国芝加哥大学之聘,担任该校东方语文系中国考古学客座教授,饮誉海外讲坛凡两年,于 1948 年底返国。这一段期间,在彦老生平中,可说是一件极不平凡的经历。我于同年秋间也应芝大之聘来美,得彦老之介,和他同住一屋,又同在一处工作,不时且共餐同游。在这海外漂泊的岁月中,不仅个人在学养方面多受彦老的熏陶,而我们彼此之间,也互勉互励,建立了很深厚的友谊。爰就追忆所及,略述其在美的生活、交游、讲学、研究以及日常琐事,以补彦老生平行实中所缺略之一章。

董先生于 1946 年春间接到芝大的邀请,于次年 1 月 15 日由上海乘海船 U. S. Marine Lynx 号赴美,30 日抵旧金山,稍作勾留,即转乘火车到达芝加哥,住在离学校不远的一位美国学生贺凯 (Charles Hucker) 家中。这是一幢两层楼的住宅,坐落 6138 S. Kenwood Avenue,他在楼上占卧室一间,平时则在楼下客厅起坐。这屋子不久转让给一位葛老太 (Mrs. Graham),他继续寄居在此,直到返国时还依依不舍。

1947 年 10 月 6 日我第一天到东方学院 226 号办公室报到,正打算敲门进去,迎面却走出来一位中国长者,中等身材,头发蓬松,穿着一件人字呢西服,打了一根古铜色的领带,手里却捧了一把茶壶,很是潇洒。他看见我要进门,忙着就打招呼:"你是钱先生吗?早听说你就在这两天要到。"他自我介绍道:"我是董作宾,我的办公室就在隔壁 230 号,等一会请过来喝茶。"我虽在国内耳闻彦老大名,但却未见过面,他第一次给我的印象是温文尔雅,平易近人。

中午顺便走到他的办公室拜访,他正在小电炉上煮着一锅炸酱面,大蒜味很香(见附记)。他说他吃不惯外国饭,每天得自己煮点东西充饥。他一定要留我吃一碗,我虽觉情不可却,心里却有点怀疑:

"美国教授的办公室里可以烧饭吗?"我细看他的办公室很大,一张大写字台放在当中,桌上乱放着书籍、笔砚、稿纸,也有许多各色各样的图书纸,有的甲骨文在上面还未写完。写字台的后面放着一张长桌,一头是书,一头是电炉。最使我奇怪的是写字台前面放着一张帆布床。我的心里又在发问:"美国大学的办公室也可以睡觉么?"

是的,美国大学里尊重教授的自由,由国外请来的访问教授,更不得不尊重他自己喜爱的生活方式。因此他的办公室也便成一间日常起居的书斋兼公寓了。他每天大概十点左右到办公室,就在此工作、会客、进餐、休息;一直要到夜深人静,才回家就寝。我在晚间不时走到这海外的"平庐"来聊天,然后一同踱返寓所。

董先生来美之前,因为不知道美方教学研究和图书设备情形,很担心到美后英雄无用武之地。邀他来美的芝加哥大学中国古代史教授顾立雅博士(Dr. H. G. Creel)曾有信给他说,他可以教他爱教的功课,做他喜欢做的研究,没有规定的日程,也没有人干涉他的工作。他如愿开设较专门的课程,也有足够资格的高年级学生听讲,他如愿做甲骨文和年历学的研究,也有足够应用的书籍可供参考。那时芝大的中文藏书已达十万册,而经部小学以及有关中国古代史的资料,尤为丰富,在欧美各大图书馆中可称首屈一指。顾先生曾参加安阳发掘,所著《中国之诞生》(*Birth of China*)一书,至今仍为西文中国古代史中的权威著作。顾君与董先生原是旧识,所以董先生到美后,颇觉环境安适,有随心所欲之感。

董先生在芝大所讲授的课程计有四门,1947年春季是"中国古代史研究",夏季是"中国考古学研究"。该年及次年冬季他和顾先生合开了"周代金文"和"中国古文字学"。董先生自撰中文讲义,手写复印。班上他用中文演讲,顾先生从旁协助。中文部的琼华女士

(June Work)也帮忙做他的助理。那时至少有三四位高年级的学生跟他做过研究,如戴约翰(John H. Dyer)、贺凯(Charles O. Hucker)和麦威廉(William J. McCoy),成绩都很优异。贺凯博士专攻明史,在芝大卒业后,曾去台湾和日本继续研究,回美后曾任密歇根大学及亚利桑那等大学远东语文系主任,是美国青年汉学家中很活跃的一位。麦君的硕士论文题为"周代金文字体演变的几个原则"(Some Principles of Evolution in Character Form as found in the Bronze Inscriptions of the Chou Dynasty),于1948年完成,一部分也获得董先生的指导。顾夫人乐真女士(Lorraine Creel),是芝大的中文博士,这时也时来请益。她对于甲骨金文颇具造诣,曾缀合甲骨百片复原,但迄未发表。那时在芝大研究中文的还有恒安石(Arthur W. Hummel, Jr. 曾任美国驻华大使)、雷约翰(John A. Lacy,曾任驻香港及新加坡总领事)和其他数人,他们虽专攻明清史和现代史,但也都和董先生有点师生之谊。

至于董先生在美期间的研究工作,大致可以分为两方面来说。一是他的本行甲骨学和年历学的继续研究。在这两年中,他虽未发表很多的著作,但写了两篇长文。一篇是"殷虚甲骨文字甲编自序",洋洋一万五千言,于1947年12月18日完稿。另一篇是"殷虚文字乙编序",1948年7月11日"挥汗写讫",长达二万五千言。他在甲编自序中说:"一篇序文写得这么长,还幸而甲编图版不在我的手头。本来秋季三个月我没有开课,在休假中平常很少机会讲话,所以得到夏鼐先生给我这个题目,就不免大谈一阵,借此温习国语。"其余一篇是他用朱墨两色手写的"武丁龟甲卜辞十例",他去波士顿时曾赠送哈佛燕京学社一份,后由杨联陞先生摘要英译,发表于《哈佛亚洲学报》第11卷1、2期合刊(1948年6月出版),并附印董老手写真迹。

其他零星写作和笔记,大概便是后来在《大陆杂志》上陆续发表的许多短文了。

彦老在美期间最有兴趣的研究,恐怕要算他对中国画史的考证了。那时芝大有一学生名孟义(Malcolm Berelson),第二次世界大战期间曾在中国服役,说得一口流利的国语。在胜利后不久,他在北平地摊上以美金20元的代价,买到一幅国画手卷。有一天他拿来请彦老鉴定,说底特律博物馆愿出价美金一万元收买,但要断定这幅画的真假,彦老阅后,爱不释手。因为这不仅是一幅中外驰名的《清明上河图》,而且图中汴河所在的东京景物,乃是他幼年所留恋过的开封。此图卷后有元"秘府"印章,其下有"臣张择端进"小字签名,笔墨工整,彦老便猜测这可能是一幅原本,或最精的一卷临本了。根据这个假设,他便托我把图书馆里所藏的有关题跋和记载,都一一搜检出来,加以对照。他又将原图托东方学院分段照相,并将画中人物一一细数,共得1162人。又按服装、姿态和地段的分布加以分析。画中的房屋、装饰、舟车、用具、游艺、市招、扁额,也都一一录出,遍检史籍,加以考证。根据这些材料,他做了不少笔记。这些研究的结果,便是后来由大陆杂志社印行的一册《清明上河图》。这书对于中国社会经济史的研究,提供不少极有价值的资料。书后的英文引言,便是孟义的手笔。后来孟君他往,这画的归宿,便不知如何下落了。

董先生在美期间,曾三次出门旅行,访问美国各大学的汉学家,参观各大图书馆和博物馆的中国藏书和文物,并游览各地的名胜和工厂。第一次出游是1947年8月暑假期间,他到哈德福学院拜访德效骞博士(Homer H. Dubs),德先生曾英译《汉书》,并以天文推算殷代年历闻名,后任牛津中国史学讲座。9月初又去华盛顿,参观国会图书馆。第二次旅行是该年圣诞节假期,他邀我同行,访问华盛顿、纽约,以及哈佛、耶鲁等大学。我因到美不久,尚未得有机会出外参观,因此决定和他一路作伴。我们拜访了国会图书馆的恒慕义(Arthur W. Hummel)和吴光清,华盛顿的傅安民,纽约的富得禄(L. C. Goodrich)、毕立士(Alan Priest)和老舍,哈佛的杨联陞和赵元任,耶鲁的罗常培和李方桂诸先生。那时傅斯年先生也在新港养病,彦老在国外晤及故人,更是乐而忘返,他勾留了很久才归来,而我便先期返程了。第三次出行是1948年暑假,他再度游纽约,访老舍,又往底特律城参观福特汽车工厂,并去美加边界,游览尼亚加拉大瀑布。途中曾有函告(第234页图),谓"瀑布诚为大观,值得一看。夜间又看一次,有五彩灯光自对岸射来,但以白光为美。瀑如雪浪翻空而下,极为壮丽"云云,可知他的游兴不浅。

彦老在工作之余,最有兴趣的消遣,便是搜集和写作了。他搜罗了数千张圣诞节贺卡,因为图案别致,设计新颖,很引起他的欣赏。其余一瓶一罐,一纸一盒,凡是精致可爱的,也都一一保存,在他回国后,未及带回的东西都托我代为保管,直到1950年秋间,才把他所存的手稿、信件、拓片、书籍、用物等细细检点,装成两箱,托由李霖灿先生携回。但那些贺卡和杂物,因无法携带,只好弃置了,至今引为遗憾。

至于书写甲骨文字,当然更是他的专长,他也竭力想把中国古代的文字加以通俗化。但用宣纸书写,在美无法装裱。他于是购买各种颜色的图画纸和金银色的广告纸,裁成各种大小尺寸,用各种颜色的画料书写,配上镜框,便成为一种美术品的装饰。每有友朋来访,便以此馈赠,如逢婚寿庆典,他也带着他所自书的甲骨文作为礼品。所以胡适之先生曾说道,他从太平洋走到大西洋,几乎没有一家中国朋友或美国的中国学者家中没有董作宾的甲骨文,此乃实情,并非过甚其词。他返国后，逢年过节，还不时写些对联寄来，以代贺柬。最令人怀念的便是他到台后的第一个圣诞节，听到内子文锦到美，特寄一联相贺。联曰：

抛妻别子图何事
移教就尊乐未央

并有长跋云："得公垂书，知文锦夫人已于十月十二日携三儿安抵诗家谷（按此乃彦老所译之芝加哥 Chicago，谓可与哈佛所在之博士墩 Boston 相对）万里重洋，合家团聚，可喜可贺。承惠玉照，犹以夫人语'抛妻别子图'征对，知公垂两年孤寂，未忘余痛耳。因思客岁西归，公垂同情助我，俾得偕眷流亡。今文锦移尊就教，贤淑堪佩，而关雎之乐，麟趾之庆，行将有以奉慰公垂者，不让叶慧、李婉、邹懿、顾真、王驷、倪纯诸夫人专美于前也。勉凑下联，杂集契字，寄上一笑，兼为贤伉俪祝福焉。卅八年圣诞前夕，时客台湾，董作宾。"（第235页图）

我于1947年由沪来美，行前将眷属送居贵阳，临别时与家人留影纪念。后文锦将照片寄美，在背后题字曰："抛妻别子图"。我拿了以示彦老，两人唏嘘伤感者久之。盖彦老也是背弃家人，只身远适异国，孤苦仃伫，深有同感。1949年秋，文锦携三儿来美，彦老也已偕眷到台，因又摄影一帖，再题此五字以博彦老一笑，因此引起了他对芝城旧友的怀念。

联中述及的几位夫人都是他在美时，常常往来的几家好友。那时在芝大的中国学人约有五六十位。在东方系任教的尚有邓嗣禹先生,在生物系任教的有王熙、赵驷夫妇,其他攻读博士学位的有叶笃正、冯慧夫妇,邹谠、卢懿庄夫妇,李树青、赵婉和夫妇以及倪因心、高君纯夫妇等,均在联中道及。每逢周末,彦老便是这几家的座上客(第233页下图)。其他还有许多寄居在国际公寓的单身汉如潘如澍、郭晓岚、杨振宁、李政道、杨西孟、赵承信、林永娱、丁瓒等等,有时郊游野餐,也都邀请彦老参加。他爱讲笑话,腹中掌故,尤其丰富,所以每次聚会,如无董老在座,便不热闹。他虽年纪较长,但颇有朝气,深得年轻人的爱戴。在中国学人中,不时有学术座谈,他也应邀参加,并且发表过两次关于殷墟发掘和甲骨学的专题演讲,颇受欢迎。

董先生于1948年12月中旬由芝飞沪,行前本定稍隔时日,再度携眷来美,并拟与顾立雅先生合作在芝大东方学院成立中国古史学研究中心。他离美时曾说,五年之内,他尚有勇气再度来美,但五年之后,恐怕精力已衰,就不拟作此打算了。此事终因种种关系,未能成为事实,这个计划便最后打消了。但彦老自返国以后,每隔不久,必有信来,不时还寄他手摹的汉瓦和契文,以及书报等相赠。最后一函为1962年10月22日夜所书,笔力仍甚遒劲。信中说:"近来生活正常,但精神体力,皆不如以前矣。近年写印《中国文字》,已出八册,送一全份"云云。这份珍贵的友情,正如他离美前在我的手册上用毛笔所写的一句西文成语:"A friend in need is a friend indeed"("在需要时的朋友才是真正的朋友"),实有深长的意义。这几个英文字大概也是彦老生平所留下唯一用毛锥子所作蟹行文的墨宝了。

1966年9月5日芝加哥大学
转载《传记文学》第9卷第5期(1966年11月)

附记：此句我的原稿本是写作"大蒜味很臭"，文锦阆后代为修改作"大蒜味很香"，一字之差，令整个气氛大为改观，可见修辞之重要，以及她为人忠厚与幽默之一斑。因文中述及她所题"抛妻别子图"，特一并说明，博读者一笑。

> Kung Chui:
>
> A friend in need is a friend indeed.
>
> Tung Tso-pin
> August 9, 1948.

董作宾毛笔所书致作者（字公垂）的英文格言

董作宾与作者在芝加哥合影(1947年)

芝城小宴

董作宾旅途中致作者函（1948年）

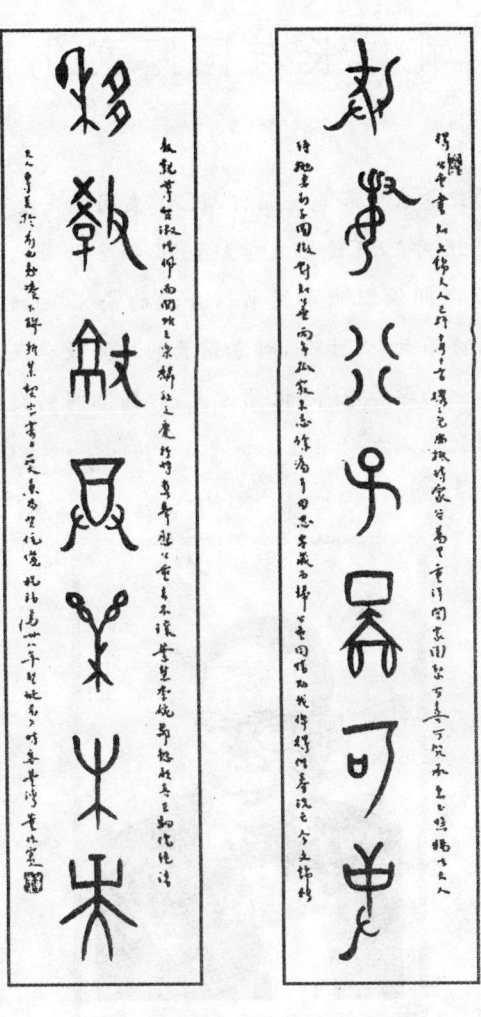

董作宾为作者所书甲骨文联

袁同礼馆长与国际文化交流

　　此文为纪念袁守和先生而作,收入《袁同礼先生百龄冥诞纪念专辑》(1996年)及《传记文学》(1996年2月号)。作者曾于1937—1947年间供职北平图书馆分设的南京"工程参考图书馆"及"上海办事处"凡十年,对袁馆长的办事效率及苦干精神,身受感召。他的学养深厚、识见远大,对国际间的交往,尤多贡献。本文仅就此点加以申述。

袁同礼像

在现代中国图书馆事业发展的过程中,袁同礼(守和)先生是一位有口皆碑、众望所归的领袖人物。他的学养深厚、中西兼长、识见远大、做事勤劳,使他能结合中国传统学术和西方图书管理的特长,指导现代中国图书馆事业发展的方向和奠定了中国国家图书馆的基础。他的主要贡献表现在规划北平图书馆的体制、设计有中西特色的馆舍、广搜中外古今典籍、延揽各项专业人才、重视研究与著述和促进国际学术发展与文化交流,尤其是最后一项为袁先生的长才大略,使北图和他的事业享誉国际,为国争光。爰将他的这项贡献特别提出,略述观感,以纪念袁先生的百年冥诞。

一、接待外国学者、建立研究中心

袁先生以他独具的学养和才能同外国学者所建立的公私友谊,使许多研究中国的西方学者对中国文化发生好感。我们常听到一些人说,美国研究苏联的学者大都反苏,而研究中国的学者大都亲华。其中原因当然很多,但有一点便是他们在青年时代到中国学习研究、搜集资料、写作论文时所获得的帮助和指导,使他们对接待的机构和个人产生好感。他们学成后,回国从事教学、研究或在政府工作,自然流露一种同情之心,反映在他们的著作或中外交往之中。尤其老一辈的西方学者到华学习,有宾至如归之感,这和袁馆长的亲切作风是分不开的。

以美国为例,美国对中国的研究虽从 19 世纪便已开始,但主要教授大都是欧洲学者,或是通晓中国语文的传教士。真正建立汉学研究的第一代美国学者是从 1930 年代才产生。由于美国学术团体联合会和东方学会的提倡,以及哈佛燕京学社和洛氏基金会的支助,一面在美国主要大学开设中国语文、历史等课程,一面派遣研究人员到中国访问学习。那时正是袁先生主持新合并成立的北平图书馆,建造了中西合璧的新馆舍,而馆务蒸蒸日上的时期。北图的藏书丰富、设备周全,是来华的汉学家和研究生必到之地,因得袁先生殷情相助而建立了深厚的友谊,这里有他们的亲身经历和自述可以作证,我只举二人为例。

最著名的是哈佛的费正清(John K. Fairbank),他是西方研究近代中国的启蒙大师,美国政商各界活跃的人物和在各大学执教的教授,很多出自他的门下。在1930年代初,他为完成牛津大学的博士学位写作论文,而到中国搜集资料,曾得到袁先生的帮助并指定专人协助他使用中文资料,使他满载而归。当他在1942年第二次访华时,正值第二次世界大战期间,他已是美国驻华大使馆的官员,主管美国国务院摄制的缩微学术资料在华分配工作,因为旧识而再次得到袁先生的相助。他和他的夫人Welma在抗战时期先后在中国主持美国援华的文化工作,这和他们早期在中国所获得的经验是分不开的。他说:"袁先生是一位杰出的人才,以他的才学、精力及理想为学术发展而努力。他不仅为自己的国家而工作,也同时为关心国际文化交流而奔走。他如果做官或经商,以他的才华一定得意或发财,然而袁先生却把他奉献给学术和文化的发展。"(见《思忆录》)

另一位是芝加哥大学教授顾立雅(Herlee G. Creel),他是国际闻名的中国古代史权威。1930年代初他在北京居留三年,由于袁先生的介绍,师从馆中金石部主任刘节,研习中国古文字学,每周到馆两次,专攻甲骨文和金文,对于他回国后的教研工作及编制课本教材,都有极大的影响。他说:"我是1932年抵达北京,袁先生使我有宾至如归之感,他是很难在西方遇到的这样一位学者。我是从事研究一个很偏僻专题的学生,当时毫无头绪。袁先生介绍我认识了馆中一些最出色的专家,如果没有他们相助,我将无从着手。"他又说:"我曾赠送礼物,但他们拒绝接受,这便是袁先生所主管这一最辉煌的学术机构的指导精神。"(见《思忆录》)

其他还有许多欧美学者,如宾州大学的卜德(Derk Bodde)、翻译《汉书》的德效骞(Homer Dubs)、国会图书馆的恒慕义(Arthur H. Hummel)、作家赛珍珠(Pearl S. Buck),都是那时北图的座上客。此外,德国的傅兰克父子(Wolfgang and Herbert Franke)、英国的西门(Walter Simon)、法国的杜伯克(Andr'e Dubosque)、意大利的蓝柯地(Lionelle Lanciotti),也都和袁先生在学术上建立了深厚的友谊。当时的北图成为国际间的汉学研究中心,这和袁馆长的诚恳而亲切的作风是分不开的。

二、协助采访图书、提供出版信息

对中国文化作高深的研究,必须要有充实的图书资料为基础。在1930年代前后,美国有中文图书馆约20所,其中最重要的除哈佛燕京外,如国会、哥大、芝大等馆的图书采访都得到北图之助,由袁先生指定专人代为采购,因此得以建立各馆的坚实基础。当时袁先生对外交往的一位得力助手为顾子刚先生,他虽从未出国门,但英文流利,并可以用美国俚语交谈。他用大同书店的名义代几处指定的图书馆选购图书,他了解某一教授研究的范围,根据他们需要的门类,在市上代为访求购寄。他按实价加收手续费一成,但他个人并不收受酬劳,而以书店盈余另购图书赠送北图。在《图书季刊》新第7卷第3、4期载有他赠送馆中新旧书刊的名单,可以为证。

以芝大远东图书馆为例,其基础可说全由北图协助而建立的。因校中以中国古代史为教研中心,故早期购藏几全部为线装古籍,不少皆系私家藏书,版本精良,品质完好,由书肆重加装修,另制蓝布书套,加贴虎皮书签,至为工整。从 1936 年开始迄至 1947 年我来馆整编为止,所购将近 7 万册,再加购入劳福(Berthold Laufer)于清末所得中、日、满、蒙、藏文书籍,藏书总数已近 10 万册。其中经、史、子、集四部俱备,而尤以经部最精而最多。在西方当属首屈一指。至于丛书、类书、方志,以至近代考古报告及全套汉学期刊,亦皆精选细择而来,因此复本少而各类全备,故来馆使用之校外人士,每多赞美其选择之精。其中至少约三分之一为他处所未入藏。

为提供国内外学者对中国图书出版及学术活动的消息,袁先生于 1934 年起创办中、英文版《图书季刊》(*Quarterly Bulletin of Chinese Bibliography*),内容有论著、序跋、书评、新书介绍、期刊介绍、学术消息、西书中译等专栏,多彩多姿,生动活泼,不似一般学术刊物之枯燥无味。中西文本内容不同,英文本以国外学者为对象,除发表有关中外文化交流的专文外,尤注意国内学术研究成果及介绍新出版书刊,并有简短解题,颇受读者欢迎。因战事关系,中文版出至 3 卷,西文版出至 4 卷停刊。新一卷于 1937 年在昆明复刊,实际上除一部分稿件在内地编辑外,所有书评、印刷、校对和对国外发行等业务,却完全由我负责在上海进行。这一刊物在北平创刊时,只有几位学者挂名,袁先生虽是创办人但并未出面,直至在昆明复刊时,他才将大名印入封里页,作为总编辑(Managing Editor),由我担任经理(Manager)。此刊中、英文本一直出至 1947 年终刊,因袁先生离平出国,迄未复刊,实为中外学术界一大损失。

三、派员出国进修、交换中外人才

延揽专业人才和派遣馆员出国进修是袁先生培植后进的一项重要人事措施。当时自费出国，甚少人有此财力，而公费派遣，亦无图书馆名额。因此在这一清苦的行业中要出国进修，北图是当时唯一的渠道。因为袁先生在他留美学业完成后曾在国会图书馆实习而感觉到工作经验的重要，同时以他在国外的声誉以及和国外图书馆界及学术界人士所建立的友谊，经他推荐以交换名义或获得奖学金方式而出国进修的人员先后大约有十多人，对国内外图书馆事业的发展，产生了一定的作用。

最早由他和美国哥伦比亚大学成立协议，派员前往该校图书馆工作，同时在图书馆学院选课进修，半工半读，每两年更换一人。另外和国会图书馆以及其他大学也有同样的安排，其中有严文郁、汪长炳、岳良木、李芳馥、曾宪文等十余人。我可能是通过这种安排而来美的最后一人。

至于欧洲方面以交换方式派出的有严文郁赴德、王重民去法、向达及于道泉去英。国外人员到北图研习的有德国的西门博士（Dr. Walter Simon）和法国的杜乃扬女士（Mlle. Dolleaws）。王、向两先生从欧洲携回的敦煌资料和他们的著述，对中国敦煌学及中西交通史研究的开展，厥功至伟，而当初看到流失在国外的中国典籍之重要性而派员出国研究是袁先生的高瞻远瞩和深谋远虑，他对促进中国学术研究的发展，贡献至大。

我在抗战期间由上海秘密运送北图善本到美（详情见另文"北平图书馆善本古籍运美迁台经过"），在绝望和危难中侥幸完成任务，袁先生对此十分赞赏,因此计划送我出国进修。当时洛氏基金会曾赠送北图一套制作缩微摄影机并附带一名奖学金到美学习制作技术,袁先生推荐我应征,希望学成回国后,一面在馆中负责缩微工作,一面在北大新设的图书馆学系任教。就在同时,教育部又派我去华盛顿接运当年运美的善本图书回国,一切手续均已办妥,但因国内战事爆发而奉令从缓。那时芝加哥大学正拟聘请一位中文编目员,袁先生又将我推荐给芝大主持中国研究的顾立雅教授,谓可全工半读,一举两得。顾氏曾居留中国,了解中国学者的作风。他给袁先生的信中说:"钱君一定可以胜任,否则你不会推荐,但有一些事要预先说明:这里和中国情况不同,没有助手。他必须自己手写卡片,搬书上架,还有其他琐事在中国都是由助手办理的。我知道有些学者不愿意做这些杂事,或者做了抱怨,不知钱先生对这种情况是否觉得愉快?"

我对这些要求没有意见,反倒觉得洋人办事的直爽。于是我接受了这一邀请,在1947年10月到达芝加哥。本定两年为期,但由于校方殷切挽留,期满后续聘为远东馆主任,并在东方语文系兼课,也获得袁先生的同意。不意国内局势变化,竟终老异邦,实非初料所及。

四、征集外文书刊、摄制善本书影

北图承传前京师图书馆藏书,多系中国古籍旧刊,作为一个国家图书馆,世界各国出版物自应具备。袁先生创馆之初即设立国际图书交换处,广征国外图书刊物,以充实馆藏,同时搜购外国官书、学术团体报告、会议录,以及全套西文及日文科技期刊和有关汉学及东方学的学报和专著。尤其逐期刊行的出版物最难收藏齐全,但北图馆藏这一类学术刊物不下数百种,颇多皆自19世纪初期出版时即开始搜藏，装订完整，极为难得。因此在1934年善本南迁时，这些全套学报亦随同南移，以策安全。其中寄存上海中国科学社的西文科学及东方学的期刊即达三四百种，约近1万册；存置南京地质调查所的工程参考书、外国官书及日文刊物亦有600多种、4000多册，皆为近世难求的珍品。

抗战期间，袁先生移驻昆明及重庆，除与英美驻华大使馆保持联系，接受这两国援华图书仪器外，复以中华图书馆协会理事长名义致函各国图协、大学及学术文化团体请求援助。美英两国图书馆协会立即发起征书运动，先后捐赠图书、期刊凡数万册，英国方面并捐助现金以供购买图书仪器之用。这些成就都是当年袁先生和国外图书馆界和汉学家建立的公私友谊而获得的热烈反应，也是很少有他人可以取到国际学术界的盛大同情。

此外，袁先生并与美国国会图书馆取得协议，接受北图存沪的善本古籍运美寄藏，并代摄制缩微书影，以供永久保存和使用的便利。对于古籍的保存采用缩微处理为现代图书馆通行的方法，但当时国内无此项设备而费用昂贵，现借此机会由美方出资摄制，实属一举两得。

这批图书共2700余种，约3万册，于1941年太平洋战争开始前不久由上海运美寄存。摄制工作自1942年初开始迄1946年完成，前后费时五年，由当时在国会图书馆工作的王重民（有三）先生负责其事，每书皆由他亲自从原装书箱内取出，加以著录并撰作提要，然后送交缩微部摄影，完毕后再由他归还原箱。全部图书共250多万页，摄成胶卷1070卷，长101920尺。底片存于国会馆，另制正片三套赠送中国。现在全套价值在五万美元以上，世界各国重要图书馆不下200余处均有收藏，台北曾于1969年编印了一部《国立中央图书馆典藏国立北平图书馆善本书目》，分类排列，附有著者、书名索引及胶卷号码,检阅方便。王先生所撰提要除附在胶卷内以外,亦收入其遗作《中国善本书目提要》(上海,1983年)及补编(北京,1991年)。这些中国历代留存的稀世遗珍能在全世界的范围内流通,随时可以利用研究,实受当年袁先生设想周全之赐。

五、编著西文书目、记录学术交流

袁先生的著述丰富,所作以考订、辑佚及编集为主。中文部分可以调查《永乐大典》存佚,考订各朝私家藏书,及编校《新疆研究丛刊》作为代表。自来美定居华盛顿后,因利用国会图书馆藏书之便从事西文有关中国研究之编集及中国留学生论文的调查,对20世纪前半期中外学术文化交流的成果,加以详细的记录,嘉惠士林,影响深远。其中最重要者可分三类加以介绍。

(一)《西文论华书目》(*China in Western Literature, 1921—1958*. New Haven, 1958);"德文汉学著作选目"(*Sinological Literature in German, 1939—1944*);《俄文论华书目》(*Russian Works on China, 1918—1960*. New Haven, 1961)。前书为法人考狄尔(Henri Cordier)的《中国书目》(*Bibliotheca Sinica*)及其补编之续集,收录英、法、德文有关中国研究之专著凡1.8万种,以补狄氏所收迄至1942年的资料之不足,但未收论文。其后有英国勒士特(John Lust)所编之《外文期刊有关中国论文索引》(*Index Sinicus, 1920—1958*),实为袁目之补编。如以此三家书目合并检用,即可窥见16世纪以来迄20世纪前半期西文有关中国著述之全貌,为从事中国学术研究者所必备之重要参考书。

德文选目于1947年在国内发表,可知其编著全目之计划早在来美之前即已开始。来美后更学习俄文,而将俄文部分另为发表,更臻全备。袁先生精通数国语文,且多次赴欧访问研究,对书中所收资料,或查核目录,或检阅原书,故搜罗完备,著录详细,对国人著作并附注汉字姓名,尤为其他书目所不及。

(二)有关中国之专科书目三种,其中《现代中国社会经济发展资料指南》(Economic and Social Development of Modern China: a Bibliographical Guide, 1918—1960),收集有关统计、经济、金融、地区调查及社会发展之英、法、德文专书、小册子、期刊及参考书,为研究现代中国问题者所编集。《中国数学书目》(Bibliography of Chinese Mathematics, 1918—1960),对于中国科学史的研究,其中有很多资料足供参考。另有《中国艺术考古西文目录》一种,收录西欧及俄文有关书画、建筑、雕刻、陶瓷、铜器、版刻及工艺之专著及论文1500条,为袁先生之最后遗著,原收资料至1955年止,未及终篇即故世。后由袁氏家属委托芝加哥大学美术史教授施德本(Harrie Vanderstappen)加以整理及补充,增入资料迄至1965年止,定名 T. L. Yuan's Bibliography of Western Writing on Chinese Art and Archaeology, 1920—1965,由伦敦 Mansell 出版。我曾为此书写作序言,是研究中国艺术及历史学者最重要之参考书。

(三)《中国留美同学博士论文目录》(A Guide to Doctoral Dissertation by Chinese Students in America, 1905—1960),收录2779篇,内加拿大28篇,另有名誉博士180人,论文以科学、工程、医药1914篇数量最多,人文及社科875篇次之。另有英国、爱尔兰编(Doctoral Dissertations by Chinese Students in Great Britain and Ireland, 1916—1961)收录346篇;又欧洲大陆编(A Guide to Doctoral Dissertations by Chinese Students in Continental Europe,

1907—1962）收录 1574 篇。根据以上三种目录，可知 20 世纪前半期五六十年间自欧美大学取得最高学位者不下四五千人，在中国现代化的过程中，自有其一定的贡献和影响。袁先生的调查和著录，是中国现代史中一项最详细而重要的记录。其中不仅可查到中国的风云人物当年在校时研究的专题，即使一些冷僻、传奇名士，翻查亦可得知其详。譬如美国的皮蛋博士，在国内久闻大名，却不悉其人，如检阅袁目，即可知道是芝加哥大学化学系王季茞所作"中国皮蛋及食用燕窝之化学分析"（Wang Chi-Che, 1894—, Ph. D., Chicago, 1918, "The Chemistry of Chinese Preseved Eggs and Edible Bird's Nets," *Journal of Biochemistry*, v. 49, 1921, pp. 429—452）。

所谓博士论文，大都是小题大做，虽然其中有些滥竽充数，但大都皆为前人未加注意之专题，经过多年的钻研而获得的成果，不仅对其母国有所贡献，即对所在国亦会产生一定的影响。譬如哥伦比亚大学陈焕章的博士论文："儒家的经济理论"（Chen Huan-chang, 1880—1934. Ph. D., Columbia, 1911. *Economic Principles of Confucius and His School*）二大册，其中述及中国的平籴法，为 1933 年美国第一次颁布的农业调节法案（The Agricultural Adjustment Act）所采用，乃罗斯福新政补救 1930 年代前后美国经济不景气的一种重要措施，也是中国经济制度在美国具体化的一个例证。袁先生对此种资料穷搜博访，著录详明，尤其对每一作者皆加注中文姓名及生卒年月，其功力实非他人所可及。

以上略举数端，以表慕对前辈大师的怀念。

1995 年感恩节于芝加哥
转载《传记文学》第 68 卷第 2 期（1996 年 2 月号）

北平图书馆外景(1930年)

北平图书馆阅览室(1930年)

T. L. YUAN
1723 WEBSTER STREET, N. W.
WASHINGTON 11, D. C.

公弢兄 前年 手書收穿去城 周子競尚未 有
詢問 仍陸續搜集 共得一百三十人 之記于拙著民油
卯内遠寄 弟慶菜 明年十二月十日适六十五歲
舊友 于今歲起由谷此編即語者收全諭文集徵畵中
西人士 投稿 兰大方面擬請 Creel及 Kracke 各緕一篇
使中西学者先行徵求同意 如允寄稿 擬由谷此米驕
尤茎式五約为兰大本度新設语言学学院擔心结束抱
又兰史系幸擬二猜寄出一份 之谷
幸程尚有在京者 忒好將装頁費人這寄一份之菥
敬祝 暑祺
袁同禮 卉 九二

袁同礼致作者函(1955年)

701. TSENG, YU-HAO 曾友豪, 1900-   (Ph.D. Johns Hopkins, 1927)
     American influence upon Chinese reform movements.

702. TSEO, CHENG-SE 周承鋸, 1908-   (Ph.D. Louisiana, 1942)
     The development of China's monetary system.

703. TSEO, PING-I 鄒秉貽, 1900-   (Ph.D. Yale, 1941)
     The Christology of Emil Brunner.

704. TSEU, AUGUSTINUS A. 周幼偉   (Ph.D. Loyola, Chicago, 1948)
     The moral doctrine of Mo-Tze.

705. TSIANG, CHIEH 蔣傑, 1909-   (Ph.D. Minnesota, 1948)
     An economic study of some problems of Chinese agriculture.

706. TSIANG, I-MIEN 蔣以緜, 1907-   (Ph.D. Johns Hopkins, 1942)
     The question of expatriation in America prior to 1907.

707. TSIANG, TINGFU FULLER 蔣廷黻, 1895-   (Ph.D. Columbia, 1923)
     Labor and empires; a study of the reaction of British labor,
     mainly as represented in Parliament, to British imperialism
     since 1880. New York, Columbia University, 1923. 220 p.
     (Studies in history, economics and public law, v. 106, no. 1;
     whole no. 239).

708. TSIEN, TSUEN-HSUIN 錢存訓, 1909-   (Ph.D. Chicago, 1957)
     The pre-printing records of China; a study of the development
     of early Chinese inscriptions and books.

709. TSO, SHIH-KAN SHELDON 左世康, 1901-   (Ph.D. Indiana, 1928)
     The labor movement in China. Shanghai, Commercial Press,
     1928. 230 p.

710. TSOU, STANLEY SZU-YEE 鄒斯頤, 1922-   (Ph.D. Harvard, 1946)
     The world tea industry and China.

711. TSOU, TANG 鄒讜, 1918-   (Ph.D. Chicago, 1951)
     A study of the development of the scientific approach in
     political studies in the United States with particular emphasis
     on the methodological aspects of the works of Charles E. Merriam
     and Harold D. Lasswell.

712. TSOU, YI-CHUANG LU 鄒盧懿莊   (Ph.D. Chicago, 1950)
     A study of dominent, equalitarian and submissive roles in
     marriage.

713. TSU, CHI-TUNG 朱起東, 1914-   (Ph.D. Northwestern, 1945)
     An original composition entitled: An heroic poem.

714. TSU, JOHN B. 祖炳民, 1914-   (Ph.D. Fordham, 1953)
     Sino-Soviet relations, 1945-1952.

袁同礼《中国留美同学博士论文目录》

吴光清博士生平概述

  吴光清先生是中国学者毕生以西文写作中国图书目录学的第一人,是中国早期取得图书馆学博士学位的少数学者之一,也是唯一曾在中美两国国家图书馆担任主要职务的人物。他的学识渊博,思路严密,精通外文,在国际上宣扬中国文化,对西方学者了解中国学术、出版和图书馆发展的历史,贡献良多。他为人忠厚、谦虚,做事稳重,与人无争,是中国典型的谦谦君子,也是我的学业前辈和生平益友。2005 年是他的 100 岁诞辰,爰将他的生平、事业和著述,略加记叙,借此纪念他在图书馆事业和国际学术界的贡献,并代表中外友人对他的怀念和景仰。

吴光清像

吴光清，字子明，1905年12月5日出生于江西九江。他在本地的小学毕业后，考入南京金陵大学附属中学，1923年毕业后再升入金陵大学（现南京大学）本科，主修教育及英文，选习图书馆学，[注1]成绩优异，1927年秋季毕业，取得文学学士学位。毕业后曾任中学教员三年。1930年他获得美国卡内基基金会（Carnegie Foundation）的奖学金，赴美入哥伦比亚大学进修，主修图书馆学，1931年取得学士学位；后又进入密歇根大学图书馆学系研究，1932年获得硕士学位后回国。1932—1935年任金陵女子大学图书馆馆长，1935—1938年转任国立北平图书馆编纂兼编目部主任和《馆刊》编委。1938年获得洛氏基金会（Rockefeller Foundation）的奖助，到美国国会图书馆东方部实习。1941年进入芝加哥大学图书馆学研究院攻读博士学位，从国际印刷史权威卜特勒（Pierce Butler）教授研习西洋图书印刷史，于1944年毕业，成为中国人取得图书馆学博士学位的第三人。[注2]此后他继续在国会图书馆东方部工作，主管中文参考及编目的业务，并于1945年编订《中文图书分类法》，为国会图书馆中文图书编目所采用，直至1957年由于该馆对各种文字的图书统一采用《国会图书馆分类法》而放弃，但该馆超过10万册的中文线装旧籍仍用他的分类法编目排架。1966年吴博士升任为东方部中韩组主任，直至1975年退休。他先后在国会图书馆工作了37年，退休后被聘为该馆中国目录学名誉顾问三年。

吴先生的著作以英文为主，大致可分为国内、国外两个时期和内容三大类别：图书馆史、印刷出版史、目录和书志。[注3]他最早写作的一篇英文论文为"中国辞书简介"，1929年发表在上海出版的英文学术刊物《中国科学与美术》季刊。其后应中华图书馆协会的邀请，为

1935年纪念该会成立十周年出版的英文论文集所作关于中国图书馆历史的介绍。不久，由林语堂等主编的英文《天下月刊》在上海出版，吴先生成为该刊的主要撰稿人之一，先后于1936—1940年间发表有关图书印刷史和目录学的论文多篇，成为中国人最早以西文写作这一专题的学者。他来美后的论文主要发表在《哈佛亚洲研究学报》、《图书馆学季刊》和国会图书馆的刊物。其后因为职务关系，他的写作大都为国会图书馆的特藏、目录和采访报告。

吴博士的论文题为《唐代至明末的中国学术、图书出版及图书馆发展史》（Scholarship, Book Production and Libraries in China, 678—1644），全文共分十章，约十余万言。除首章序言及末章结论外，其他各章分别叙述古代及历代以迄明末的著作研究、公私藏书、印刷出版以及目录校勘等各种学术活动，行文通畅、巨细弥遗，成为西文著述中的第一部中国中古学术通史，也是研究中国文化史的一部重要参考资料。

我是1927年夏季进入金陵大学就读，同时在金陵女子大学图书馆工作。当时吴先生已将毕业，因为他和我的大哥存典是中学和大学的同班好友，使他成为我的学业导航人。不仅我在学术研究方面多得到他的指导，他对我的工作也十分关怀。1936年我从上海交通大学转职到北平图书馆南京分馆工作，便是由于他的介绍，获得袁同礼馆长的聘任。来美后的工作和进修，也都获得他的鼓励和指导。我的博士论文和其他著作的原稿，也都得到他的审阅。我曾将我为李约瑟编著的《中国科学技术史》所作英文本《纸和印刷》一册献给三位指导人，吴博士是其中之一。1978年在我退休时，他曾发来一份贺电说："也许是巧合，我们的生平和事业有四同：同学（金大、芝大），同事（金女大、北图），同行（图书馆工作），同兴趣（图书印刷史）。"他所说的同事,乃是指我们先后同在两处工作,我曾在金女大代理馆长,离开后由他接替;后来他在北图工作三年,我在北图上海办事处工作十年。的确,不仅我们的学业和事业前后相同,我们的兴趣和研究的范围也非常接近。前者可能是巧合,而后者确实我是受到他的指导和影响。

除此以外,我们的友谊也非比平常。他的夫人陈汝霖女士便是由文锦和我的撮合而成婚。那是1949年前后,陈女士由日本来美,在芝加哥市教育学院进修,由她原在东京工作的同事也是我们的好友刘麟生(字宣阁)先生介绍,嘱托我们加以照应,那时正好吴先生寻找女友,因此由我们介绍,一加撮合,即成为终生伴侣。吴夫人为人干练多才,曾在美国联邦政府从事教育工作多年,现已退休。吴先生素来体格强健,生活很有规律,但老年时常有昏倒现象,而不能查出原因。最后就因发病倾倒而不治,于2000年11月10日故世,享年95岁。美国国会图书馆于2002年亚洲研究学会在华盛顿年会特别举行追悼会,以表扬他一生从事图书馆事业的贡献。2005年是他的100岁诞辰,他的友好正拟编印他的学术论文集,以纪念他对国际学术界的贡献。

附　注

1. 金陵大学(现南京大学)于1913年开设图书馆学课程,由图书馆馆长克乃文(Harry Clemens)讲授,是中国最早开设这一类课程的大学。1927年正式成立图书馆学系,属文理科,开设有关图书目录学等课程十多门,由刘国钧、李小缘等讲授。
2. 芝加哥大学于1928年授予图书馆学博士学位,是世界大学中最早授予这一专业最高学位的大学。中国人早期获得芝加哥大学图书馆学博士学位的有桂质柏(1931)和谭卓垣(1933),吴光清(1944)是第三人,我是第四人(1957);

以后由我在芝大指导取得图书馆博士学位的中国同学有 6 人,硕士学位 12 人。

3. 见附录潘铭燊编《吴光清博士著作目录》。

2005 年至 5 月 31 日美国国觞日

钱存训、吴光清、恒慕义合影(1947 年)

(恒慕义为芝大校友,曾任驻中国大使)

附录:吴光清博士著作目录

(潘铭燊编)

1929　Wu, K. T. "A brief study of Chinese lexicography(中国辞书简介)", *China Journal of Science and Art* 11 (1929), pp. 169—172.

1936　Wu, Kuang-tsing. "The Chinese book: its evolution and development(中国图书的演进与发展)", *T'ien-hsia Monthly* 3(1936), pp. 25—33.

1936　Wu, Kuang-tsing. "The development of printing in China(中国印刷术的发展)", *T'ien-hsia Monthly* 3(1936), pp. 137—160.

1936　Wu, Kuang-tsing. "A history of Chinese libraries(中国图书馆史)", In *Libraries in China: Papers prepared on the occasion of the 10th anniversary of the Library Association of China*. Beiping: Library Association of China, 1935.

1937　Wu, Kuang-tsing. "Libraries and book-collecting in China before the invention of printing(印刷发明前的中国图书馆和藏书家)", *T'ien-hsia Monthly* 5(1937), pp. 237—260.

1940　Wu, Kuang-tsing. "Cheng Ch'iao, a pioneer in library methods(郑樵:图书馆方法的创始人)", *T'ien-hsia Monthly* 10(1940), pp. 129—141.

1940　Wu, Kuang-tsing. "Colour printing in the Ming dynasty 明代的彩色印刷," *T'ien-hsia Monthly* 11(1940), pp. 30—44. 柳存仁译"明代的彩色印刷", 吴光清著,《大风半月刊》90—91(1941: 5—6), 页 3015—3018; 3042—3045。

1942　Wu, Kuang-ch'ing. "Ming printing and printers(明代的印刷术和印书人)", *Harvard Journal of Asiatic Studies* 7 (1942—1943), pp. 203—260.

1944　Wu, Kuang-tsing. *Scholarship, book production, and libraries in China (618—1644)* (初唐至明末的中国学术、图书与图书馆), Thesis (Ph. D.)—University of Chicago, Graduate Library School. 1944. 291.

1945　Wu, Kuang-ch'ing. Books on East Asiatic music in the Library of Congress Printed before 1800(美国国会图书馆所藏 19 世纪以前的东亚音乐

图书），In Hazel Bartlett, *Catalogue of Early Books on Music（before 1800）. Supplement（Book Acquired by the Library* 1913—1942）*with a List of Books on Music in Chinese and Japanese*（Washington：U. S. Government Printing Office, 1945），121—131.

1950　Wu, Kuang-tsing. "Chinese printing under four alien dynasties（916—1368AD）（辽、金、元及西夏的印刷）", *Harvard Journal of Asiatic Studies* 23（1950）, pp. 447—528.

1952　Wu, Kuang-tsing. "The development of typography in China during the nineteenth century（十九世纪中国的活字印刷）", *Library Quarterly* 22（1952）, pp. 288—301.

1955　Wu, K. T. "Library of Congress Annual Report：China（美国国会图书馆年报：中国）", *Library of Congress Quarterly Journal* 12（1955）, pp. 59—64.

1961—1969　Wu, K. T. *Quarterly Journal of the Library of Congress*. Orientalia：China（1961—1969）（美国国会图书馆东方部新增中文古籍提要），1961—1969.

1969　Wu, K. T. "A list of books on music in Chinese（中文音乐图书目录）", In Julia Gregory and Hazel Bartlett, *Catalogue of early books on music（before 1800）*（19世纪以前的东亚音乐图书），New York, Da Capo Press, 1969.

1971　Wu, K. T. "Illustrations in Sung printing（宋代印本的插图）", *Library of Congress Quarterly Journal of Current Acquisitions* 28（1971）, pp. 173—195.

编者注：以上论文，除柳存仁所译"明代的彩色印刷"外，均为英文原作。英文篇名后由本文作者加译中文说明，藉增了解。

怀念顾起潜先生

顾廷龙先生是中国图书馆界的前辈,也是一位国际知名的书法家。在1930—1940年代,我们曾一同在上海度过艰难岁月。1980年代前后我曾两次到上海访晤,承他相助取得有关印刷史的研究资料。1988年他应邀来美参加国际善本目录会议,我曾请他到芝加哥来参观访问,相聚甚欢。不幸他于1998年过世,享年95岁。

顾廷龙(左)与作者在上海黄浦江游艇上倾谈

在当代中国文化事业发展的长河中,顾廷龙(起潜)先生是一位学养丰厚,终身从事图书馆专业的领袖人物。他精研版本目录学,对古籍善本的鉴别、保存、整理和流传,都曾有很重要的贡献。他从事学术研究,著述专精;他所编纂的文献资料,闻名国际;他又长于书法,正草隶篆,无一不精。他本性善良、待人宽厚、治学严谨、办事勤劳;凡有所求,无不尽力相助。他一生劳碌,鞠躬尽瘁,令人敬佩。他是我相交一个甲子的旧友,也是不久前才认定的一位远亲。今年是上海图书馆建馆五十周年馆庆,也是顾老接长馆务的四十周年纪念,爰就记忆所及,略述我们交往的经过,表示对他一生事业的景仰和对上海馆的成就与前景的衷心祝贺。

我和顾老相识,是在 1930 至 1940 年代的抗战期间,我们一同在上海孤岛度过一段艰苦而辛酸的岁月。当时我在国立北平图书馆(现国家图书馆)上海办事处工作,同时顾老也奉命来沪筹设合众图书馆,搜藏流落在市上的珍本古籍,因此我们不时相见。新中国成立后,他曾参与筹备上海图书馆,其后又出长馆务二十余年,使上海馆的收藏日见丰富,规模更为宏伟,成为一所具有世界级的领先大馆。这些成就都和顾老的参与筹划和领导分不开的。

我在 1947 年离沪来美,在芝加哥大学进修和工作,不久中美关系陷于低潮,因此我们多年来失去了联系。我们再次见面是在 1979 年的秋季,为我离开上海 32 年后第一次回到祖国,当时我参加由北图邀请的美国图书馆界访华代表团,访问北京、西安、上海、南京和广州等地的图书馆,并作学术报告。9 月 21 日到达上海,勾留五日,第二天就拜访上海图书馆,由顾老亲自接待。次日下午游览黄浦江,由馆中特别安排我和顾老同座游艇的中央,得以畅谈往事。我曾代表芝加哥大学赠送上图一批有关高科技和电子计算机的西文图书 500

多种,共计 600 余册,也由他接受,并承面赠他用篆文所书周总理诗句"欣喜前尘景、因缘文字多"的条幅(第 262 页图)给我作为纪念,至今保藏。

此外,我曾将所收集 1966 年在韩国发现的一件世界上最早的印刷品《陀罗尼经》的复印本和有关报道以及研究这一印本的全部资料赠送给上图,引起顾老的特别关注。因为这件经文的发现,曾获得国际学术界的重视,轰动全球已经十多年,而国内适值"文革"时期,与世隔绝,对此竟一无所知。因此,他立即将其中韩国学者主张这件印刷品是朝鲜所印的一篇论文,请托馆中许玉善和卢调文两位同事合作译出,并送请国内专家加以研究,立即引起学术界的广泛注意和反应。我也曾针对韩国学者所提楮纸、经文、字体、制字四点,逐一加以批驳,反证此经是唐武后时代所印而流传朝鲜。这一问题在国内引起重视和展开讨论,最初是由顾老主导和安排所作出的结果。

同时,我因应英国李约瑟博士的邀请,写作《中国科学技术史》大系中《纸和印刷》一册,需要收集有关雕版印刷技术方面的资料,以供参考。承他的介绍,得以参观访问上海书画社和朵云轩,并向店中的老师傅请教。除了取得全套雕版、工具、样张和了解刻印的工艺流程外,并得知社中自 1972 年以来即由老工人训练中学毕业生多人学习木刻,第一部费时 6 月印成约 2 万字的《共产党宣言》,宣纸线装一册,新旧结合,刻印甚精;其后又影刻上海馆藏宋端平本《楚辞集注》和其他珍籍多种,摹拟旧本,几可乱真。这些工作都曾得到顾老的提倡和指导,使这一中国发明的传统雕版技术得以保存不绝。此外,他还为我请托馆中杨律人先生将雕版过程摄影并制成一系列的绘图,并多次来信详细说明。他说:"何谓'夹空三线',非样不明,'花格'我馆尚有存者,特以赠览。"我对雕版技术的知识,得到他的指点很多。

后来我曾写作专文,选用其中的"上板"、"发刀"、"剔空"、"拉线"四幅作为插图,并收入《纸和印刷》专书,为此我曾特别在书中声明道谢。

1984年,我再次回国参加在北京召开的第三届国际中国科学史讨论会,会后再访上海,会晤顾老,谈起1941年太平洋大战开始前夕,我从上海秘密运送北图存沪的善本古籍约3万册交由美国国会图书馆保存并摄制缩微书影,以及后来由美迁台的经过。他对此事非常关心,详细询问。我曾根据台方的档案说明这批古籍运台,原是寄存性质,后来重编《国立中央图书馆"典藏"国立北平图书馆善本书目》,可以证明这批古籍的主权归属。他表示当年这批善本运离上海,未遭敌军掠夺,是十分明智的决定,否则将遭受存港善本的同样劫运,将不堪设想。他并希望这批国宝能早日完璧归赵。

1988年在美国成立了中国善本国际联合目录的组织,次年3月间在华盛顿举行第一次顾问会议,顾老和我都被邀请出席参加,因此我们得以再次晤面。会后我曾邀请他来芝加哥大学参观访问,他在此勾留三日,使我们获得更多的时间交谈。当时芝大同学正编辑一部《中国图书文史论集》,庆祝我的80岁生日,承他题写书签,又将所作"沈子佗殷拓本题记"刊入此册,并在文后说明原委:

一九八九年二月,一良学长与余同应美国研究图书馆为编辑中文善本书目召开国际顾问会议之邀请,遂于二十五日偕往华府。翌日,一良省其叔志辅先生,回寓云:丈年逾九旬而精神矍铄,尚亲笔砚,撰著不辍,良可企敬!又出示丈所藏沈子佗殷拓本一轴,诸家题记满幅。一良曰:"题记诸公君皆奉知。宜加一跋,以志鸿雪。"余欣然应命,一再展观,往事如昨,既述蠡管之见,并作怀旧之思。……今年为我姨丈钱存训教授八旬双庆,马泰来先生等将编印论文集为寿，征文下逮，耄荒不敢辞。今年三月获访芝城，承钱丈伉俪优渥款接，铭感不能忘。迩来方为周一良先生以沈子佗段拓本嘱题，研读铭文，杂缀成篇，即以应征，就正有道。金文多吉语，曰："秉德恭纯，佳匄万年"；曰："用匄眉寿，黄耇吉康"；曰："用匄多福，眉寿无疆"；曰："用匄万年，永命多福。"敬为寿翁诵之，藉伸祝贺之忱。

　　一九八九年七月，顾廷龙谨志于北京之北苑，时年八十有六。

　　文中顾老称我为姨丈，这是在芝闲谈时，曾说起他的母亲许夫人和我的内人许文锦是姻亲，他虽年高德劭，却自认要晚一辈，谦虚之情，令我们深感不安。他这次访美，便是我们最后一次见面。他回国后虽常有联系，大多通过友人传话，无缘再作面谈。

　　他在晚年所主持纂修的《续修四库全书》，是近两百年来中国文化史上一项伟大的工程。其目的不仅再一次清理民族文化遗产，而规模更较原修的《四库全书》更为宏伟。1994年11月我收到续修四库全书工作委员会的邀请函，聘我为全书的学术顾问。我对中国古籍虽感情深厚，但知识浅薄，不敢接受。后顾老托人传话，谓海外仅聘四人，要我为欧美所藏中国古籍珍本提供意见，不便推辞，因于次年7月回信接受。我对全书的编纂未有贡献，但贱名得与许多专家同列书首，深感荣幸。顾老谢世后一直想略抒所思，以表怀念之情。承沈津先生之嘱，因追述相交经过，藉留纪念。

卿兽为体景因
绿文字习习

周总理诗句书似存训先生留念 顾廷龙 一九七九年九月

顾廷龙赠作者篆书（1979年）

毛抄,校正曹刻甚多,後之学者屡颇传录,雖閱宋本為氏所藏,未詳究竟。今尚书新,不勝欣慰我館藏有述古堂影宋抄本,尝为同出一源,因您惠古樓影即閱此(毛抄現藏天一閣就曾登閱覽觀)。又一为施顾注苏詩,此宋刻相傳有兩部,一为翁方纲網所藏,余外州祖王赎之先生同愈任湖北学政时曾见之,首册題跋累累,抄成一冊龍傳抄。此书後歸袁思亮,袁氏失火,燒去一半,常尝在寿公及樓铭之手(後歸中央圖書館)。今兩書均新,保存誠匪易地。翁先生博学精鑒,主编此錄,尤佳佩仰。茲適我館副館长吳建忠君访美,将参觀書館,草卿敬言,以学面談。残艇健於,余附泙。敬詩顱建龍手衲。一九五年六月十日
苏東坡鳴洋偶。

顾廷龙致作者函(二)

存训先生：

去秋枉顾，快慰无似，惜匆匆别去，至为怅惘。冬间郑桐文先生来馆，常到承蒙惠赐中国善本展览图录一册，首载大文，雕版源流技法论述精详，恐在国外尚未有读者，国内亦未见有之。图录一相助，乃荷惠及，妮纫何之。解者，不胜钦佩之至！稍一相助，乃荷惠及，妮纫何之。图录不仅印刷精良，海内外孤椠秘笈，琳琅满目，如获至宝。其中酾寿为郭元咸兴趣者，尤为宗刻集谈，五十年前尝治集韵之学，因知殷玉裁仅见

顾廷龙致作者函（一）

裘开明博士与哈佛燕京图书馆

　　裘开明先生是美国东亚图书馆早期发展中的一位启蒙大师和领袖人物,也是最早以图书馆专业的资历全职主管美国东亚图书馆的第一人。他的主要贡献在以西方的图书馆管理方法结合中国传统目录学的知识,处理美国图书馆中收藏的中日文资料,并辅导师生的教学和研究,成为这一专门领域的典型。而他所创建的哈佛燕京图书馆至今仍高居美国大学中收藏东方语文资料的首位,特别是中国文献的丰富,成为西方汉学研究的宝库。

裘开明(中立者)与芝加哥大学远东图书馆学暑期班同学合影

美国对中国文化的研究从19世纪末叶才开始,最初是仿效欧洲的学术传统,在一些大学中设立中国语文讲座,由通晓中文的传教士或中国和欧洲的学者担任讲授,同时也接受赠送或交换以及采购图书,以供参考。只是当时的收藏没有系统,没有专人管理,也没有适当的方法加以处置。一直到1920年代后期,由于学术团体的提倡和基金会的资助,培养了一批美国自己的青年汉学家,才开始有系统地教授有关中国语文、历史、哲学、宗教、美术和其他方面的学科,并正式设立图书馆,收集有关资料,以辅助教学和研究之用。1928年哈佛燕京学社成立,并创设哈佛燕京图书馆,在裘开明先生主持下,才开始有专人以中西结合的方法,使内容和形式完全不同的资料得以纳入西方图书馆的系统。

裘先生的博士专业是农业经济,而他的成就却在图书馆事业。他的贡献主要表现在三个方面:(一)珍贵图书的采访。哈佛燕京以雄厚的财力和专业人才的结合,在两次世界大战的中间,全力搜购,充实馆藏。因为当时中国政局混乱、通货膨胀、书价低廉、私家藏书充斥市场,同时又有北平燕京大学图书馆的就近协助,因此裘先生在各种有利的条件下,得以大批采购古籍善本和各类的新书,使得他的采访工作获得最大的成功,不仅四部要典齐备,珍罕秘籍,尤多人间瑰宝。(二)图书分类法的编制。当时传统的四库不能容纳新出版的社会科学和科技书刊,而西方的图书分类法又无法纳入中国和日本的传统古籍。裘先生针对当时哈佛藏书的内容,结合中国和西方图书分类法的原则,编制全新的《汉和图书分类法》以适应这一需要。分类大纲大致按照西方对知识分类的逻辑,但并不仿效杜威或国会的方法,而自成体系。全部内容共分为九大类,以中国传统的经部居首。每类之下,中西新旧兼顾,中国古籍则按照四库子目插入各类之中。编号采用四位数字,地位宽裕,简单而适当,成为当时西方图书馆对东亚语文图书普遍采用的一种分类法。(三)复印和汇编卡片目录。以卡片代替中国传统的书本目录,著录和西文图书相同的项目,加注罗马字拼音,按字母顺序排列,因此可以纳入西方图书馆的系统。卡片最初采用胶质复印,节省抄写人力,发挥卡片目录的功能。稍后又以卡片形式编印书本目录,减轻排版费用,成为后来其他图书馆以卡片复印大型书本目录的模范。

裘先生的著述丰富,他的写作大部分与其主管的业务有关,其中包括:中文图书的分类和编目法、善本古籍的叙录和题跋、管理的经验和馆务报告、一般图书馆的论说以及有关农业经济等撰述。最近哈佛燕京图书馆为庆祝该馆成立七十五周年,郑炯文馆长特别编印一系列的专刊,以供永久纪念。其中有程焕文教授所编《裘开明图书馆学论文选集》一册,作为对该馆创始人的表彰。此集所收论文,大致为有关图书及图书馆学的论著。读者不仅可从中获得图书处理技术方面的指导,同时也可领略到前辈经营管理的经验。

我在1947年应芝加哥大学的邀请,为其远东图书馆自1936年以来所购藏的中文古籍约10万册加以整理编目。当时我就决定采用哈佛燕京图书馆的分类法和印成的卡片目录,并得到裘先生的协助和指导,因此能在十年内,完成了全部的编目工作。我自1962年起兼任图书馆学研究院教授的职务,主管远东图书馆的教研部门。1969年,因专业人才的需要,由美国联邦政府资助,在芝加哥大学举办六个星期的远东图书馆学暑期讲习班,特别邀请裘先生担任中文图书系统课程的教学,并请他编制一份讲义,包括采访、分类、编目和排检等一系列的专门作业。他那时已是71岁高龄,特别从香港赶来授课,受到参加同学的欢迎,也使讲习班的声誉增高,感到特别荣幸。这是我和裘先生最后一次的相聚,对他的学识、经验和为人处事的诚实而谦虚的作风,留下深刻的印象,至今令人怀念而钦佩。

2005 年 3 月 15 日修订

美国芝加哥大学概况

芝加哥大学校园内古典建筑

一、大学概况

美国芝加哥大学是一所私立的高等教育研究机构,创立于1891年。占地211英亩,有古典及新式建筑共约250所。在美国最著名的大学中,是一所年资较短而成绩最著的大学。

芝加哥大学包括大学本部、4所研究学院(人文、社会科学、自然科学、生物科学)、7所专业学院(神学、商学、法学、医学、教育、社会服务、图书馆学[1994年停办])、大学推广部(市区分校、成人教育中心,校外进修部)、大学出版社、图书馆、博物馆、医院,以及许多学术中心和研究所。

芝加哥大学一向以独立思考和注重研究的风气,吸引了许多知名的教授和全世界各地来求学的学生。目前注册的学生约14000人,大学本部、研究院和专业学院约各占1/3。其中包括来自20几个国家和地区的外国学生1200人。大学专任教授共约2160人,此外还有12500名研究员、讲师、校外工作人员、访问讲师和大学附属中学、小学和幼稚园的教职员,以及医院工作人员。

大学本部毕业生中,通常约有95%攻读高级学位,从事教育工作的也不少,约有200位芝大校友和前任教职员现在担任其他大学的校长。这些年来,共有78位诺贝尔奖金的得奖者是芝大毕业生、研究员或现任教授。芝大对高等教育事业上的设施常有示范作用。除各种创造性的研究外,其他如提倡每年四学季制度、成人校外进修课程、初级大学制度、妇女在入学和聘用上机会平等以及医学院由专任教员授课等,都是由芝大首倡,而成为美国现在的教育风气。

二、大学的组织

大学本部 大学本部学生不多,入学选择甚严。学生皆寄宿。教员和学生的比例是 1 比 5,每班学生人数平均不超过 30 人。大学本部由 5 个学部组成,其中 4 个学部和研究院的生物科学、人文学科、自然科学和社会科学 4 学院平行,第 5 个是大学本部。

大学本部采用并不断改善其普通课程体系,学生不为个别学科所限制,可以了解每一门学科的方法和概念组织。

学生在第一年都要修读四门基本课程,分属于生物科学、人文学科、自然科学和社会科学。第二年,学生分别进入五个学部中的一个学部,继续其基本课程。有了这种的广泛基础,学生在最后二年集中学习他们选读的专业课程。

学生读完四年的课程后,可以获得学士学位。每一个学部都提供多种学士学位的课程。

研究学院 研究学院下设生物科学、人文学科、自然科学和社会科学四个学院。

生物科学:包括在普里茨克(Pritzker)医学院讲授的 10 个学系和从事基本生命科学研究的 15 个学系和研究组织。

生物科学研究生可以从下列学系取得学位:解剖学、麻醉学、生物化学、生物学、生物物理和理论生物学、医学、微生物学、神经病学、妇产科、眼科、病理学、小儿科、老人科、药理和生理学、心理学、放射学和外科。此外下列系际委员会也颁发学位:临床药理学、发育生长学、进化生物学、遗传学、人类营养学和营养生物学、免疫学、神经生物学和病毒学。

人文学科：人文学科研究院由19个学系和委员会组成，内有文学、历史、哲学、语言和各种专业知识的编制。

人文学科的研究课程包括：思想分析和方法研究、美术、古代地中海世界、古典语言和文学、比较文学、科学概念基础、英语和文学、历史、文化史、拉丁美洲和加勒比海地区研究、语言学、音乐、中东及近东语言和文化、新约和早期基督教文学、哲学、罗马系语言和文学、斯拉夫系语言和文学、东亚语言和文化以及南亚语言和文化等学系。此外，还有各种中心和委员会提供以多种学科综合研究的人文学科，如考古研究、巴尔干和斯拉夫研究、东亚研究、中东研究、南亚研究、拉丁美洲研究、中世纪研究等。

自然科学：自然科学研究包括：天文学和天体物理学系、化学系、地球物理学系、数学系、物理系、统计学系、计算机系以及詹姆士·佛兰克(James Franck)研究所、恩里科·费米(Enrico Femi)研究所、耶基斯(Yerkes)天文台及天体物理和太空研究实验所等。

詹姆士·佛兰克研究所是由一些对化学和固体物理学有兴趣的科学家组成。研究所下设低温实验室、材料准备实验室、X射线绕射和分析化学实验室以及一所规模颇大的工场。

恩里科·费米研究所致力于训练研究生。该所主要研究高能物理、基本粒子物理、广义相对论、高分辨电子和质子扫掠显微学和类似的论题。

耶基斯天文台的主要任务是发展科学研究和培养研究生。它的主要望远镜是41英寸和24英寸的反射望远镜和世界最大的40英寸折射望远镜，从1900年开始摄制的天空照片以供研究。天文台在威斯康辛州，距芝加哥76英里。

天体物理和太空研究实验所是费米研究所的一部分。它拥有做实验和理论太空研究及高能天体物理学的设备。在第一次往水星、火星、木星和土星的数次太空探测中,都有芝加哥大学参加。

社会科学:社会科学研究学院的学生毕业后大都成为科研工作者、学者、教员、行政人员、外交人员和其他专业工作者。

授予学位的学系有:人类学系、行为科学系、经济学系、地理系、历史系、政治学系、教育学系、社会学系和统计学系。此外,国际关系委员会、社会思想委员会、学院硕士课程、拉丁美洲和加勒比海地区研究课程以及中东研究课程亦授予学位。

研究学院还设有非洲研究、斯拉夫地区研究、南亚研究、国际关系等委员会,以及都市研究中心、东亚研究中心、莫里斯·菲什拜因(Morris Fishbein)科学史和医学史研究中心。

除上述大学本部、研究学院外,芝大还设有一些专业研究学院,如神学院、法学院、商学院、社会服务行政学院、普里茨克医学院和公共政策研究委员会。

芝大附属机构有:

校外进修部:为不进修学位课程的学生和重返学校的人士而设。可在校内和市内以及郊区多处地方修读。

实验学校:是杜威(John Dewey)所创办。他所倡导的教育学理论后来多为美国的中小学采用。

索尼阿·香克曼(Sonia Shankman)儿童精神治疗学校:男女同校的寄宿学校,主要是研究和治疗情绪不安的儿童。

东方学院:研究古代近东文化的起源和演进。所属东方学院博物馆是世界上最主要的古代近东物品收藏所之一,包括从7000年前至公元10世纪这一地区内几乎每一个文化系统的物品。藏品大多是东方学院的考古队在近东发掘所得。

阿冈(Argonne)国家实验所：主要研究自然科学和生物科学中的能源问题，在该所工作的科学家、工程师和辅助员工约五六千人。

三、图书馆

芝加哥大学图书馆包括总馆、科学图书馆、法学图书馆、大学本部图书馆和其他9个院系图书馆。全部藏书总数超过6700万册，新订期刊5万种，以及数量丰富的善本、稿本、官书、地图和约200万件的缩微图书。在美国各大学的图书馆收藏中，芝大的藏书数量占第12位，但在藏书质量方面，大部分学科的收藏均可列在前5名之内。

馆内除一般性的书籍外，还有特藏的珍贵写本。在700万件的近代手稿中，有关美国研究的资料尤为突出。在科学方面，馆内收藏有关核子分裂的原始档案和重要资料，是政府以外数量最大的收藏。里根斯坦善本收藏包括第一版重要的英美文学著作。其他有关古代及西方以外语文的藏书约有70多万册。其中东亚图书馆的收藏约有60万册，包括中文约40万册，占很重要的部分。

图书馆每年增加书籍约20万册，订购期刊报纸4万余种。每年图书流通数字超过100万册，按学生人数和流通数量的比例，这是美国大学图书馆中最高的数字。近年图书馆的经费开支为800万美元，图书馆现有工作人员约500人。

芝大图书馆在1966年便开始应用电子计算机。在开始的3年中，计算机的使用着重于图书整理时所需的资料。最近开始使用最新的高性能计算机。管理人员将100多个软体计划应用于高速印刷机上，用电子计算机来处理图书馆内的大部分日常作业。目录卡和书籍采购卡均可由电子计算机按字母顺序和不同的出版商排印出来。这个系统还能在输入时,将所需用的机器阅读卡片(MARC II)改变成为与馆内卡片同一形式,并能自动地将相同的卡片互相配合。今后的计划将是着重发展多元字键的进入,反应迅速的流通系统和日常作业的全部自动化。

四、图书馆学研究院

芝加哥大学图书馆学研究院成立于1926年,1928年正式开课。它是美国第一所从事图书馆学高深理论研究并颁授图书馆学哲学博士学位的学校。研究院设立在芝加哥大学总图书馆内,现有专任教授8人,兼任讲师8人,兼任教授5人,学生约100人,攻读博士和硕士学位以及高级研究生。

研究院的教育方针是着重原则和研究,目的是训练研究院的毕业生具有扎实深厚的理论基础,以适应图书馆不断变更的环境和解决图书馆目前及将来的各种问题。研究院设置的课程反映出了这个方针。譬如,研究院最早应用统计学方法分析图书馆的问题,用社会科学方法作图书馆的使用、调查、大众传播和图书馆历史的研究。从1960年代开始,研究院提倡图书馆业务分析、作业研究和高度管理技术,奠立了以计算机和最新科技方法应用到图书馆业务上的理论基础。

目前图书馆学研究院的教学范围有:1.公共图书馆;2.大学图书馆;3.儿童和青少年图书馆;4.资料供应;5.学术、书籍和图书馆的历史;6.阅读和其他传播媒介;7.资料的理论和整理;8.读者需求研究;9.作业研究、管理技术和系统设计。研究计划通常是就这些范围内的个别问题作深入的探讨。

芝大在图书馆学教育事业上的建设性的贡献,为许多其他图书馆学院接纳并推行。主要原因有二:一是研究院的出版物,如两种定期学报:《图书馆季刊》和《儿童读物中心期刊》。此外还出版《芝加哥大学图书馆学研究专刊》,包括每年举行的专题研讨会议。另一因素是研究院的毕业生,有不少担任其他图书馆学院的教务和行政方面的工作。因此,芝加哥大学图书馆学研究院的成果,在美国图书馆教育方面,产生了相当大的影响。

芝加哥大学图书馆学研究院成立之始,即有中国学生入学,并且他们都有杰出的成绩。最早是1931年桂质柏成为研究院的第二位博士,他的论文是《中国书籍在美国图书馆内所引起在目录上和行政上的问题》。在早期研究院的杰出毕业生中,还有谭卓垣、吴光清、钱存训等;钱博士对中国古代书籍制度、造纸和印刷术的研究是世界知名的。最近有周宁森在1972年提出的博士论文《中国文字的新序列法》,对应用电子计算机处理中文资料上提供了一个新方案。此外,还有20多位中国学生取得硕士和博士学位,并以中国图书的历史和处理为题写作论文。这表现了研究院研究范围的广泛和对中国图书馆学的特殊兴趣。(按图书馆学研究院因经费困难,已于1994年起停止招生。)

五、芝加哥大学出版社

芝加哥大学出版社是美国最大、也是历史较久远的大学出版社,创立于1891年,它一直是大学不可缺少的组成部分。出版社最初是为印刷和出版芝加哥大学教授所编写的著作书籍而设。其后扩大范围,首创向校外人士征求稿件。今日,大学出版社的作者许多来自美国各地和外国。每年出版新书 300 种,发行学术期刊 55 种,先后出版的书籍不下 8000 多种,其中 1906 年发行的《芝加哥出版手册》(*Chicago Manual of Styles*),详细开列有关编辑、排印和出版各项规范,逐次修订,至今为许多出版社所采用。

六、芝加哥大学和中国

芝加哥大学对中国研究方面的设备及人员在美国中部是比较完备的。芝大设立中国研究课程的目的,不仅是对中国文化和政治、经济、社会等各方面进行深讨,也在校外进行普及推广,以增进芝加哥和美国中西部人民对中国的认识。

东亚语言及文化系目前有 20 多位教授和 100 余名研究生参加涉及中国的各种研究和训练,其中包括语言、文学、美术、历史、政治、经济、社会、国际关系和宗教史。开设的课程涉及中国各时代的历史、思想、文化等各专题。每年招收 50 余名新生学习中文口语及文言阅读,作为对各种专业研究的工具。

谢宗仙
原载《外国教育》1986 年第 1 期
其中数字按 2004 年情况略加修订

芝加哥大学公共活动中心

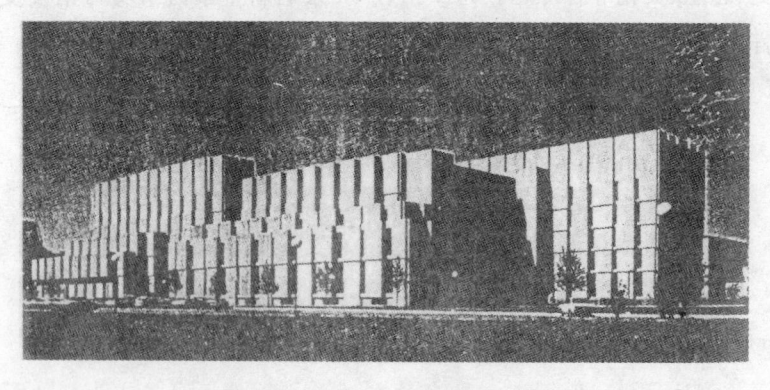

芝加哥大学图书馆总馆外观

最早人工控制原子能场地的纪念雕刻

芝加哥大学法学院图书馆

芝加哥大学图书馆总馆阅览室

坐拥书城
记钱存训先生的生平与事业

钱存训近影

赠某学者来自古神州

东学西渐兮,来至诗家谷。积案盈箧兮,经典与古墨。
上宋下宋兮,逶迤至明末。笔锋劲秀兮,哲思更渊博。
书香世家兮,文采入血脉。兼长烹调兮,嗜好在艺术。
杏坛设教兮,英韵何朵朵。授徒目录兮,修洁且无讹。
噫!请君恕我,赠此鄙说,愧无雅句,"书于竹帛"。
请君稍待,我将相偕,俟君新著,公诸世界。

以上是1978年钱存训博士从美国芝加哥大学荣休时,由该校图书馆学院前任院长温格(Howard W. Winger)教授在欢送会上赋赠的一首英文诗(此诗中文稿系威斯康辛大学王正义博士所译),短短数行,道出了钱教授的生平与事业。

钱先生毕生潜心书海,从事有关图书的研究、管理、写作和教学,成绩卓著,深受其同僚、朋友和学生们的爱戴和尊敬。他献身中、美图书馆事业五十载,表率同侪,扶掖后进,在许多学科领域的研究和教学,尤其是在书史和印刷史方面的贡献,驰名国际,他结合一个学者、导师、图书馆专家和行政管理的才智于一身,难能可贵,值得钦佩。

一、家世和国内教育与工作

钱先生于1910年1月11日(即民国前一年阴历十二月一日)出生于江苏省泰县的一个书香世家。曾祖父钱桂森(字犀庵,1827—1899),道光三十年(1850)进士,历任翰林院编修、内阁大学士兼礼部侍郎,督学安徽,并典试湖广贵浙诸省学政,著有《一松轩诗稿》、《段注说文校》等书,藏书丰富,斋名"教经堂",县志有传。祖父钱锡彤,精书画,早故。父亲钱慰贞(字幹廷,1883—1932),精研佛学,法名诚善,为太虚法师入门弟子,曾主编佛学杂志《海潮音》。

钱先生于1916年在家塾启蒙,1918年入泰县第二高等小学肄业,1926年毕业于淮东中学。在校时,适逢"五卅"惨案,为爱国心所趋使,参加学生运动,组织《青年学社》,并主编《青年旬刊》。因鼓吹革命,为军阀搜捕,因此逃离家乡,投身北伐军,随军北上,驻北京和天津杨柳青一年。1927年返回南京,得长兄之助,入南京金陵大学

(今南京大学)肄业,同时在金陵女子大学图书馆工作,先任编目员,后代理馆长,以此和图书馆事业结下了不解之缘。1932年从金陵大学毕业,获文学士,主修历史,副修图书馆学。

在大学期间,曾选习刘国钧先生主讲的"书史学",深受其影响,因此对"书史"产生了浓厚的兴趣,至今不倦。在金陵女子大学工作期间,曾选习曾虚白先生在该校所授的"翻译学",译有罗素的"东西快乐观念之歧异"及欧策德的"中国以抵制外货为对外武器",先后发表在当时颇负盛名的《世界杂志》及《时事月报》,是为从事译作之开端。

大学毕业后,钱先生接受上海交通大学图书馆之聘,任副馆长,协助中国现代图书馆事业开创者之一的杜定友先生,主管西文图书;并与其合组中国图书馆服务社,兼任经理,出版图书馆学书籍,编印《期刊索引》,设计和制造图书馆用品和家具,是为中国图书馆有专业服务之始。1936年,钱先生和许文锦女士在南京结婚,居住上海,育有女公子岑、峨、岳三人。

1937年,钱先生应国立北平图书馆馆长袁同礼先生之邀,担任南京工程参考图书馆主任。该馆为抗日战争前存藏由北平总馆疏散到南京的全套外文科技书刊,以及内阁大库舆图等重要资料。不久,他又奉命转道上海,负责北平图书馆上海办事处的工作,保管由北京南运的中文善本书。在上海十年,兼从事中英文版《图书季刊》的编辑和经理,并负责处理当时迁移到昆明的北平图书馆与欧美各国图书馆情报的联系及交换工作。中日战争爆发后,又负责搜集抗战史料及沦陷区出版的书刊及资料,秘密运送后方,为现存极为稀见的文献。1941年,即太平洋战争前夕,当时政府为存书安全及避免空袭,命他策划在日军占领下的上海将存沪中文善本图书约3万册,秘密运送美国国会图书馆寄存,并摄制缩微胶卷的工作。几经周折,并冒生命危险,任务终于达成,为此受到当时在后方的教育部特令嘉奖,并颁发奖金。1947年,他由教育部派赴华盛顿接运这批寄存美国的善本书回国,但由于当时国内战争爆发,交通中断,因此接运工作未能实现。

二、在美工作和进修

1947年秋间,钱先生作为北平图书馆的交换馆员来到芝加哥大学工作和进修,负责整编该校远东馆自1936年以来所积存的中文古籍。由于工作勤慎,成绩卓著,因此芝加哥大学于两年期满后殷切挽留,经商得北平图书馆的同意,于1949年任命钱先生为芝大远东图书馆馆长,并兼任东方语言文学系教授衔讲师。那时他除了在图书馆工作外,一部分时间在东方系授课,部分时间还要在图书馆学研究院进修,先后于1952年及1957年获得硕士和博士学位。1959年晋升为副教授,1964年再升为远东语言文化系和图书学研究院的正教授。1978年退休后,继续担任该校东亚系和图书馆学院的荣誉教授及东亚图书馆的荣誉馆长。

芝加哥大学东亚图书馆经钱先生三十多年的努力,终于成为北美主要大馆之一。在第一个十年(1947—1957年)之中,他全力以赴,对创馆之初购藏的线装古籍约7万册和由劳福博士于清末在远东所搜购的一批古籍约2万余册,进行整理和编目。在钱夫人许文锦的襄助之下,十载辛勤,整编完竣。不久,钱夫人调任远东系中文讲师,而远东图书馆因得校内外的大力支援,开始乔迁和扩展。

在此后二十年间(1958—1978年),他重点采购有关近代中国的资料,尤其是期刊、官报、地方行政资料,以及中国战乱期间的文献和出版物。其间,日本文库相继建立,善本书亦陆续添购,其中有明版和抄稿本约 200 种、日本所藏中文善本书影约 500 种,地方志、官修会典、则例以及供教学和研究中国书史所用的汉代封泥,居延汉简(复制品),敦煌写经、雕板、活字、纸币和早期印刷等珍贵样品多种,为美国图书馆中稀见的特藏。

钱先生先后主持和规划远东图书馆两次主要迁运工作。1958 年先从东方学院地下室迁至哈普图书馆大楼,再于 1970 年移至新建成的约瑟·里根斯坦图书馆新厦。现在东亚馆新址地方宽敞,设备周全,皆为钱先生所精心设计。东亚馆现有藏书近 50 万册,其中不乏孤本与特藏,内容涉及各种学术领域,很多资料为他处所难见。在初期所建立的中文藏书,偏重古代经典、哲学、历史、方志、考古、艺术、类书和丛书。新增藏书多现代文学、社会科学及全套期刊等资料。日文图书以文学、历史、美术、宗教、汉学和学术期刊等收藏较富。韩文及满、蒙、藏文亦各有收藏。为美国中西部一所规模最大、藏书最多、设备最全的东亚资料研究中心。

前芝大负责学术资源的副校长哈里斯(Chanucy D. Herris)教授对钱先生的贡献赞扬备至,在他退休时,曾致函祝贺道:

> 我能与你共事多年,不胜荣幸,同时谨代表学校对于你建设芝大远东图书馆所作出的杰出贡献,深表谢意。你将原有规模很小的中文藏书发展成为一个主要的、国家一级的远东图书馆的过程中,起了关键性的作用;你在推动全国远东图书馆的组织工作方面,领导超群,成绩卓著;你也很成功地把学者和图书馆行政互相结合。无论是在远东研究方面,还是在图书馆界,或是

在我们的大学里,都为你的杰出贡献而获益。你献身中美两国图书馆事业五十年,为我们留下了一个极为丰富而无价的传统。这些年来能与你共事,深感荣幸!

三、教学与学术活动

作为一位导师,钱先生自1949年起即参加芝大教授阵容,先后指导过有关东亚研究和远东图书馆学的学生为数不少。他讲授的"中国目录学"和"中国史学方法",一直深受研究生的欢迎。许多学生的毕业论文常在其课堂作业的系统检索和资料处理的过程中而产生。由于这两门课程对研究很有裨益,因此自1958年以来,远东系规定为芝大博士生的必修课程,所编讲义为其他大学所采用。

从1964年起,钱先生曾主持由芝大图书馆学院和远东语言文化系合作设立的"远东图书馆学专业研究中心"。在大约15年之中,先后培养了30多位取得硕士和博士学位的研究生,现在他们皆置身于各地图书馆和教学的不同岗位。1969年夏季,钱先生主持了由美国教育部赞助,为期六周的远东图书馆专业人员暑期讲习班,共有30多名在职的馆员和东亚研究部门的学生参加,取得了卓著的成绩。所编印的各种讲义,已成为东亚图书馆工作人员进修的主要参考资料。

在过去多年中,钱先生曾应邀在各地大学及研究机构中讲学和研究,并参与各种学术活动。他先后在哥伦比亚大学等校举行多次学术讲演。1959年夏季应聘为夏威夷大学亚洲研究客座教授。1982年,英国剑桥李约瑟研究所(Needham Research Institute)正式聘请他为该所的"永久研究员"。1984年夏季,他出席在北京召开的第三届国际中国科学史研讨会,担任技术史组的主席,并发表论文。同年秋季他又应邀参加在台北举行的"古籍鉴定与维护研讨会",担任两项专题演讲和讨论。1988年夏季,他担任西雅图华盛顿大学东亚图书馆学研究班的教授,并参加在圣地牙哥加州大学举行的第五届国际中国科学史讨论会,任"中国印刷史"组主席。

作为一个图书馆工作者,钱先生不仅建立了第一流的芝大远东馆,而且对全美东亚图书馆界也有重要的贡献,特别是在组织和发展"亚洲研究学会东亚图书馆委员会"方面多有建树。1966—1968年钱先生当选为该会主席,会名及会章是在他任期内所制定。1971—1974年,他任该会执行委员;1968—1973年,任该会"中国图书馆联络分会"主席;1974—1980年,任该会"资源发展分会"主席。

钱先生对该会的另一项杰出贡献是他在过去三十年中对美国图书馆中东亚藏书所作的定期而有系统的科学调查。这些统计数据和报告详细分析自1869—1975年间所有美洲东亚藏书的沿革和发展,并被广泛采用作为北美图书馆界制定发展方针和各基金会资助东亚研究计划的一种主要根据。

为表彰他的杰出贡献,亚洲研究学会在1978年年会上,由"东亚图书馆委员会"授予他杰出服务奖;1985年,华人图书馆协会授予杰出服务奖;1989年芝加哥市长颁赠"高年荣誉市民奖";1996年春季,芝加哥大学校友会颁赠"杰出成就校友奖";1999年北京图书馆颁赠杰出服务奖。

多年来钱先生也担任不少名誉职务,1970—1972年当选为亚洲研究学会"中国和亚洲内陆理事会"的第一届理事;1972—1973年为"大学及研究图书馆协会"亚非组的理事;1968—1972年为促成组织"国际东方图书馆协会",担任该会顾问。自1970年以来钱先生受聘为台湾"国立中央图书馆"顾问;1974年任"美国教育协会国际教育交流委员会"的顾问;1974—1975年为美国学术团体联合会与社会科学研究协会合组的"中文图书馆与研究资料小组"的成员。1975年被聘为伊朗国家图书馆顾问;同时担任美国图书馆学会、大学和研究图书馆协会参加东亚图书馆委员会的代表;1979年他是第一次"美国图书馆界访华代表团"的成员,曾在北京、上海、南京、西安、广州等地访问,并作学术报告。1988年起,任研究图书馆组织"中国善本国际联合书目计划"国际委员会顾问,1995年受聘为《续修四库全书》学术顾问,1996年应邀为国际图联大会东亚研讨会顾问;1998年被邀为中国印刷博物馆顾问;2004年受聘为北京国家图书馆顾问。

四、研究与著述

在学术研究方面,钱先生是一位多产的作家,著述丰富,他以流畅的文笔,先后用中、英文发表的专著、论文等达100多种,范围涉及图书馆学、目录学、书史、印刷史、中外文化交流、历史、传记等类,其中有许多已译成日文、韩文和其他语文。他的有关中国书籍、造纸、制墨和印刷史方面的著作,不仅强调它们在世界文明中的地位和重要性,而且更加深我们对这一专题领域的认识和理解。他所著《书于竹帛》一书,自1962年由芝加哥大学出版社出版以来已达续三版,并于2004年发行增订本,内有芝加哥大学夏含夷教授的长跋,认为是研究中国古文字学的经典之作。此书是对印刷发明以前的中国图书、文献和铭文发展最先作详尽而全面的研究,时间上溯商殷,即现知中国最早有文字记录的时代,下迄初唐,即中国印刷术的萌芽时期。前国会图书馆东方部主任恒慕义(Arthur W. Hummel)博士在

《美国历史评论》学报发表的一篇书评中说:"钱书文笔简洁、练达,对专家、学者和一般读者皆宜,无疑将会在许多书架上有其重要的位置。"另一位汉学家在《图书馆杂志》上评论道:"钱氏的研究是现代汉学的杰出成就,其中对中国文字记录的目的、方法、应用、工具和材料的叙述,钜细靡遗。正如其所引用资料一样,他的研究成果,具有权威性。"在世界各国的许多评论中,英国李约瑟(Joseph Needham)博士在《亚洲研究学报》中,对于此书特别加以推崇。他说:

就其特点和规模而言,显然此书可以称为卡特(T. F. Carter)经典之作《中国印刷术的发明及其西传》一书的姊妹篇,我们可以断言,钱著和卡特的名著完全可以媲美而并驾齐驱。钱氏和卡特一样,全书清晰俐落,要言不烦,是写作的典范。

1975年钱先生根据周宁森博士的译稿对此书加以增订,以《中国古代书史》为名,由香港中文大学出版中文本。1980年东京法政大学出版了由宇都木章和泽谷昭次教授等人合译的日文版,改题《中国古代书籍史——竹帛ほ书す》,附有京都大学教授平冈武夫的长序,对此书推崇备至。1988年此书又由北京大学郑如斯教授再度增补,改名《印刷发明前的中国书和文字记录》,由北京印刷工业出版社用简体字重印发行。1990年由金允子根据此本译成韩文,由汉城东文选以《中国古代书史》题名出版,并增入彩色插图15幅,1999年再版,1998—2002年间,此书再重加增订,改用原名《书于竹帛》,在台北及上海重版发行。此外,钱先生还发表50多篇有关中国造纸与印刷术起源和发展的文章,其中一篇是1972年应联合国教科文组织《使者》月刊总编辑之邀,为该刊"国际书年"特刊所作的"中国对造纸和印刷术的贡献",以14种外国文学及中文同时发表。

钱先生对这些专题领域中另一重要的贡献,是自1968年以来对中国古代文明中造纸、制墨和印刷术的研究。这一年他接受英国剑桥大学李约瑟博士的邀请,参加了他所主持的"东亚科技史研究计划",并担任其中对造纸和印刷史的写作任务。1968年,钱先生获得剑桥大学的邀请和美国学术团体联合会的赞助,访问了英国和欧美许多图书馆及博物馆,为写作搜集研究资料。在以后几年中,他一面搜集和阅读基本文献,一面分别在几所大学中作有关的专题演讲和讨论。1972年在芝加哥大学开设一门"中国印刷史"研究班,对有关的资料和涉及的各种问题作系统的考察和讨论。1974年和1977年又续开两次,这是"中国印刷史"首次列入美国大学的课程,也因此为这一领域训练了一批青年学者,并出版了一系列的专书和论文。

退休后,钱先生集中大部分时间和精力继续从事这方面的研究和写作。1978—1980年先后获得美国科学基金会、美国国家人文科学基金会、芝加哥大学东亚研究中心和剑桥大学东亚科学史董事会的资助,从而使这部将近30万言、2000种参考书目和200幅插图的著作得以完成。1982年,他再度访问剑桥,讨论最后定稿,并安排出版工作。这一研究从酝酿到杀青,前后经历了15年之久,可见工作之缜密和任务之艰巨。

此书最后以"纸和印刷"为名,作为《中国科学技术史》第5卷第1册,由剑桥大学出版社于1985年第二季度出版。正如李约瑟博士在前言所说,此书系由一人独自完成,而非如以前出版的几卷,均为合著。因此,它是这一研究计划中第一本由个人写作的成果。此书自问世以来,深受读者欢迎,第一版在正式发行前便预订一空,现已修订重印三版。它是迄今有关这一专题内容最详尽和资料最新颖的专著,也是这一大系中最畅销的一种。正如一位评论家在美国《精印本》杂志中说:"他用丰富的知识和流利而精雅的文笔,将这一专题介绍给西方读者,使这一部重要的学术著作令人喜读不厌,这是一种罕有的才能。"在英国《印刷史学会会报》中则称:"仅以简短的篇幅是不足以评价这样一部杰出作品的价值。东方印刷在历史上占有一千多年最辉煌的一页,此书为我们提供了如此详尽的资料,并对人类最长久的交通方式,将其性质、方法、资料、环境和影响作出了精辟的阐述。"许倬云教授在此书中文本的书评中认为此书结合前著《书于竹帛》,"钱存训先生对中国书史的完整研究遂举世独步"。

此外,钱先生对东西文化关系和交流,也有深厚的兴趣和深入的研究。1954 年《远东季刊》刊登了他的硕士论文摘要,题为"西书翻译对中国现代化的影响"。另一篇论文对 1869 年"中美首次交换出版品"的研究发表在 1964—1965 年《哈佛亚洲研究学报》。这篇文章不仅追溯了美国国会图书馆东方文库的起源,也因此使该馆倡议在 1969 年为此举行一百周年庆祝会。一部题为《中美书缘》的中文版文集收录他先后发表有关中美文化交流的论文十余篇,1998 年由台湾文华图书馆管理资讯公司出版。钱先生也因他将"区域研究"纳入美国图书馆学研究所具有启蒙性的作用而享有盛名。1965 年芝大图书馆学院第 30 届年会以"区域研究与图书馆"为题举行讨论会,由钱先生主持。该年会的论文集 1966 年由芝大出版社出版,这是第一次由学者和图书馆工作者共同正式讨论亚洲、非洲、中东、拉丁美洲、东欧和苏联的研究,以及这些研究对传统西方图书馆学所产生的影响。这次会议引起图书馆界、管理学者和教育家的普遍注意。

此外，钱博士还发表了不少有关东亚图书馆学、目录学、历史和传记方面的著作。其中英文本《中国书目解题汇编》一书系与本文作者合编，收录各种语文有关中国研究的书目 2000 余条，于 1978 年由波士顿 G. K. Hall 书局出版。香港《开卷》杂志称誉此书"巨细无价，为从事中国研究的学人所不可或缺的宝典"。另一册《古代中国论文集》与芮效卫（David T. Roy）教授合编，于 1978 年由香港中文大学出版。该书为纪念芝大远东研究创始人顾立雅（Herrlee G. Creel）博士 70 岁荣庆所编集，邀请国际专家所作自史前、商、周以迄两汉的论文 16 篇，为有关中国古代史的一部重要著述。

五、赘言

回顾过去 50 多年间，钱存训先生对中美两国间的文化交流和学术上的建树，贡献至钜，是一位深受人们敬佩的学者和师长。1987 年初，芝加哥大学在庆祝该校远东研究创立 50 周年的纪念会上，钱先生的贡献，受到该校校长的特别表扬。1989 年，钱先生以其在学术上的成就，被选入芝加哥市"高年市民名人榜"，并由市长颁授荣誉奖状。1996 年芝加哥大学在春季毕业典礼中颁赠"杰出校友奖"，对他在学术上的成就再度加以表扬。1988 年国内出版的《文献资料》发表"钱存训研究资料"专文。他的传记曾收入美国和国际名人录中，不下 20 多种。最近北京大学研究生并以"论钱存训对中国书史研究的贡献"为题，写作毕业论文；许多国内外刊物也对他的著作加以推介。他在国际学术界的地位，无疑已获得公认。

钱先生除参加学术活动外，对中国留美同学的服务工作，也积极参与。1950年代前后,他是芝加哥中国同学会的顾问和"留美科协"的负责人之一。1957年,他和友人发起"美中部中国留美同学服务协会",担任该会理事会长,并主编该会出版的《美中通讯》多年,对中国留美同学的求学、就业、居留、婚姻、疾病等问题的解决,多所协助。他和钱夫人对同学的照顾和关怀,至今为人称道。

为庆祝他的80岁生日,他的同事和门人曾编印了一部《中国图书文史论集》,收集与钱先生著述有关论文30余篇,分别在台北和北京出版,以作纪念。此集前言谓:

> 抱简劬书,学究古今之变;怀铅吮墨,文擅中西之长。为学者众矣,臻于斯境者,非可多睹。钱存训教授世代书香,髫龄志学;少通经史之奥,壮游图书之林;著书中秘,撰述拟于名山;讲学上庠,桃李遍乎天下。同人沾溉之余,每思图报,今值先生八秩荣庆,遂有祝寿论文之议,卿表景慕,兼励向学……

此文不仅总给了钱先生在学术上的成就,也流露了师生之间的深厚感情,而受到尊重。

钱先生于1978年自芝大荣休。值得欣喜的是退而未休,他仍积极活跃,继续从事学术方面的研究和著述,并经常到他的办公室处理日常工作,也使我们仍能得到他的指导和启发。目前,他正整理多年来所搜集的资料,继续修订他过去以英文写他的指导和启发。目前,他正整理多年来所搜集的资料,继续修订他过去以英文写作的专著和文章,并加补充,另以中文发表。《中国书籍、纸墨及印刷史论文集》选收他先后发表有关这一专题的论文20余篇并附插图,于1992年由香港中文大学出版;增订本加入新作20篇于2002年由北京图书馆出版社出版；又《中美书缘》也已增订加入新作，改名《东西文化交流论丛》，将于 2009 年由北京商务印书馆用简体字出版。另有《留美杂忆》、《怀旧集》以及其他专书和论文多种也将陆续问世，希望这些著作能在中文读者之中有所贡献，共享他多年来在这些方面研究的成果。

2006 年，欣逢先生 95 岁荣庆，芝加哥大学图书馆特别举行他的著作及活动展览（第 298 页图），他的门人和友好再次编印祝寿文集《青山论学集》，由北京图书馆出版社出版；台湾中国图书馆学会也出版特刊，表示祝贺；华盛顿的美国对华基金会在亚洲研究学会年会期间特别颁发终身成就奖状，对钱先生一生的事业成就，再度加以表扬。

郑炯文

英文稿原刊 *Bulletin of East Asian Libraries*,
The Association for Asian Studies, No. 81(1987);
1997 年译刊《中美书缘》；
2007 年 6 月增订。

作者与刘国钧(中)、杜定友同车赴青岛参加会议(1933年)

作者在芝加哥大学办公室(1957年)

作者接受芝加哥大学博士学位时与家属合影(1957年)

右起:孝岑、孝峨、文锦、作者、孝岳

作者在芝加哥大学退休餐会上致词(1978年)
(右)钱夫人许文锦、(左)里根司坦夫人

作者接受芝加哥市长颁赠荣誉市民奖状(1989年)

芝加哥大学图书馆展览作者荣誉奖状

钱存训教授著述编年

芝加哥大学图书馆展览作者的著述

说　明

此目收录钱存训先生所著专书及论文,按发表年次编列,包括1931年至2005年6月底止已发表或待刊之原作及译文共160种,同题转载以1种计。其中专著16种、小册子7种、讲义6种、书评14篇、序跋13篇、论文及杂著104篇,依性质可分为五类如下：一、书籍、造纸和印刷史 59 种；二、中外文化关系 16 种；三、图书馆学、目录学 18 种；四、东亚图书资源介绍 29 种；五、历史、传记及其他 38 种。以上分类目录曾在《中国图书文史论丛》(台北,1990;北京,1991)及《中美书缘》(台北,1998)先后发表。现再增订将各种书名及篇名分别按发表先后重加排列，成此编年目录。

钱先生于 1930—1940 年代在国内发表之著作 8 种，内目录 2 种。在大学时代即开始写作，其中"图书馆与学术研究"一文，发表于 1931 年，后经收入《北京图书馆同人文选》，编者在序言中特别指出此文"经受了历史的考验，至今仍保有很强的现实意识，足见作者远在青年时代，对图书馆学的研究已经颇具功力"。另有所译罗素的"东西快乐观念之歧异"及欧策德的"中国以抵制外货为对外武器"两篇，先后发表在当时颇为风行的《世界杂志》及《时事月报》，受到广大读者的好评。

在 1950 年代钱先生移居美国后，在芝加哥大学图书馆学研究院所作之"中国图书分类史"由《图书馆季刊》(*Library Quarterly*)发表，是为以西文著述之始。其后以"近代译书对中国现代化的影响"为题写作硕士论文，节录发表在专业学报《远东季刊》(*Far Eastern Quarterly*)，以后对中西文化关系的研究，亦多受此影响。

在 1960—1970 年代钱先生因受亚洲研究学会东亚图书馆委员会之托，调查图书资源、人员需要及经济来源等情况，陆续发表报告等多篇，成为美国高等教育当局及基金会等机构资助东亚研究及图书馆发展的一种主要根据。1964 年芝大举行的"区域研究与图书馆"研讨会由钱教授主持，所刊论文集为美国图书馆对非西方语文资料处理的重要参考资料,也是西方图书馆主管人员和学术界代表最早合作讨论这一问题的里程碑。

在 1960—1980 年代,钱先生的博士论文对"印刷发明前中国文字记录"的研究,为芝加哥大学出版社选入其《图书馆学研究丛书》,并更名《书于竹帛》(Written on Bamboo and Silk)出版,并多次增订复印,颇博国际好评,认为是研究中国图书史、文化史及古文字学的经典之作。其后参加李约瑟《中国科学技术史》中有关"造纸及印刷术"的写作,因此研究及写作重心多环绕这一主题。直至 1985 年全书出版以至最近,大部分的著述均与中国书籍、造纸、制墨和印刷史有关。

自 1950 年代以来,钱先生在国外发表的著作多以英文为主,对象为西方及国际学术界。其中多种已译为中文、日文及韩文,一种系联合国教科文组织特约撰述,以 15 种语文同时发表。其他不少皆由门人故旧译为中文,刊载在港、台及大陆各种刊物,现已收集整理,陆续出版,以供国内外中文读者的参考。

以下著录系按出版年代先后编次,可见作者研究兴趣发展之一斑。其中专著以黑体字标明,以资识别。

1931　"图书馆与学术研究",《金陵大学文学院季刊》第 1 卷第 2 期(1931 年),页 280—292;收入《北京图书馆同人文选》(北京,1987 年),页 165—172。

1931　"中国以抵制外货为对外武器",《时事月报》第 5 卷第 2 期(1931.8),页 96—102。译自 Dorothy J. Orchard《远东工业化》之一章。

1932　"东北事件之言论索引",《中华图书馆协会会报》第 7 卷第 5 期(1932 年),页 11—24。

1933　《中文图书馆编目规则》,上海交通大学图书馆,1933。

1934　"东西快乐观念之歧异",《世界杂志》第 2 卷第 4 期(1934. 10),页 617—623。译自 Bertrand Russel, *The Conquest of Happiness*(New York,1930)之一章。

1935　《普通图书馆图书选目》,与喻守真合编,上海中华书局,**1935**,**446** 页。

1936　《杜氏丛著书目》,钱存训主编,上海中国图书馆服务社,**100+40页**。

1942　"隋唐时代中日文化关系之检讨",署名"宜叔",《学术界》第 1 卷第 4 期,页 39—46;第 5 期,页 51—60;第 6 期,页 55—65。

1952　**"Western Impact on China through Translation: A Bibliographical Study,"Master's Thesis, The University of Chicago, March,1952,245pp.**

1952　"A History of Bibliographic Classification in China," *Library Quarterly*,22:4(Oct.,1952),pp. 307—324.

1954　"Western Impact on China through Translation," *Far Eastern Quarterly*,14:3(May,1954),pp. 305—329.

1954　[Review]"*Code of Descriptive Cataloging*,"by Charles E. Hamilton, *Library Quarterly*,24:4(Oct.,1954),pp. 414—415.

1955　"An Introduction to David Kwo and His Paintings,"in *Modern Chinese Painting by David Kwo* (Chicago: Art Institute of Chicago, 1955).

1956　"The Far Eastern Library of the University of Chicago, 1936—1956,"*Far Eastern Quarterly*,15:3(May,1956),pp.

656—658.

1957 "The Pre-printing Records of China: A Study of the Development of Early Chinese Inscriptions and Books."Doctoral Dissertation, University of Chicago, 1957, 302pp.

1957 [Review]"Chinese Bronze Age Weapons," by Max Loether, *Library Quarterly*, 27:2(April, 1957), pp. 109—110.

1958 [Review]"Annals of Academia Sinica, No. 3, Presented in Memorial of the 20th Anniversary of Late Secretary-General V. K. Ting's Death," ed. by Li Chi, *Journal of Asian Studies* 17:4(August, 1958), pp. 623—625.

1959 **Library Resources on East Asia** [editor]. Zug, Switzerland : **Inter Documentation Co.**, 1959.

1959 "Far Eastern Resources in American Libraries," co-author with G. Raymond Nunn. *Far Eastern Quarterly*, XXIX:1 (January, 1959), pp. 27—42.

1959 "图书馆极东资料",木寺清一译,《图书馆界》11:3(1959.9),页 124—134。

1959 "Asian Studies in America: A Historical Survey," in *Asian Studies and State University* (Bloomington: Indiana University, 1959), pp. 108—121.

1960 "Chinese Studies in America," *Newsletter of the Midwest Chinese Student & Alumni Services*, n. s., IV:3 (Dec., 1960), pp. 3—4.

1960 [Preface]*Chinese Local History in the Far Eastern Library*, *University of Chicago*, Chicago: University of Chicago Library,

1960.

1961 "美国早期的亚洲研究",冼丽环译,《大陆杂志》第22卷第5期(1961.3),页147—152。

1961 "汉代书刀考",《中央研究院历史语言研究所集刊》外编第4号下册,页997—1088;收入刘家璧编《中国图书史资料集》(香港,1974),页159—175。

1961 "China", in American Historical Association: *A Guide to Historical Literature* (New York: McMillan, 1961).

1961 "The Lingnan Painters," *Newsletter of the Midwest Chinese Student and Alumni Services*, n. s., IV: 4(March, 1961).

1962 ***Written on Bamboo and Silk : The Beginnings of Chinese Books and Inscriptions.* Chicago: University of Chicago Press, 1962; 3rd impression, 1969, xiii, 233pp. 28 plates.**

1962 "Silk as Writing Material," *Midway*, 11(1962), pp. 92—105.

1962 "*The University of Chicago Doctoral Dissertations and Master's Theses on Asia, 1894—1962,*" compiler with preface. Chicago: Committee on Far Eastern Civilizations and Committee on South Asian Studies, University of Chicago, 1962.

1962 [Review] "*A Guide to Doctoral Dissertations by Chinese Students in America. 1905—1960,*" by T. L. Yuan, *Library Quarterly*, 32(July, 1962), pp. 241—242.

1963 [Review] "Chinese Calligraphy and Painting in the Collection of John M. Crawford. jr.," ed. by Laurence Sickman, in

Paper of the Bibliographical Society of America（Summer,1963）,pp. 249—251.

1964 "First Exchange of Chinese-American Publicatinos ,"*Harvard Journal of Asiatic studies*, Vol. 25(1964—1965), pp. 19—30.

1964 *Present Status and Personnel Needs of Far Eastern Collections in America：A Report for the Committee on American Library Resources on the Far East of the Association for Asian Studies*. Washington, D. C. ,1964.

1964 "Chinese Libraries in Chicago, "*Newsletter of the Midwest Chinese Student & Alumni Services*, n. s. , 7：4—5 (May, 1964), p. 3.

1965 "East Asian Collections in America,"*Library Quarterly*, 35：4(Oct. , 1965), pp. 260—282.

1965 "Beauty Contests in Imperial China," *Newsletter of the Midwest Chinese Student & Alumni Services*, n, s. , IX：1 (Oct. ,1965), p. 2.

1965 [Review]"Intrigues：Studies of the Chan-Kuo-Ts'e,"by J. I. Crump, *Journal of Asian Studies*, 24(1965), pp. 34—39.

1966 *Area studies and the Library*, co-ed . Howard W. Winger. Chicago：University of Chicago Press, 1966. 184pp.

1966 "美国的东亚书藏",居蜜译,《出版月刊》第 11 卷第 1 期,页 69—77。

1966 "董作宾先生访美记略",《董作宾先生逝世三周年纪念集》(台北),页 328—339；《传记文学》第 9 卷第 5 期(1966. 11),页

49—52。

1967 "Tung Tso-pin in America," *Newsletter of the Midwest Chinese Student & Alumni Services*, n. s., X：1（Jan.,1967）,pp. 2—3.

1967 [Review]"*Specimen Pages of Korean MovableTypes*,"by M. P. McGovern. *Library Quarterly*,37(1967),pp. 40—41.

1967 "国立北平图书馆善本书籍运美经过",《传记文学》第 10 卷第 2 期 1967.2),页 55—57;《思忆录——袁守和先生纪念册》（台北,1967),页 114—118。

1967 "[Biographies of]Ch'i Pai-shih 齐白石,Kao Chien-fu 高剑父 and Kao Ch'i-feng 高奇峰,Feng Ch'eng-chun 冯承钧,"in Howard L. Boorman, ed., *Biographical Dictionary of Republican China*（5v., New York：Columbia University Press,1967—1979).

1968 [Review]"Contemporary China：A Research Guide,"by Peter Berton & Eugene Wu, *Library Quarterly* 38：3（July,1968),pp. 276—277.

1969 "中美书缘——纪念中美文化交换百周年",《传记文学》第 14 卷第 6 期（1969.6),页 6—9;又台北中央图书馆复印单行本。

1969 "美国远东图书馆概况",成露西节译,《东海大学图书馆学报》第 9 期,页 197—200。

1969 "论明代铜活字版问题"（Movable-type Printing in Ming China),《庆祝蒋慰堂先生七秩荣庆论文集》（台北,1969),页 127—144;收入刘家璧编《中国图书史资料集》（香港,1974),页 511—526;《图书印刷发展史论文集》初编（台北,1957),页

356—366；《学术集林》卷 7(1996.4)，页 107—129。

1969 *Chinese Library Resources: a Syllabus*, prepared with K. T. Wu. Chicago: Institute for Far Eastern Librarianship, University of Chicago, 1969. 40pp.

1969 *A Guide to Reference and Source Materials for Chinese Studies*, prepared with Weiying Wan. Chicago: Institute for Far Eastern Librarianship, University of Chicago, 1969. 114pp.

1970 "China, Library Association of ," *in Encyclopedia of Library and Information Science*, Vol. 4 (New York: Dekker, 1970), pp. 656—657.

1971 "中国古代文字记录的遗产"，周宁森译，《香港中文大学中国文化研究所学报》第 4 卷第 1 期(1971.4)，页 273—286。

1971 "A Study of the Book Knives in Han China," translated by John H. Winkelman. *Chinese Culture*, 21:1 (March, 1971), pp. 87—101.

1971 "East Asian Library Resources in America: a New Survey," *Association for Asian Studies Newsletter*, 16:3 (Feb., 1971), pp. 1—11.

1972 "Education for Far Eastern Librarianship ," *International Cooperation in Oriental Librarianship* (Canberra: National Library of Australia, 1972), pp. 108—116.

1972 "China: True Birthplace of Paper, Printing and Movable Type," *UNESCO Courier*, Vol. 25 (December, 1972), pp. 4—11. 此文为联合国教科文组织《信使月刊》庆祝"国际青

年"特约撰述,同时以 15 种语文发行。Reprinted in *Pulp and Paper International* (Brussels, Feb., 1974), pp. 50—56.

1972 "中国对造纸术和印刷术的贡献",马泰来译,《明报月刊》第 7 卷第 2 期(总 84 期,1972.2),页 2—7。

1972 *Terminology of the Chinese Book*, Bibliography and Librarianship. Chicago: Graduate Library School, 1972. 22pp.

1972 [Review] "Directory of Selected Scientific Institutions in Mainland China," *Library Quarterly* 42:4 (Oct., 1972).

1973 [Preface] Far East: *An Exhibition of Resources in the University of Chicago Library* Chicago: Committee on Far Eastern Studies and Committee on South Asian Studies, University of Chicago, 1973.

1973 [Introduction] *Author-title Catalog of the Far Eastern Library, University of Chicago*. Boston: G. K. Hall, 1973. 18v.

1973 "Raw Materials for Old Papermaking in China," *Journal of American Oriental Society*, 93:4 (Oct.-Dec., 1973), pp. 510—519.

1973 "英国剑桥大学藏本《橘录》题记",《清华学报》新第 10 卷第 1 (1973.6),页 106—114;附英文提要。

1973 "中国古代的简牍制度",周宁森译,《香港中文大学中国文化研究所学报》第 6 卷第 1 期(1973.12),页 45—60;收入《图书印刷发展史论文集·续编》(台北,1977),页 17—32。

1974 "中国古代的造纸原料",马泰来译,《香港中文大学中国文化研究所学报》第 7 卷第 1 期(1974.12),页 27—39;收入《中华文化复兴论丛》第9集(台北,1977),页664—679;《图书印刷发展史论文集·续编》(台北,1977),页33—42。

1974 "译书对中国现代化的影响",戴文伯译,《明报月刊》第9卷第8期(总104期,1974.8),页2—13;《文献》1986年第2期(总第28期),页176—204。

1975 **《中国古代书史》附劳榦后序,香港中文大学,1975,187页,图版28幅;1981再版。**

1975 [Review]"*Chinese Colour Prints from the Ten Bamboo Studio*" by Jan Tschichold, translated by Katherine Watson. *Journal of Asian Studies*, 34:2(Feb. 1975), pp. 513—515.

1975 [Preface]*T. L. Yuan Bibliography of Western Writings on Chinese Art and Archaeology*, compiled by Harrie Vanderstappen. London: Marshall, 1975.

1976 "[Biographies of]An Kuo 安国 and Hua Sui 华燧", in *Dictionary of Ming Biography*, 1368—1644, ed. by L. Carrington Goodrich & Chao-ying Fang(2v., New York: Columbia University Press, 1976), pp. 9—12; pp. 647—650.

1976 ***Current Status of East Asian Collections in American Libraries*, 1974/75. Washington, D. C.: Center for Chinese Research Materials, Association of Research Libraries, 1976. 67pp.**

1976 "Current Status of East Asian Collections in American Libraries: A Note on the Final Version," *Committee on East Asian Libraries Newsletter*, No. 50(July, 1976), pp. 45—47.

1977 "Current Status of East Asian Collections in American Libraries," *Journal of Asian studies*, 36：3（May, 1977）, pp. 499—514.

1977　[Preface] *Far Eastern Serials in the University of Chicago Libraries*. Chicago：Far Eastern Library, University of Chicago, 1977.

1977　[Preface] *Daisaku Ikeda Collection of Japanese Religion and Culture*. Chicago：Far Eastern Library, University of Chicago, 1977.

1977　*Introduction to Chinese Bibliography：Outline and Bibliography*. Chicago：Graduate Library School, University of Chicago, 1977.

1977　*Chinese Bibliography and Historiography：Outline and Bibliography*. Chicago：Graduate Library School, University of Chicago, 1977.

1977　*History of Chinese Printing and Publishing：Outline and Bibliography*. Chicago：Graduate Library School, University of Chicago, 1977.

1978　*Manual of Technical Processing*. Chicago：Far Eastern Library, University of Chicago, 1978.

1978　***China：An Annotated Bibliography of Bibliographies*《中国书目解题汇编》. In collaboration with James K. M. Cheng（郑炯文）. Boston：G. K. Hall, 1978. xxviii, 603pp.**

1978　"Chiu Ching San Chuan Yen Ko Li 九经三传沿革例," in *Sung Bibliography*《宋代书录》, ed. by Yves Hervouet. Hong Kong：The Chinese University of Hong Kong, 1978.

1978 "书籍、文房及装饰用纸考略",马泰来、陈雄英译,《香港中文大学中国文化研究所学报》第 9 卷上册(1978),页 87—98。

1978 *Ancient China: Studies in Early Civilization*《古代中国论文集》,co-ed. with David T. Roy. Hong Kong: The Chinese University of Hong Kong, 1978. 370pp.

1979 [Review] "Chinese History: Index to Learned Articles, 1905—1964," by P. K. Yu, *Harvard Journal of Asiatic Studies* 33(1979), pp. 291—294.

1979 "Trends in Collection Building for East Asian Studies in American Libraries," in Wason Collection 60th Anniversary Conference: *Cooperation Among East Asian Libraries* (Ithaca: Cornell University Libraries, 1979), pp. 7—34; *College and Research Libraries* 40: pp. 5 (Sept., 1979), pp. 405—415.

1979 "美国图书馆中东亚资源现况调查",李连挥译,《图书馆学资讯科学》第 5 卷第 2 期(1979.10),页 38—40。

1980 《中国古代书籍史——竹帛に書す》,宇都木章、泽谷昭次、竹之内信子、广濑洋子合译,平冈武夫序,东京法政大学出版局,1980. xvii, 258, xxii 页,图 28 幅。

1982 "Why Paper and Printing were Invented First in China and Used Later in Europe," *Explorations in the History of Science and Technology in China* (Shanghai, 1982), pp. 459—470. 1983. "竹简和木版",《中国图书文献学论集》(台北,1983),页 647—678。

1982 [Review] "Cambridge Texts in the History of Chinese Science on Microfiche,"*Chinese Science*, No. 5(June 1982), pp. 67—70.

1983 "远东图书馆员的专业教育",潘铭燊译,《中国图书馆学会会报》第 35 期(1983.12),页 93—98。

1983 [Preface]"An Introduction to the Studies in East Asian Librarianship," in the *Asian Library Series*, published by the Chinese Materials Center, San Francisco & Taipei, 1983.

1984 "Technical Aspects of Chinese Printing," in *Chinese Rare Books in American Collections*, ed. Soren Edgren (New York: China Institute in America, 1984), pp. 16—25.

1985 ***Paper and Printing*, in Joseph Needham, *Science and Civilisation in China*, Vol. V, Part I. Cambridge & New York: Cambridge University Press, 1985; revised 3rd printing, 1987. xv, 485pp. Illustrated.**

1985 "欧美地区古籍存藏现况",《古籍鉴定与维护研习会专集》(台北,1985),页 25—46。

1985 "中国历代活字本",《古籍鉴定与维护研习会专集》(台北,1985),页 211—223。

1985 "欧洲印刷术起源的中国背景",《东方杂志》复刊第 19 卷第 5 期 1985.11,页 18—23;《中国印刷》第 18 期(1987.11),页 86—91;《第三届国际中国科学史会议论文集》(北京,1990),页 251—256。

1985 "中国发明造纸和印刷术早于欧洲的诸因素",金永华译,《明报月刊》第 20 卷第 6 期(总第 234 期,1985.6),页 69—72;《中国科技史探索》〔中文版〕(上海,1986),页 443—452。

1986 "欧美各国所藏中国古籍简介",《明报月刊》第 21 卷第 1 期（总第 241 期,1986.1）,页 105—116;《图书馆学通讯》1987 年第 4 期,页 57—67。

1986 "家庭及日常用纸探原",《中国造纸》第 5 卷第 4、6 期(1986.8,10),页 58—61,页 63—66;《纸史研究》第 2 期(1986.10),页 30—39;《明报月刊》第 21 卷第 9—10 期（总第 249—250 期,1986.9—10）,页 74—77,页 96—100;《汉学研究》第 5 卷第 1 期（总第 9 号,1987.6）,页 75—93。

1986 "中国—早纸？印刷术发明",泽谷昭次译《山口大学教养部纪要》第 20 卷人文科学篇(1986),页 1—12。

1987 "中国雕版印刷技术杂谈",《蒋慰堂先生九秩荣庆论文集》(台北,1987),页 23—37;《明报月刊》第 23 卷第 5 期(1988.5),页 103—108;《中国印刷》第 20 期(1988.5),页 85—90;《雕版印刷源流》(北京,1990),页 319—329。

1987 [Review]"Chinese Handmade Paper," by Floyd Alonzo McClure, *Fine Print* (San Francisco), Vol. 13, No. 3 (July, 1987), pp. 156, 172.

1987 "张秀民著中国印刷史序",《文献》1987 年第 2 期（总 32 期）,页 209—212;《中国印刷》第 16 期(1987.5),页 91—92。

1987 《印刷发明前的中国书和文字记录》,郑如斯增订,北京印刷工业出版社,**1987.ix, 180** 页,图版 **27** 幅。附录:劳干后序,李棪、李约瑟、及平冈 武夫评介。

1988 "芝加哥大学远东图书馆所藏封泥题记",《董作宾先生诞辰纪念集》(台北,1988),页 91—94。

1988 "Sealing Clays in the University of Chicago Library," *Com-

mittee on East Asian Libraries Bulletin. No. 83 (February, 1988), pp. 15—16; illustration.

1988 "中国的传统印刷术",高熹异译,《故宫文物》第 5 卷第 11 期(总 52,1988.2),页 110—117。

1988 "中国墨的制作和鉴赏",高熹异译,《故宫学术季刊》第 5 卷第 4 期(1988.9),页 67—84。

1988 "墨的艺术",《明报月刊》第 23 卷第 12 期(1988.12),页 77。

1989 "中国墨的起源和发展",高熹异译,《文献》1989 年第 2 期,页 233—249。

1989 "造纸与印刷:自叙"附李约瑟博士序言,《中国印刷》第 23 期(1989.2),页 80—83。

1989 "对中国图书馆出版工作的几点建议",《出版参考》18(1989.9.15),页 2—3。

1989 "《中国手工造纸》评介",《汉学研究》第 7 卷第 2 期(总第 14 号,1989.12),页 423—432。

1989 "现存最早的印刷品和雕板实物略评",《国立中央图书馆馆刊》新第 22 卷第 2 期(1989.12),页 1—10;《中国印刷》第 28 期(1990.5),页 103—108。

1990 《中国科学技术史:纸和印刷》,刘祖慰译,北京科学出版社、上海古籍出版社,1990. xix,页 472,插图 182 幅。

1990 《中国古代书史》(韩文),金允子译,汉城,东文选,1990;1999 再版,页 225,图版 28,彩色插图 15 幅。

1990 "中国印刷史简目",《国立中央图书馆馆刊》新第 23 卷第 1 期(1990.6),页 179—199;《中国印刷》第 35—36 期(1992);《中国印刷史料选辑》第 4 册(北京,1993);页 456—482。

1990 "印刷术在中国传统文化中的功能",《汉学研究》第 8 卷第 2 期(总第 6 号,1990.12),页 239—250;《文献》1991 年第 2 期,页 148—159。

1991 "Recent Discovery of Earliest Movable-type Printing in China: an Evaluation," *Committee on East Asian Libraries Bulletin*, No. 92(February,1991), pp. 6—7. Illustration.

1991 "封泥小识",《明报月刊》1991.6;《上海高校图书情报学刊》第 20 期(1995.4),页 51—52。

1991 "潘铭燊著《非花轩杂文》序",温哥华,枫桥出版社,1991。

1992 《中国书籍、纸墨及印刷史论文集》,香港中文大学出版社 1992. X, 330 页, 插图 50 幅。

1993 "ChanKuo Ts'e," in *Early Chinese Texts: A Bibliographical Survey*, ed. Michael Loewe, (Berkeley, CA., 1993), pp. 1—11.

1993 "How Chinese Rare Books Crossed the Pacific at the Outbreak of World War II: Some Reminiscences," *Bulletin of East Asian Libraries*, No. 101(February, 1993), pp. 109—112.

1994 "中国印刷史研究的范围、问题和发展",《中国印刷》第 12 卷第 2 期(1994.2),页 9—12;《中国印刷史学术研讨会论文集》(北京,1996),页 7—14。

1995 《中国之科学与文明:造纸及印刷》,刘拓、汪刘次昕译。台北商务印书馆 1995. vi, 页 610。

1995 "珍贵的书缘、难忘的友谊、悼念李约瑟博士",《明报月刊》(1995 年 6 月号),页 64—67。

1995 "悼念中国科技史大师李约瑟博士",《历史月刊》第 90 期(1995 年 7 月号),页 116—121;《文献》1996 年第 3 期,页 53—59。

1995 "日军侵华史料举证",《明报月刊》第 30 卷第 8 期(1995.8),页58—60。

1995 "抗日战争沦陷区史料拾零",《历史月刊》第 93 期(1995.10),页 22—25。

1995 "Documents from Wartime Shanghai, 1941—1945," *Newsletter of the Midwest Chinese Student & Alumni Services*, Winter, 1995, pp. 1—3.

1995 "袁同礼先生对国际文化交流之贡献",《袁同礼先生百龄冥诞纪念专辑》(台北 1995),10—14;《传记文学》第 68 卷第 2 期(1996.12),页 91—95。

1996 **《书于竹帛—中国古代书史》新增订本。台北汉美图书公司,1996. xxvi, 页 246, 图版 28 幅。**

1997 "悼念美国汉学大师顾立雅教授",《历史月刊》第 112 期(1997.1);《文献》1997 年第 3 期,页 243—248。

1997 《战国策》,刘学顺译。见李学勤主编《中国古籍导读》,辽宁出版社,1997。

1998 〔书评〕饶宗颐著《符号、初文与字母——汉字树》,《汉学研究》15 卷第 2 期(1998 年 12 月),页 413—416;《明报月刊》1998 年 10 月号,页 92—93;《文献》1999 年第 2 期,页 258—262。

1998 **《中美书缘》,台北文华图书馆管理资讯股份有限公司,1998. xi, 页 284, 附图表。**

2000 "怀念我在淮东中学的时代",《泰州中学建校 100 周年特刊》,

2000 年。

2001　"北京图书馆善本古籍流浪六十年",《传记文学》79 卷第 6 期 (2001 年 12 月),页 15—18。

2002　"怀念顾起潜先生",《我与上海图书馆》(上海,2002),页 34—37;《北京图书馆学刊》2002 年第 4 期,页 75—77。

2002　《中国古代书籍、纸墨及印刷术》(增订本)。北京图书馆出版社,2002. xii,页 361,插图 70 幅。

2002　"纸的起源新证——试论战国秦简中的'纸'字",《文献》2002 年第 1 期,页 1—11。

2002　"精写本《江村书画目》题记",《文献》2002 年第 3 期,页 4—11。

2002　《书于竹帛》第四次增订本,上海书店出版社,2002;〈世纪文库〉本,上海世纪出版集团、上海书店出版社,2004。页 26＋212 页,插图 28 幅,2006 年版。

2003　"中美图书馆代表团首次互访记略(1973—1979)",《北京图书馆学刊》2003 年,第 4 期,页 74—77。

2003　"《裘开明图书馆学论文选集》序言"(桂林广西师范大学出版社,2003),页 1—3;《中国图书馆学报》2003 年第 6 期,页 70、91。

2004　《中国纸和印刷文化史》。郑如斯编订,桂林,广西师范大学出版社,2004,页 12＋442,插图 174。

2004　"中国印刷史书目",张树栋增补,2004,见《中国纸和印刷文化史》附录。

2004　*Written on Bamboo and Silk: The Beginnings of Chinese books and Inscriptions.* 2nd edition with Afterword by

Edward L. Shaughnessy. Chicago: University of Chicago Press, 2004. xxiv, 323pp. 30plates, tables.

2005 "吴光清博士生平概要",《国家图书馆学刊》,2005 年第 4 期；《中华民国图书馆学会会报》,2005 年 6 月。

2005 "金大忆旧",南京大学,《思文》,2005 年 6 月。

2006 "留美杂忆",《传记文学》89 卷 1—4 期(2006 年 7—10 月)；《万象》,2007 年 4—9 月。

2006 "芝加哥大学远东图书馆建馆札记",《中国图书馆学会会讯》第 14 卷第 3—4 期,2006 年 12 月。

2007 "回忆在芝加哥大学工读的岁月",《图书馆杂志》2007 年第 1 期；《新华文摘》2007 年 8 月。

2007 "怀念李小缘先生",《李小缘纪念文集》(南京:南京大学,2007),页 331—332。

2007 《中國の紙ふ印刷の文化史》,久米康生译,东京:法政大学出版局,2007。

2007 《留美杂忆:六十年来美国生活的回顾》,台北:传记文学出版社,2007；北京:花生文库,2008。

2009 《东西文化交流论丛》,北京,商务印书馆,2009。

2009 《钱存训著述怀旧集》,桂林:广西师范大学出版社,2009。

2009 Collected Writings on Chinese Cultural History (In English), Hong Kong: Chinese University Press, 2009.

潘铭燊编集
2008 年 12 月增订

抱简劬书,后学楷模
——访钱存训先生

张 志 强

从波士顿开车到芝加哥的旅程需要两天的时间,路途之长令人生厌。然而这一切抱怨在见过钱存训先生后都消失了。在回旅馆的时候,由于太兴奋,竟然走错了路。

来美之前,心里计划好最想见的人之一就是钱存训先生。钱先生是1932年金陵大学(现南京大学)的毕业生,蜚声海内外的中国图书史研究专家。能拜见他,是自己人生中的一大财富。约好6月7日下午3点钟见面,但由于我和我的美国朋友对芝加哥不熟悉,短短的十多英里路竟然走了一个半小时。3点钟的时候,我看无法赶到钱先生的寓所,连忙给他打了一个电话,说大约十分钟左右能到。当我们驾车到达他的寓所门口时,发现钱先生正站在门外等着欢迎我们。

钱先生于1910年出生在江苏省泰州,今年已经是94岁了。行前,我很犹豫去不去拜访他,因为随意打扰一个高龄的学者是不应该的。但他的弟子和熟悉他的人都说,钱先生身体很好,还能开车,这才使我下了决心。电子邮件发过去,钱先生很快就答复,不但表示欢迎,还特别为我安排了在芝大的演讲。看看电子邮件上收到的时间,显示钱先生是晚上12点左右发的,听别人说钱先生有时要工作到午夜的消息确实不虚。

见面时的话题自然围绕着我们同感兴趣的中国图书史展开。钱先生曾出版专著十多种,论文百余篇,但最主要的学术贡献,就是以英文撰写并译成多种语文的两部有关中国图书史的研究著作,一部是《书于竹帛》,一部是《纸和印刷》,这两部著作,现在已经成为中国图书史研究领域的经典之作。也正是这两部著作,扩大了中国文化在海外的影响。问起钱先生怎么会写起这两部书,我们的话题便回到了70多年前。

1927年,钱先生进入金陵大学读书,同时在金陵女子大学图书馆工作。当时,金陵大学开设了图书馆学专业。钱先生主修历史,副修图书馆学。他选读刘国钧先生的"中国书史",产生了特别的兴趣。也就从那时起,图书与历史的紧密结合,对钱先生一生的事业产生了深远的影响。

1932年,钱先生从金陵大学毕业后,被学校推荐到上海交通大学图书馆担任副馆长。1937年,又应北平图书馆馆长袁同礼先生之聘,改任北图南京工程参考图书馆主任。但由于抗战的爆发,钱先生又被改派到北图上海办事处,负责保管由北京南运的中文善本书等工作。1941年,鉴于第二次世界大战即将爆发,当时中美两国是盟邦,北图决定将这些善本古籍选择其中精华约600种共3万册,运送美国国会图书馆保管,并摄制缩微胶卷以便流传。这一安排虽经中美双方政府同意,但无法通过在日军占领下的上海海关。几经周折,钱先生终于将这些善本图书102箱秘密运出,安全抵达美国。钱先生告诉我,当年运送最后一批善本图书的美国商船,据说曾被日本海军俘虏,但图书却没有损失。这批图书如何安然无恙地横渡太平洋,至今仍是一个谜。我曾在钱先生的文章中看到过有关此事的记载,但听钱先生再次讲起,仍觉津津有味。

钱先生因圆满地将这些古籍运送美国保存,避免了损失,曾受到了当时政府的奖状和奖金。1947年,抗战胜利后,国民政府教育部委派钱先生将这些善本古籍接运回国,但由于当时国内交通断绝,无法成行。适逢美国芝加哥大学远东(现东亚)图书馆需要请人整理该馆建馆后积存的中文图书,于是钱先生应邀来到了芝加哥大学。一年后,邀请钱先生来美的顾立雅教授要求钱先生继续留任,并愿意接钱先生的家眷来美。因此自1949年起,芝加哥大学聘请钱先生为东亚图书馆馆长,并在东方语文系授课。

当初钱先生到芝加哥大学时,就兼有进修的打算。芝大设有图书馆学研究院,是当时美国最强的图书馆学教学基地之一。钱先生利用工余时间选课学习,在1952年秋季取得了硕士学位,学位论文是《西书翻译对中国的影响》(Western Impact on China through Translation: A Bibliographical Study)。该论文广泛收集16至20世纪的译书约一万种,从题材、类别、原著来源、译述数量、出版年代等方面进行分析,试图说明西方文化对中国现代社会所产生的影响。以计量法研究中国近代史尚属首创,因此,论文的摘要在《远东季刊》1854年5月号发表后,就为其他专家所引用。可以说,这是钱先生研究中国图书历史的开始。

硕士课程结束后,钱先生在顾立雅教授等的鼓励下,又继续攻读博士学位。当时,研究西方印刷史的温格(Howard W. Winger)教授受聘到芝大,主讲西方图书馆史、图书史和印刷史,因为钱先生的博士学位是东方学和图书馆学双重专业,以此温格与顾立雅教授就成为钱先生的论文导师。1967年夏,钱先生终于完成学业,获得博士学位,论文题目是《印刷发明前的中国铭文和图书》(The Pre-printing Record of China: A Study of the Development of Early Chinese Inscriptions and Books)。经过修改,1962年由芝加哥大学正式出版。这就是现在饮誉全球已被列为中国研究经典之一的《书于竹帛》(Written on Bamboo and Silk: The Beginning of Chinese Books and Inscriptions)。

《书于竹帛》出版后多次再版,并先后被译成中、日、韩等其他文字。以中文版为例,该书已经有了四个不同的增订本。1975年,根据周宁森博士译稿修订的《中国古代书史》由香港中文大学出版社用繁体字出版,1981年再版;1987年,由郑如斯教授增补的《印刷发明前的中国书和文字记录》由北京印刷工业出版社用简体字出版;1996年,台湾汉美图书公司以原题《书于竹帛》为名,再次出版了该书的繁体字版;2002年,上海的上海书店出版社也以《书于竹帛:中国古代的文字记录》为题,出版了该书的又一简体字本,这是该书第四次增订本;2004年,又被选入《世纪文库》,由上海世纪出版集团和上海书店再次印行。说话间,钱先生拿出刚收到不久的"世纪文库"版《书于竹帛》相赠。《世纪文库》收入的全是一流学者的著作,外国学者有康德、黑格尔、伏尔泰等,中国学者有吕思勉、梁漱溟等。钱先生著作的入选,正验证了当年剑桥大学李约瑟(Joseph Needham)博士的评论:钱著"显然是卡特的经典之作《中国印刷术的发明及其西传》一书的姊妹篇,和卡特的名著完全可以媲美而并驾齐驱。……全书是清晰利落、要言不烦的写作典范"。钱先生说:当初写作论文的动机只是填补卡特一书的空白,不料出版后却成为研究中国文化史、考古学和古文字学的主要参考书,实非初料所及。

《书于竹帛》的出版,已奠定了钱先生的学术地位。但此后出版的《纸和印刷》更使钱先生成为这一领域内的泰斗。从事中国科技史研究的李约瑟博士早就注意到了钱先生的学术成就。1967年,他正式邀请钱先生参加他的研究计划,写作《中国科学技术史》大系中的有关"纸和印刷"部分。李约瑟的邀请正与钱先生要写《书于竹帛》续编的想法不谋而合。1968年,钱先生欣然接受了这一邀请,并亲赴剑桥与李约瑟讨论合作方式。1982年,该书完成交稿,1985年,作为《中国科学技术史》的分册由剑桥大学出版社正式出版。从搜集资料、草拟大纲到全书完成,前后历经了15年的时间。该书的出版,受到广大读者的欢迎,因此第一版在出版前就已预订一空,其后多次续印,成为李约瑟《中国科学技术史》大系中最畅销的一册。

该书对造纸与印刷在中国的发明、发展及传播作了详细的考证,并就为什么中国古代能有这两项发明作了详细的探讨。书中对中西印刷术在社会中产生不同作用的分析至今仍具有启迪意义。该书的结论认为:"在西方,印刷术同时激发理智思潮,促进民族语言和文字的发展以及在文学上的应用,并鼓励了民族主义和建立新兴民族国家的行动。相反地,在中国,印刷术帮助了书写文字的连续性和普遍性,因为和科举制度相结合,成为保持中国文化传统的重要工具。他说:"中国的印刷事业一般由政府机构或私人主持,重在'传先哲之精蕴,启后学之困蒙',并不以营利为主要目的。而欧洲的印刷业则多为谋利经营,因此形成了势力强大的出版工业。这些不同的动机,使得印刷术的发展与应用对社会产生不同的影响。"这一结论和他人不同,但获得李约瑟博士的特别赞赏,认为可以帮助他在全书的结论中加以思考。

《纸和印刷》同样有了多种中文译本。1990年上海古籍出版社与北京科学出版社出版了刘祖慰教授的译本《中国科学技术史:纸和印刷》；1995年，台北商务印书馆出版了刘拓、汪刘次昕的译本《中国之科学与文明：造纸与印刷》；2004年由郑如斯编订的另一新译本《中国纸和印刷文化史》已由广西师范大学出版社出版，附录"中国印刷史书目"1000多种和对此书原著和译本的"评论择要"约30篇，一致认为是对这一专题的权威之作。新译本内容多加增订，和其他译本不同。出版后受到广大读者的欢迎和专家的重视，北京中国印刷史研究学会为此特别召开座谈会，讨论该书的特点和重要性。

钱先生还有和郑炯文合编的一部《中国书目解题汇编》(*China: An Annotated Bibliography of Bibliographies*)，收录古今中外各种文字的书目约两千多种，为研究中国问题的主要参考书。另有多部文集，如《中国书籍、纸墨及印刷史论文集》，1992年由香港中文大学出版社出版，收录了16篇专题论文；2004年由北京图书馆出版社增订再版。这些论文是钱先生写作《书于竹帛》及《纸和印刷》两书时的副产品。有些细节，专著中不可能详细探讨，钱先生就先作专题研究。如论文集中一篇关于"书刀"的文章，洋洋万余言，而专书中只有一节。还有另一篇关于1969年韩国庆州佛国寺石塔中发现的木刻本《无垢净光大陀罗尼经》，这是8世纪初最早的印本实物，发现后曾经轰动世界，韩国学者据此认为韩国是雕版印刷术的发明国。由于那时国内正忙于"文革"，学术界与世隔绝，根本没有知道这一发现。钱先生在1979年回国时将该经文全卷以及国外讨论的文章全部复印，赠送上海图书馆，由该馆译出及时公布，才将这一消息传达国内。同时，钱先生自己写了文章，对该刻本进行分析，从楮纸、经文、字体、武后制字等方面，驳斥了"韩国发明印刷术的"谬论。说起这事的经过，钱先生颇为感慨。他说，国内直到1980年代才注意到这一问题，晚了整整十多年。

《中美书缘》是钱先生另一册文集,收录了有关中西文化交流方面的论文、报告等。该书1998年由台北文华图书馆管理资讯有限公司出版;增订本改名《东西文化交流论丛》由北京商务印书馆出版。书中收有《中美书缘——纪念中美文化交换百周年》、《美国对亚洲研究的启蒙》、《近代译书对中国现代化的影响》、《北平图书馆善本古籍运美迁台经过》等文章,对中美之间的文化交流进行了详细的考证和报道。如钱先生发现1869年为中国图书到美国的最早年代,被美国国会图书馆所接受,并在1969年举办了中美图书交流一百周年纪念的特别展览。《近代译书对中国现代化的影响》是钱先生硕士论文的摘要,因该论文未全部出版,这篇摘要更显珍贵。此外,书中四篇"人物怀念"的文章,追忆与董作宾先生、袁同礼馆长、李约瑟博士、顾立雅教授的交往,更使后学得窥前辈的问学历程。

学者,仅仅是钱先生的一个侧面。他还是一个杰出的图书馆管理者和诲人不倦的导师。钱先生告诉我,他在钱师母的帮助下,曾用十年的时间,将芝加哥大学远东图书馆所积存的约10万册中文古籍整编完毕。同时,还积极开始收藏当代的资料,扩充馆藏。在钱先生的苦心孤诣经营之下,芝大东亚馆成为美国著名的收藏东亚资料的重要图书馆之一。尤其是在美国中西部,更是声名显赫。如今的东亚馆内,还陈列着钱先生和钱师母一笔一画写成的卡片,并印成书本目录18册。虽然现在已经普遍使用了计算机,不再使用这些卡片,但这已经成为东亚馆历史的一部分。

钱先生同时又是一位育人有方的导师。1949年起,钱先生开始在芝大东方系授课,并于1958年升任远东系副教授、1964年升任东亚系和图书馆学研究院的正教授,直到1978年退休。长期以来,钱先生在芝加哥大学讲授"中国目录学"、"中国史学方法"和"中国印刷史"等课程,并在1964年起主持芝大远东图书馆学研究中心,先后培养了30多位硕士和博士。像目前哈佛燕京图书馆、普林斯顿葛思德东方图书馆、美国国会图书馆采访部等主要负责人和在美台执教的教授等,均是钱先生所培养的门人,这从另一个侧面说明了钱先生的贡献。1990年,钱先生八十大寿的时候,他的同事和门人曾为他编印了一本《中国图书文史论集》,分别在台湾和北京出版,以作纪念。该书的前言中有这样的评价:"抱简劻书,学究古今之变;怀铅呫墨,文擅中西之长。……著书中秘,撰述拟于名山;讲学上庠,桃李遍乎天下。"每次再看,总觉这一评价真是精辟之言,也反映了师生间的和睦而亲切的关系。

钱先生1947年出国,直到30多年后才再度回国,但他并没有忘记自己出生的祖国。最近他还担任国内许多学术单位如中国印刷博物馆、续修四库全书的顾问。今年,北京图书馆又寄来聘书,聘请钱先生为该馆的顾问。钱先生说,自己没有想到,竟然去国50多年了,言谈中颇有往事不堪回首的感觉。钱先生觉得自己学成没有回国,是一种遗憾。老一辈学人,内心深处有浓厚的中国情节,觉得报效祖国是天经地义之事。我安慰钱先生说,如果回国,这两本书或写不成了。何况你在国外,仍在从事中国的研究,扩大了中国文化在海外的影响。这同样是报效祖国。其实,我怕老人伤感,下面的话没有说。如果钱先生回国,那些没有运回国的善本古籍,不就是"文革"中的罪证吗?钱先生对滞留在台湾的中国善本图书仍然刻骨铭心,希望能早日完璧归赵,并多次托人在海峡两岸疏通。老辈学人的爱国情怀更是令人钦佩。

近年来,钱先生抽空撰写了回忆录《留美杂忆》,其中有一章就是"退而未休"。确实,自1979年从芝加哥大学退休后,钱先生完成了多部撰述,尤以《中国科学技术史:纸和印刷》一书,被认为是对这一专题的标准著作和百科全书。最近,钱先生结合考古的新发现,对英文本《书于竹帛》又进行了修订,不久前已由芝加哥大学出版社出版了新的增订本,其中有历史学家李学勤的序文和夏含夷(Edward Shaughnessy)教授的长跋,认为是研究中国古文字学的经典之作。钱先生说,在芝大全工半读时养成了习惯,每天不看点书、不写点文章,就觉得这一天浪费了。老辈学人的勤奋由此可见一斑。或许,从中我们也可以知道钱先生成为世界一流学者的原因。

　　钱师母说:"钱先生今天真高兴,与你聊得很投机。要知道,平常钱先生的话很少。我们偶尔出去吃饭,他总是埋头大吃,很少谈话,别人以为我们闹了矛盾。后来我想了一个办法,只要与他谈论中国印刷术是什么时候发明的,他就会滔滔不绝。今天,钱存训看来遇到了知己。"我连忙向钱师母解释:我是来拜师的,学习的,怎敢称知己?钱师母实在是个很厚道而幽默的人。记得读钱先生的《中美书缘》,在怀念董作宾先生的文章中,讲到第一次去拜见董先生时,发现他正在办公室煮炸酱面,文稿中原写的大蒜味很"臭",钱师母改为大蒜味很"香"。钱先生特意在文后注明:"此句我的原稿本是写作'大蒜味很臭',文锦阅后代为修改作'大蒜味很香',一字之差,令整个气氛大为改观,可见修辞之重要,以及她为人忠厚与幽默之一斑。"此注释我久久未忘。钱师母如今也是将近九旬之人。因风湿关节炎导致行走不便,但我与钱先生谈话中,她执意数度亲自续水,享以茶点,让我内心久久不安。

　　钱老知道我还没有他的《中美书缘》这本书,便拿起一本题签送我。《书于竹帛》上海世纪出版集团将它纳入了《世纪经典》系列,2004年1月刚出版,我当然无法见到,钱先生也题签了一本给我。

钱先生的字写得很漂亮,让你无法相信这是出自一个90多岁的老人之手。只是钱先生称我"先生",让我无地自容。从年龄上讲,我该是他的孙辈;从学术上讲,他更是我景仰的大师。或许,这就是大师的情怀,对后辈无微不至的关怀与爱护。

原定的茶聚时间是到5点,但不知不觉间竟然到了6点。钱师母要留饭,我执意不肯。待与钱先生、钱师母留影后(第329页图),仍不住又说了一会儿话,时间又过去了半个小时。当我们告辞时,钱先生与钱师母又执意要送到门口。在落日余晖的映照下,钱先生的身影更令人难忘。印度著名的《沙恭达罗》里说:"你无论走得多远也不会走出我的心,黄昏时的树影拖得再长也离不开树根。"对钱先生而言,虽在异国他乡,心中装着的仍是中国文化;对我而言,短暂的会晤,内心将永远装着钱先生和钱师母的情怀。

张志强

2004年8月记于哈佛大学

2005年6月修正

张志强访问作者夫妇留影(1994年)

书缘中人论书缘
——钱存训教授《中美书缘》启悟

宗 鹰

喜出望外奉《书缘》

1994年11月5日,年近85高龄的钱存训教授,在芝加哥大学图书馆他的专用办公室,接受我的专访。"中国文化史上,还有许多问题没有搞通。我现在一方面整理几十年积累下来的旧著,一方面在研究纸和印刷术对中国学术发展究竟起了多大影响这新课题。"聆听他这话语,仿若看到他继续前行的脚步,不断探索的身影。辞别时他对我说:还有一本书尚未"交卷",那就是《中美书缘》。一直翘首以望早日拜读。

1998年9月,我应中国作家协会邀请,回泉州参加北美华人作家作品研讨会,10月中回到芝加哥西郊家中,从邮局取回一大堆邮件,其中有一本从台北文华图书公司寄来的《中美书缘》,棕黄色封面,印着著名学者和书法家周策纵先生的墨书。显然是钱教授托出版社寄赠的,真是喜出望外,读而悟之。自知浅薄,不敢班门弄斧。只能写点粗浅的体会,请教于钱教授和专家及读者们。

《中美书缘》从书籍这个角度,探讨两国之间的文化交流。有历史的考证和评析,也有现今的探索和揭示。文图并茂、资料充实、述中有析、见解独到。

钱著所集分为三大部分：文化交流，欧美书藏，人物怀念。每部分所集各四篇。虽不像他的几部巨著那样集中构思，系统写成；所集文章，非一时之作，而囊括五六十年代以至90年代不同时期；但研讨对象和范围，都贯串在"书缘"一线。写史，述事，状情，怀人，都环绕"书缘"，突现"书缘"。"文化交流"部分，着重于历史渊源；"欧美书藏"，着笔于藏书现状；"人物怀念"，偏重于人情世故。这织成了东西文化交流的"事"、"书"、"人"的网络，在非系统之中仍成系统。

溯源探今论交流

"文化交流"中四篇著作，溯源探今，揭示的是双向的交流和深远的影响。发表于1954年的《近代译书对中国现代化的影响》，从明末到民初的西书中译，说明西方文化输入中国的影响。发表于1959年的《美国对亚洲研究的启蒙》，论述的是美国对亚洲文化包括中国文化研究的成绩和不足。这两篇虽不全是论述中美两国文化交流，但毕竟在其中占了相当重要地位。发表于1966年的《北平图书馆善本古籍运美迁台经过》，这是往事追述。1941年，日寇占领上海前，为避免空袭和资敌，他作为国立北平图书馆上海办事处主任，奉命策划将3万册中文善本图书，秘密运送到美国国会图书馆保藏并摄制缩微胶卷。他费心尽力承担风险，终于在万难中完成使命。这无疑是中美书缘中一个特别有意义的事件，也是他本人对保存中华瑰宝的重大贡献。1995年，钱教授作了补记，说明这批古籍1967年由美国国会图书馆移交台北暂存的情形。

发表于1969年的《中美书缘——纪念中美文化交换百周年》，

文字不多,篇幅不长,是此部分以至全书的"睛"。中美书缘怎么开始、怎样结成?文中以确凿的原始资料,揭示出一百年前,两国实现第一次种子和书籍交换,奠定了以后百多年来交流的基石。1867年,美方主动向中国大清政府,提出种子和书籍交换。几经周折,1868年,美国送交种子和书籍,到1869年,即清同治七年,清政府总理衙门作出回应,颁赏美国书籍十种,其中半数为医、农、算学之类。还有花子50种,谷子17种,豆子15种,菜子24种。出于何因,种子与书籍一起交换?不知其详,但是给人的感觉是,这次书籍交换就像种子交换一样,在两国文化之间播种、生根、长叶、开花、结果。揭示这个"书缘"的渊源,对两国的研究者和民众,都有特殊意义。

提纲挈领状书藏

"欧美书藏"中的四篇著作,通过详尽调查,介绍"美洲东亚图书馆的沿革和发展","北美图书馆东亚语文资源","美国东亚图书馆员的专业教育"。都具有开拓性、领先性。虽然他颇得工作之便利,但也为此付出巨劳艰辛。现在,西方各国中文书藏、语文资源,大有新发展。但是,基本状况依然如钱教授的概括和揭示。

其中,《欧美各国所藏中国古籍简介》一文,实际上勾勒出欧美"汉学"的渊源和脉络。对欧美收藏中国古籍的重要特点,也有精到的论析。如其中列举的"中国最早的写本、印本和拓本";"国内失传的孤本或罕本";"有关中西交通的早期史料";"禁书";"书籍以外的实物和印刷品"都有着重要的意义。人所共知,中国许多重要文物,包括价值极高的雕塑、绘画等等流失了。笔者在欧洲博物馆、艺术馆就看到一些珍贵的中国艺术品,堪称国宝的也有。书籍方面的流失也相当严重。有的国内已失传,有的国内收藏极少。研究整理中国古代文化,很需要查阅这些原始资料。钱教授文中,尽管只提出了纲要,但也都有重要线索可寻。

真情至性怀故人

"人物怀念"中的四篇著作,主要是怀念在文化交流中曾发挥重要作用的中外人士。董作宾先生在芝大东方学院曾与钱教授共事交往,讲授《中国古代史》、《中国考古研究》、《周代金文》和《中国古文字学》,发表有关甲骨文的论著,向美国学界传播中华文化。他1963年逝世后,钱教授以《董作宾先生访美记略》怀人纪念。原北平图书馆馆长袁同礼先生,对现代中国图书馆事业有卓树丰建,对国际文化交流贡献良多。既是慧眼识俊才的前辈,又是危难托重任的上司。钱教授以敬佩之情,细述他在国际交流中五大方面的贡献。其中"接待外国学者,建立研究中心"一节,列举袁先生帮助的许多欧美著名汉学家和文学家,包括费正清、顾立雅、恒慕义、赛珍珠等等。这些人士及其学术研究和文学著作,无疑就是构成中美书缘、文缘的重要部分。

美国著名汉学家顾立雅1994年逝世,钱教授在《记美国汉学家顾立雅教授》中,赞扬他在中国文化教学、研究和培育人才所做出的贡献。

《悼念中国科技史大师李约瑟博士》一文的写作,笔者有点侧面亲感。1995年3月24日,李约瑟博士逝世。噩耗传来时,我写了一篇《珍贵的书缘》。请钱教授指正时,他告诉我正在写悼念李约瑟博士的文章。这就是现在收入此书的专文。文中高度评价李约瑟博士的双重杰出贡献:作为生物科学家的科学贡献和作为中国科技史研究创始人的不朽贡献。李氏对中国科技史的开创和推动,具有世界性的意义。而李氏和钱氏合作,产生《中国科技史:纸和印刷》这样的高水平论著,这本身就是对中西文化交流巨大贡献的重要部分。

剖析无知抒睿见

无论中美书缘或文缘,还是整个中西文化交流的过程,其中有可喜的成就和优势,也有堪虞的缺陷和弱点。对于缺陷和弱点,有所感的人不少,确实指陈的却寥寥无几,剀切剖析的更是凤毛麟角。

钱教授在《美国对亚洲研究的启蒙》中,除了说明美国对中国以至亚洲各国的研究进展外,又精辟剀切地揭示一个重要现象,美国的一般人对亚洲文明的极度无知与误解。1917年,耶鲁大学一位中国学者刘廷芳,首先以批判的眼光注意到美国教科书上对中国的论述。"他深深感到,美国的孩子们从他们的课本上得到关于中国和中国人民的认识是不正确的,那许多资料足以产生一种对中国人的种族歧视和傲慢态度"。其后,哈佛大学的邱吉尔和芝大的道柏斯坦都对美国的课本进行详细分析,认为:不公正的论述皆由于著者不理解中国和日本各具有值得尊重的同等文明,而"恒以西方的标准来衡量东方文化的价值"。

钱教授在这基础上,做出新的研究和论述。虽然二次世界大战后,美国教科书关于中国的报导有显著的增加,"但这些资料仍旧微不足道,质的方面又不平衡,缺乏公正的眼光,而且陈腐过时"。这些都给予青年读者们错误的印象;"亚洲的故事通常都被描写成落后的大陆,西方才意味着进步"。钱教授指出,19世纪和20世纪初期的传教士和旅游者的作品,却大部分都充满肤浅、曲解和对亚洲人民傲慢的态度。运用此等资料时,若不能加以批判性的检讨和健全的判断,则极易产生此种过分简单的结论和错误的判断。而这些论述反映在一般教科书的内容中,因此被一般美国人所接受了。美国教科书中对中国和亚洲的肤浅、无知、误解、曲解和傲慢,实际上深深影响了一代又一代美国人民。凡此种种,岂能不让人们与钱教授的论述产生强烈共鸣?

书缘中人写书缘

钱教授写中美书缘,能如此真实、深邃、精到,皆因他本是中美书缘中人。这与他的漫长经历、治学态度密切攸关。

从经历来说,钱教授堪称与书结成深缘的学者,中美书缘的见证人和参与者。1947年,作为北平图书馆交换馆员,他来到芝加哥大学一面工作,一面求学。1949年被聘任为远东图书馆馆长,兼任东方语言文化系教授衔讲师,其后正式成为教授,从此开始了他的美国时期。退休后,荣任芝加哥大学东亚语言文化系与图书馆学院荣誉教授、远东图书馆荣誉馆长、英国李约瑟东亚科技史研究所荣誉研究员。在图书馆行政、汉学研究与教学和科技史著述等多方面贡献杰出,蜚声国际,耀目于芝加哥大学,驰骋于美国与世界学坛。他的人生与中美书缘中的许多"事"、"书"、"人"紧密相连。

钱存训教授也是人才的建树者。1964年起,他主持"远东图书馆学专业中心"15年间培养了30多位取得硕士、博士学位的研究生。他们活跃在美国和世界各地图书馆和教坛。这个人才工程的建树,影响之深远,比之于其他成就毫不逊色。

从学术方面来说,对中国文化和图书馆专业研究是他的所长。早在三四十年代,就在国内发表八种著作和两种目录。在美国,他以中英文发表的专著、论文、序跋等达100多种。最杰出的是《书于竹帛》与《纸和印刷》,恰好是完整地把中国文化记录与传播的工具和方式的发展,给以详细、确凿而系统的揭示和说明。造纸术与印刷术是中国对世界文明无与伦比的贡献。他对此作了全面、深入、系统的研究与论述。

《书于竹帛》获得国际学术界的肯定和推崇。此书以充实资料、独到见解,揭示中国古代文字记录的丰富、普遍和延续性,在世界文明中,独树一帜,没有其他文字可以相比。此书于1962年由芝加哥大学出版社出版,不久即连续三版,2004年出版增订第二版,风行一时,赞誉如潮。京都大学平冈武夫教授在日文版长序中,推崇此书对汉字文化的研究,尤有独到之见。他赞同钱教授的结论说:"在人类历史上的任何时期,最多人使用的文字是汉字!在最广大地域使用的文字是汉字!被使用最长久的文字是汉字!表现最多语言的文字是汉字!蕴藏书籍最丰富的文字也是汉字!"诚哉斯言。这正是此书的要旨。

《纸和印刷》为继续前书的又一巨作,也是《中国科学技术史》大系中最早由一人独自完成的专著。钱先生从1969年着手,以15年时间研究、写作,结果成为一部30万言的专册。1985年,作为《中国科学技术史》第五卷第一册,由剑桥大学出版社出版。发行前就已预订一空。现已修订重印三版。李氏选中钱氏,独具慧眼,钱氏胜此重任,学识精湛,才能卓越。

钱存训博士著作之所以杰出,得之于高尚的治学目的、严谨的治学态度和优良的治学方法。为了科学地总结、弘扬中华文化而著述,是他漫长生涯中一以贯之的高尚治学目的。"中国有着灿烂的文明,中国应当更多为世界所认识和器重。"他这肺腑之言,言简意赅,掷地有声,治学明志。在他的胸中跃动着炎黄心,流淌着华夏情。"离开自己生长的本土愈远和愈久,对于祖国的情操和热爱也就更亲而更切。"

苏轼诗云:"不识庐山真面目,只缘身在此山中。"我想,对钱教授来说,应当改为:"深识书缘真面目,只缘身在此缘中"。

1999年5月1日完稿于芝郊倘徉室
原载《中外论坛》1999年第4期。编者节录

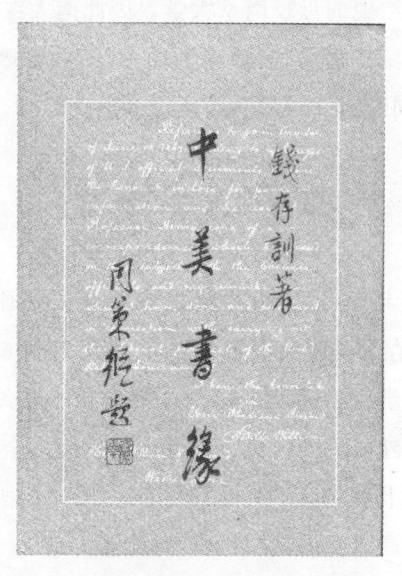

《中美书缘》书影

中美文化交流研讨会
暨钱存训图书馆开馆简报

由南京大学图书馆、人文社会科学高级研究院、资讯管理系、出版科学研究所主办,美国芝加哥大学东亚图书馆协办的"中美文化交流与图书馆发展国际学术研讨会暨钱存训图书馆开馆典礼"于2007年11月1—2日在南京大学举行。主要缘起是钱存训先生将其收藏的部分图书赠送给他的母校南京大学。因此南大在新成立的人文社会科学高级研究院特别设立"钱存训图书馆"收藏赠书,以感谢他对母校的贡献,并同时召开国际学术研讨会以资纪念。

钱存训图书馆缘起

2005—2006年间,通过纽约新成立的赠书中国计划(Books for China, Inc.),钱存训先生将其收藏的中外文书刊6000余册捐赠给他的母校南京大学(前金陵大学)。这批书刊除有关中国文史、社科研究的重要著作外,还有欧、美、台、港地区出版的全套或近全份有关中国研究的学术刊物约70种,大部为国内图书馆所未收藏,这些资料将存放在南大高研院内,并对全校师生者开放。

南京大学人文社会科学高级研究院是该校新成立的一个研究机构,旨在加强各学科之间的交流,为人文社会科学的发展提供一个更好的平台。并聘请世界著名学者指导高研院的学术研究,确定研究院的发展思路、组建跨学科研究团队。钱先生的赠书正好符合高研院设立的目的。为此,高研院讲座教授许倬云先生也将他多年积藏的 51 箱图书赠送加入,作为钱存训图书馆的重要补充。此外,钱先生在国内外的友好、学生及有关出版单位也将他们的著述、藏书及出版品赠送给"钱存训图书馆"作为纪念。钱先生并表示他所藏的其他图书将继续赠送,并捐赠现金供采购新书之用。

2007 年 11 月 1 日上午,"钱存训图书馆开馆典礼"正式举行,会场设在高研院九楼。由南京大学校长助理、人文社会科学高级研究院周宪院长担任主持人。首先由他介绍参加开幕式的嘉宾。其次由高研院讲座教授许倬云介绍会议缘起及钱存训先生。再次由南京大学图书馆洪修平馆长致欢迎词,会议代表哈佛大学哈佛燕京图书馆郑炯文馆长致词,南京大学张异宾副校长领导举行钱存训图书馆开馆剪采仪式,并向钱存训先生赠送感谢状,由钱先生家属钱孝珊教授代表致答谢词;最后,与会代表合影并参观钱存训图书馆。

国际学术研讨会纪要

钱存训图书馆开馆典礼举行后,研讨会以中美文化交流与图书馆发展为二大议题展开讨论。总计参加此次会议以及发表论文的学者,美国 12 人,台湾地区 4 人,大陆地区 32 人,除南大师生外,共约 50 人。论文计有 24 篇,分为 7 组;第一日 3 组;第二日 4 组。

第一组由郑炯文主持,论文有周原:钱存训先生与美国芝加哥大学东亚图书馆;李华伟:美国国会图书馆中文馆藏与汉学研究资源;及马大任:"赠书中国计划"的创立。第二组由李华伟主持,论文有郑炯文:略论中美图书馆合作的机遇与前景;程焕文:哈佛大学喜乐斯藏书的东来及其影响;邱炯友:开放获取(Open Access)期刊之实务经验与政府政策;及王菡:中美图书馆交流中的王重民遗劄。第三组由卢秀菊主持,论文有马泰来:林译遗稿及林纾翻译小说未刊九种评介;陈豫:从国际国书馆学角度探讨中国古籍数位联合目录的合作发展;苏新宁:从CSSCI看大陆的图书馆学研究;及沈固朝:赠书研究中几个值得关注的选题。

第四组由陈豫主持,论文有卢秀菊:中外学者对近代图书馆学理论之论述;曾堃贤:台湾的图书出版与新书资讯服务概况;许建业:当代中美公共图书馆事业发展之比较。第五组由马泰来主持,论文有潘铭燊:美国国会图书馆收藏中国方志缘起;张宝三:芝加哥大学东亚图书馆收藏善本中国经部古籍略考;及吴格:清人诗文稿本二种(《曼真诗略》与《梵麓山房业藁》)题记。第六组由邱炯友主持,论文有赵宗鹰:中美文化交流的双向性;陈家仁:一位美国实业家的亚洲美术藏品及他的私人图书馆;叶继元:"去图书馆化"现象的文化分析;及别立谦:钱存训对中美文化交流的研究与贡献——谦评《中美书缘》。第七组由张宝三主持,发言有李佳:钱存训先生与《金陵学报》;欧七斤:钱存训先生与上海交大图书馆及张志强:钱存训先生所赠母校图书价值初探。

最后闭幕式时,钱存训先生以"对中美文化交流和图书馆工作的回顾"为题,向大会致辞。因钱先生不克亲自出席,由他的侄儿钱孝文先生代表播放光碟,介绍其旅美六十年中有关这次会议主题的活动,最后赠送他的新著《留美杂忆》50册给与会的学者及友好,留作纪念。

会外活动

大会安排在第2日晚间的文艺活动有经典昆剧折子戏,为南京大学专场演出三出折子戏:《占花魁·湖楼》、《牡丹亭·寻梦》、《凤凰山·百花赠剑》,地点在江苏省昆剧院的兰苑剧场。

第3日由大会安排文化旅游,上午从南京乘专车赴扬州,途中经过世界第三的长江二桥;到达后步行浏览扬州瘦西湖风景区,乘坐豪华划舫游览水上线路,欣赏湖光山色;中午在扬州百年老店富春大酒店享用特色中餐;下午参观扬州博物馆和印刷博物馆;最后在扬州名店食为天大酒店享用特色晚餐;傍晚专车返回南京。

会议期间,部分人员曾参观南京图书馆及其他文化单位,刚落成的南京图书新馆虽内部图书尚在搬迁,但其外表建筑之壮美,令人印象深刻。与会学者于4日陆续离开南京前,大会特别安排游览中山陵和灵谷寺二处名胜,这次会议前后三日,最后尽欢而散。

节录《南京大学报》、《新浪网消息》及卢秀菊教授报道

参加中美文化交流研讨会全体合影

中美文化交流国际学术研讨会会场

南大高研院钱存训图书馆阅览室

钱存训图书馆开馆典礼

作者简历

钱存训，1910年1月11日（农历己酉年十二月初一日）出生于江苏省泰州市。

学历经历：

南京金陵大学（现南京大学）文学士，美国芝加哥大学硕士、博士。曾任南京金陵女子大学图书馆代理馆长，上海交通大学图书馆副馆长，北京图书馆南京分馆及上海办事处主任；美国芝加哥大学东亚语言文化系兼图书馆学研究院教授、远东图书馆馆长，夏威夷大学客座教授。现任芝加哥大学东亚语言文化系荣誉教授、东亚图书馆荣誉馆长，英国李约瑟科技史研究所荣誉研究员，美国中国出版服务公司董事长。

名誉职务：

美国亚洲研究学会中国及亚洲内陆理事会第一届理事，美国图书馆协会亚非组理事，美国东亚图书馆协会主席，国际东方图书馆协会顾问，美国教育协会国际教育交流委员会顾问，美国中西部中国留美同学会会长；伊朗国家图书馆顾问，台湾中央图书馆顾问，中国国家图书馆顾问，中国人民大学书报资料中心顾问，中国印刷博物馆顾问，《续修四库全书》学术顾问等。

荣誉奖状：

美国学术团体联合会、美国科学基金会、美国人文科学基金会、美国芝加哥大学、英国剑桥大学等机构的研究奖助金；中国教育部杰出服务奖状和奖金；美国东亚图书馆协会、美国华人图书馆协会的杰出服务奖；芝加哥大学杰出校友奖；中国国家图书馆荣誉奖状；《人民日报》海外版"世纪之光"荣誉奖状；美中政策基金会终身成就奖；并被选入芝加哥市荣誉市民名人堂。

著作研究：

中、英、日、韩文本《书于竹帛》、《中国科学技术史：纸和印刷》、《中国纸和印刷文化史》，英文本《中国书目解题汇编》、《古代中国论文集》、《区域研究与图书馆》，及中文本《中国古代书史》、《中国古代书籍纸墨及印刷术》、《中国纸和印刷文化史》、《中美书缘》等专书十余种，和有关图书目录学、历史、传记、造纸印刷史、中外文化交流等学术论文百余篇；以及为联合国教科文组织《使者》月刊特约以15种语文发表的论文一种。著述评论见：别立谦〈论钱存训对中国书史研究的贡献〉（北京大学硕士研究生学位论文，1998年6月）；附录〈书评择要〉约30篇。

生平小传：

见英文本《世界名人录》、《世界作家名人录》、《国际学者指南》、《美国名人录》、《英文中国年鉴》，中文本《中国人物志》、《中国文化名人录》、《中国现代社会科学家大辞典》、《世界华人精英传》、《美国中国学手册》、《北美汉学家辞典》等20多种。